수능을 좌우하는 중학

국어 공부법

수능을 좌우하는 중학

국어 공부법

대치동 출신 김선생의 독설

김민정 지음

노르웨이숲

차례

② 김 선생이 직접 밝히는 수능 국어의 허와 실

③ 읽기와 쓰기, 이대로 코칭하면 효과 만점

⑤ 국어 문제집과 인터넷 강의는 이렇게 고르자

⑥ 궁극적인 목표: 스스로 공부하는 아이로 기르세요

중학생 학부모가 되기 전 마인드셋

2024년 4월 중순이었다. 각 학교마다 중간고사가 한창인 때다. 해도 해도 일은 끝없고 잠깐 한숨 돌리려 SNS를 켰다. 그리곤 뭔가에 홀린 듯 글을 써 내려갔다. 평소 가지고 있던 '바람직한 사교육 과정'에 대한 생각이었다. 반응은 가히 폭발적이었다. 당시 내 스레드 구독자 수는 0명. 그런데 그 글 하나로 구독자 수가 순식간에 2,000여 명 가깝게 늘었다. 이 책 역시 그 글 한 편을 보시고 연락을 주신 대표님 제안으로 쓰게 됐으며 시간이 한참이 흐른 후에도 꾸준히 이 글 하나를 보고 내 계정을 구독하시는 분들이 있다. 그만큼 이 정보가 간절했던 사람들이 많았던 셈이다. 한창 원고를 쓰고 있는 2025년 4월 25일 기준으로 스레드에서 조회 수 16만 회, 인용 116회, 좋아요 11,000개를 받은 그 글을 아래 (존댓말로) 다듬어 신는다.

사교육 업자가 추천하는 SKY 보내기 루트

저도 정시로 고려대에 입학했고, 사교육 받아 봤고, 어쩌다 보니 대치동, 여의도에서 영재학교, 과학고, 전국 자사고를 많이 보내 봐서 이 루트에 대해 이래저래 말할 자격이 된다고 생각합니다. 소위 SKY라 불리는 서울대, 고려대, 연세대에 자녀를 진학하게 하고 싶다면 아래처럼 시키면 됩니다.

1. 미취학 아동기

무조건 독서. 제 어머니는 제가 어릴 때 공공 도서관을 많이 데려가셨습니다. 그리고 이때 중요한 건 어렵든 쉽든 아이들이 읽고 싶다는 책 아무거나 다 읽게 해 주는 겁니다. 독서는 즐거운 것이라는 생각을 갖게 되는 걸로 충분합니다.

2. 아동기 1(초1~초3)

매일 일기 쓰기 시키세요. 아이의 사생활이 중요하니 일기 검사하지 말라는 말에 동의 못 합니다. 이땐 엄마, 아빠가 글쓰기를 봐 줘야 늡니다. 워킹맘이셨던 제 어머니가 목숨 걸고 매일 일기 쓰기를 시키셨고, 쓴 제 글을 퇴근 후에 아무리 피곤하셔도 검사하셨어요. 매일 똑같은 일상이 단조로워 딱히 쓸 게 없다고 투정하면 어머니는 독후감이라도 쓰라고 시키셨습니다.

3. 아동기 2(초4~초6)

한자 학습을 시켜야 합니다. 여담이지만 (수능만이 목적이라면) 영어 유치원(유아 영어 학원)을 보내지 말았으면 합니다. 영어 유치원을 다닌 아이들은 십중팔구 고난도 비문학 독해에서 확 막힙니다. 현대시의 뉘앙스 파악도 못합니다. 만약 제가 자식을 낳아 기른다면 영어 유치원에 아이를 보낼 돈으로 한자 학습과 독서 교육에 올인(all-in)할 겁니다. 그리고 초4~초6 때는 수학 교육에 힘써야 할 때입니다. 연산도 중요하지만 도형(기하)에 대한 감각은 이때 다 길러진다고 봐야 합니다(그렇다고 대치동 유명 학원인 '황소수학' 같은 곳에 보내려고 무리하게 새끼 과외를 하는 무리수는 두지 마시길). 영어는 이때 알파벳 파닉스 기초 문법 정도만 배워도 충분합니다. 놀라우시겠지만 진짜입니다. 모국어 학습이 매우 잘되어 있다면 영어는 1년 정도 집중적으로 학습하면 바로 확 늘기 때문입니다.

영재학교를 준비하는 아이들은 초등학생 때 학습을 엄청 많이 시키는 편입니다. 솔직히 저는 영재학교, 굳이 보내야 할까 싶습니다. 정말 영재가 아니라 사교육으로 영재로 '만들어 낸' 아이들이 진학한 지 오래기도 하거니와 굳이 그렇게까지 혹독하게 초등학생에게 공부를 시켜야 하나 잘 모르겠습니다. 그냥 지금 입시판(2028년 수능 개편안 기준)에서 SKY 보내고 싶으면 초등학생 때는 국어, 한자, 독서, 수학(사고력 수학), 영어 기초 정도 학습하고 나머지는 체육 활동에 신경 썼음 싶습니다. 입시는 장기전이라 막판에는 체력이 상당히 중요한 승부수가 되기 때문입니다.

4. 중1 때

대다수 학교가 자유학기제를 시행하는 시기입니다. 따라서 시험 없는 학교가 많을 테니 아이에게 남는 시간이 상당할 겁니다. 시간이 그나마 여유로운 이때 독서 논술을 시키면 좋습니다. 논술은 되도록 1학년 1학기 때까지만 시키고, 전국 단위 자사고 진학을 염두에 두고 있다면 독서 목록을 관리해야 합니다. 이건 따로 할 얘기 많으니 이 글에서는 제외하겠습니다(이 책에서는 3부를 참조). 그리고 수학 선행학습을 해야 합니다. 중1때 보통 중3 1학기까지 선행학습을 마치는 게 대치동, 목동 등 교육열이 높은 곳에서 보편적인 속도입니다. 영어는 문법 한 바퀴 돌리면서 어휘를 철저히 잡아 주는 학원에 보내면 좋습니다. 영단어는 주 단위 기준 400개 정도 시켜 주면 충분한 수준입니다. 주의할 건, 영어보다는 수학이 우선이라는 점입니다. 영어는 국어보다 반영 비율이 훨씬 낮아진 지 오래예요. 감점 시스템이라 90점만 넘기면 다 똑같거든요. 다만 영어가 나중에 훨씬 인생에 도움이 되니 잘하긴 잘해야겠죠. 수능 문제 풀어 보면 영어가 그렇게 또 쉬워진 건 아니라서 공부량은 꾸준히 채워 줘야 한다는 점 명심하세요.

5. 중2 때

자꾸 과학 학원을 보내려는 학부모들이 생기는 때인데, 그럴 필요 없습니다. 통합과학, 통합사회로 통일해서 수능이 나올 거니까(2028년 개편안) 과학고를 보내려는 게 아니면 굳이 물리1, 화학1 이런 과목을 듣게 할 필요 없습니다. 특목고, 자사고에서는 내신이 이 내용으로 나오기도 합니다만 그럼에도 불구하고 국어와 수학이 아직 완벽하지 않은 상태에서 과학 선행을 이때부터 미리 당겨 할 필요는 없습니다. 그 시간 아껴서 수능 국어 문법을 한 바퀴 돌려 주는 게 아이에게는 압도적으로 좋습니다. 왜냐하면 중학교 국어 교육과정에서 내신 문법 순서가 다소 이상하게 짜여 있기 때문입니다. 이 시기부터 본격적으로 국어가 아이들 발목을 잡기 시작하니 국어 학원(내신보단 수능 위주로 가르치는)을 보내 주면 크게 효과 보는 때도 이 시기입니다. 중학 수준 국어는 솔직히 지나치게 쉽고, 고등 수준 국어는 너무 어렵습니다. 이 간극을 메워 줘야 합니다.

수학은 이때 선행을 보통 수학 상, 하까지만 나가도 된다고 봅니다. 솔직히 중3 겨울방학 때까지 수학 상, 하를 완벽히 아는 수준이면 수학 선행은 충분합니다. 미분과 적분을 초등학교 5, 6학년에게 대체 왜 시키는 건지, 제가 대치동에 오래 있었던 선생이지만 이해할 수 없습니다. 이 과정은 그래프를 완전히 이해할 수 있을 때 시키는 게 맞습니다. 즉, 수학 상, 하 심화 문제까지 완벽히 알고 자유로워지면 고등학교 진학해서 배워도 충분하더라는 얘기입니다.

6. 대망의 중3 때

사교육비를 말 그대로 '쏟아부어야' 할 때입니다. 시간도 고등학생이 되었을 때에 비해서는 넉넉하고 아이들이 지식을 받아들이고 흡수하는 머리도 좀 커져 있을 때니까요. 이때는 국어 강의를 하나 정도는 꼭 듣게 하셨으면 합니다. 특히 고전문학과 수능 국어 문법을 반드시 한 번쯤은 돌려 줘야 하며 1등급이 87점 정도 되는 고1 모의고사 기준으로 중3 말까지 원점수 90점은 나오게 하고 진학해야 일류 대학을 합격하는 데에 큰 무리가 없을 겁니다(제가 강의를 꾸리고 있는 학원에 있는 중3들은 4월 기준으로 거의 2등급 이상입니다).

이때는 아이들이 아무리 울고불고하더라도 국어든 영어든 어휘를 꾸준히 암기해야 할 시기예요. 특히 영어 단어를 강도 높게 공부해야 하는데 기준은 주 단위로 500~1,000개 정도. 학습이 꾸준히 이뤄지지 않았던 친구라고 하면 여름방학 때 거의 하루 종일 영단어를 외워야 할지도 모르는 양입니다. 고3 수능 기준으로 1등급(90점)이 계속 나오기 시작한다면 영어는 어느 정도 궤도에 올랐다고 볼 수 있습니다.

국어, 영어가 이쯤 되고 수학이 수학 상, 하까지 완벽하게 선행이 된다면(이 정도 학습량을 군말 없이 따라올 수 있는 학생이라면) 고등학생 때 인터넷 강의만 듣는대도 내신/수능을 본인이 알아서 관리할 수 있게 됩니다. 과학이나 사회는 앞에서 굳이 언급하지 않은 이유가 이겁니다.

중학교 때는 과학, 사회까지 건드릴 시간이 없어 보이지 않나요? 맞습니다. 건드릴 수 없죠. 대신 저렇게 국영수 해 놓고 고교 진학하면 한결 따라가기 수월하니 고등학생이 된대도 방과 후에 학원보다 인터넷 강의로 과학, 사회를 공부하면 거의 완벽해집니다. 학원 뺑뺑이 도는 것보다 자기 공부 시간이 압도적으로 많아야 한다는 얘기입니다. 진짜 최상위권은 고등학생일 때 학원 안 다닙니다. 1타 강사의 현장 강의도 잘 안 들어갑니다. 그럼 그 아이들은 대체 언제 공부하고 학원에 돈 썼을까요? 초6부터 중3 여름방학 때를 치열하게 보냈던 거죠.

나로서는 사교육업에 거의 10여 년 가까이 종사하면서 너무 당연한 상식이라 생각했던 이야기인데도 "몰랐다, 정말 도움이 많이 되었다."라는 댓글이 쏟아졌고 솔직히 얼떨떨했다.

'이렇게 당연한 이야기를 이렇게나 많은 분들이 몰랐다고?' 싶었으니까.

써야 할 때 확실하게 쓰고, 쓰지 말아야 할 때는 확실하게 돈을 아끼면 한국 사교육은 합리적이면서 서비스 품질도 월등히 높은 '도구'다. 이렇게까지 사교육이 활성화되어 있고 접근성이 뛰어난 나라가 없다. 한데 많은 학부모님들은 대입만 놓고 보면 쓰지 말아야 할 곳에 돈을 물 쓰듯 쓰고, 정작 교육비를 반드시 써야 할 중요한 수업에는 지불이 인색하다.

대표적으로, 한국 대학 입시를 시킬 아이를 영어 유치원에는 보내면서 한자 교육을 등한시하거나, 수학 학원이나 논술, 국어 학원에 들이는 돈은 아끼면서 과학이나 사회, 영어 말하기나 쓰기 학원을 더 보내는 식의 돈 낭비를 들 수 있겠다. 아이는 아이대로 학원 뺑뺑이를 돌면서 고통받고 부모는 부모대로 무의미한 지출에 허덕인다. 정말 웃긴 건 중학교 진학 이후 이 아이들이 고생한 만큼의 결과를 내지 못한다는 점이다. 영어 유치원을 나왔다는데 정작 수능 영어는 잘 봐야 2등급이고, 수학은 말해 무엇하겠는가? 더 못한다. 국어도 뒤늦게 허겁지겁 학원을 다녀 보지만 꼭 헷갈리는 두 답 중에 하나를 골라내지 못해(세밀한 독해가 안 된다는 얘기) 만년 3등급을 벗어나지 못한다. 이 성적으로 SKY, 당연히 갈 수 없고 재수해도 어렵다. 그러면서 "한국은 사교육으로 망국 길을 걷고 있다!" 하고 질타하기만 한다면 혼신을 다해 수업을 준비하는 선생 입장에선 속도 상하고 한편으로는 마음이 너무 아프다.

학벌이 사회적 지위와 연봉 같은 성공 척도와 너무나 밀접한 한국 사회에서 사교육은 필요악이 된 지 오래다. 남들이 하니까 우리 아이도 해야 하고, 빨리 시키지 않으면 경쟁에서 뒤처질 것 같고. 그러다 보니 톡 까놓고 말하자면 정규 교육과정보다 훨씬 앞질러 선행학습을 무리하게 시키는 학원과 선생이 '잘 팔린다.' 웬만한 학군지에는 초등학생인데도 미적분을 시키고, 초3이면 토플을 '마스터'하게 해 준다는 학원이 넘실댄다. 광고 문구만 봐도 불안이 피어오를 지경이다. 그런 상황이라 그런지 내 글에 달린 댓글 중에는 "이제야 말이 되는 선행 루트를 찾았다."라며 감사하다는 이야기가 제일 많았다.

그러나 학부모님이 정확한 루트를 알고 필요한 시기에 필요한 수업에 과감히 투자한다면 (특히 아이가 중학교 입학을 앞두고 있다면 더더욱) 한국식 사교육은 오히려 최소 비용으로 최대 효과를 누릴 수도 있게 해 주는 도구다. 무조건 색안경만 끼고 볼 게 아니라 똑똑하게 활용할 줄 알면 된다는 말이다. 본격적으로 대학 입시가 시작되는 중학 시절에 앞서 어떻게 사교육을 제대로 활용해야 상위권 대학에 입성할 수 있을까. 이 책은 그 목표를 위해 가야 할 길을 제안해 보려 쓴 책이다. 직접 최상위권 대학에 정시로도 입학해 보고, 유수 언론사에 입사해 보기도 한 내가 과외 아르바이트 때부터로 치면(나는 과외 아르바이트로 도 여러 학생을 카이스트, 고려대 등 명문대에 보냈다) 이미 10년이 훌쩍 넘은 강의 경력을 통해 얻은 노하우를 꽉꽉 눌러 담았으니 자세히 읽고 아이 교육에 도움을 받을 수 있길 간절히 바란다.

왜
중학생 때
국어 공부를
해야 하나?

①

의대 문턱에서
최상위권 학생 발목을 잡은
그 과목

: 기둥뿌리를 뽑아도
  해결되지 않는 국어 실력,
  대체 어떻게 접근해야 할까?

1

소싯적 대치동 바닥에서 타고난 수학, 과학 영재로 명성이 자자했던 A군. A군은 이미 초등학생 시절 어렵기로 소문난 수학 학원 입반 테스트를 가볍게 통과했다. 이어 위로 몇 학년 선행 학습쯤은 우습게 해치우며 물리·화학 올림피아드에서 화려하게 입상했다. 중학교에 입학할 때만 하더라도 A군은 서울대학교 의과대학을 지망했고, 어느 누구도 A군이 정한 목표에 토를 달 수 없었다. 이과 최상위권 학생으로서 A군은 더할 나위 없는 '성공 가도'를 착실히 걷고 있었으니 말이다.

입시를 마쳤다. A군은 서울대 의대에 진학하지 못했다. 다른 의과대학엘 갔느냐고? 아니! A군은 의과대학 어디에도 입학하지 못했다. 그 무섭다는 사춘기가 성적표를 짓밟고 간 걸까? 아니! A군은 의과대학에 144명을 진학시킨 H고등학교 출신이었다. 어라, 그렇다면 A군은 특목고 진학에도 성공했고, 질풍노도 사춘기에 휩쓸릴 겨를도 없이 빡빡이 짜인 커리큘럼을 소화했다는 말인데. 그럼, 수능 칠 때 답안지를 밀려 썼나? 아니! A군은 탐구영역 두 과목 전부 만점을 받았고 영어에서는 2개를 틀렸지만 1등급을 유지했다.

이제 눈치를 챘을지도 모르겠다. A군은 수능 첫 과목 국어에서 3등급을 받았다. 6월 평가원 모의고사에서도 9월 평가원 모의고사에서도 가까스로 1등급 근처를 유지했지만 수능에서는 첫 지문부터 잘 읽히지 않았다. 한편 현대시와 고전시가에서도 답을 고르기가 힘들었다. 어떻게 생각하면 이것도 저것도 전부 답이 될 것 같은 선택지들이 너무 많았다. A는 1교시 시험이 끝나는 종이 울릴 때 국어에서 점수가 많이 깎였다는 것을 직감했고 평정심을 잃었다. 결국 다음 시간인 수리 영역에서 A군은 평소 기량을 발휘하지 못하고 '킬러 문항' 하나를 포함해 세 문제를 틀리고 말았다. A는 수시 최저 등급합(4개 영역을 합쳐 5등급 이내여야 하므로 하나라도 3등급이 뜨면 실패다)을 맞추지 못해 의과대학에 진학할 수 없었고 결국 재수를 해야만 했다. 뛰어난 학생인 A를 대학 문 앞에 주저앉힌 과목은 무엇일까? 그

1 왜 중학생 때 국어 공부를 해야 하나?

렇다. 국어였다.

대치동 국어 선생들 사이 괴담처럼 전해 내려오는 또 다른 이야기. 영재학교에 일찌감치 입학 허가를 받아 둔 중학교 2학년 B군. B군은 그간 영재학교 입시에 집중하느라 따로 국어 공부를 할 시간이 없었다. 이제 소기의 목적을 달성했으니 고교 입학 전 부족했던 국어 공부를 하기 위해 학원을 찾았다. 영재학교를 가면 수능 국어는 보지 않아도 되지만 국어 내신을 아주 놓을 수는 없는 형편이었기 때문이다. B군의 화려한 이력을 전해 들은 학원 선생은 너무나 당연히 B군을 가장 수준 높은 반인 S클래스에 배정했다. S클래스에서는 현대문학 외에 고전 문학도 진도를 나가고 있었는데 마침 B군이 그 학원에 들어와 처음 마주한 작품은 《춘향전》이었다. B군의 (아마도 높으리라 예상되는) 지적 수준 및 그간 쌓아온 명성으로 보았을 때 턱없이 쉬운 '기초 수준' 문학 작품이었다. 지문은 이렇게 시작했다.

이몽룡이 춘향에게 전갈을 보내…

지문을 전부 읽고 답을 고르는 시간. 모두가 맞힌 문제를 B군 혼자 틀렸다. 아무래도 이상했던 선생은 B군에게 지문을 어떻게 이해했느냐 묻는 과정에서 B군의 대답을 듣고 멍해졌다.

"선생님, 이몽룡이 춘향을 죽이려고 한 거 아닌가요?" 그렇다. B군은 매서운 독침을 지닌 생물, '전갈(scorpion)'을 이몽룡이! 성춘향에게! 보낸 거라 철석같이 믿고 문제를 풀었고 당연히 그가 이해한 내용과 관련된 선택지가 있을 리 없었다.

목동에 있는 상위권 전문 수학 학원에서 특출난 실력을 자랑했던 C군. 이미 중학교 2학년일 때 미적분 개념을 전부 이해하고 문제를 풀 정도로 수적 감각이 탁월해 교사들의 많은 기대를 모았다. 수능 국어가 어렵다는 이야기를 듣고 알음알음 팀을 짜 국어 수업을 듣게 된 C군. 고1 모의고사 시험지로 첫 시험을 치렀을 때 C군은 88점이 1등급인 시험에서 54점을 받았다. (사실 이 점수도 중학교 2학년이라는 점을 감안했을 때 그리 낮은 점수는 아니다.) 태어나 처음 보는 점수에 놀란 C군은 선생님의 특훈에 따라 비문학 지문을 읽으며 모르는 어휘를 '표준국어대사전' 어플리케이션으로 찾는 숙제를 꼬박꼬박 해 가기 시작한다. 몇 달이 지난 어느 날, 선생님은 C군의 비문학 숙제를 검사하다 깜짝 놀라고 말았다.

"~ 삶을 영위하며"
: 영특하고 위대하다.

영위(營爲), "일을 꾸려 나가다."라는 뜻으로 찾아 왔어야 했는데, C군이 찾아 온 것은 앞뒤 문맥과 전혀 어울리지 않는 생뚱맞은 어휘였기 때문이다. 국어 선생님은 급히 표준국어대사전 어플을 켜 '영위하다'를 검색했다. 아니나 다를까. 검색 결과의 가장 상단에 떡하니 "영특하고 위대하다."라는 뜻을 지닌 동음이의어가 자리하고 있었다. 그렇다. C군은 앞뒤 문맥에 따라 제일 그럴듯한 뜻을 지닌 한자어를 찾는 부분에서도 헤매고 있었다.

A, B, C군의 사례는 전부 실화를 바탕으로 재구성한 이야기다. 너무 과장된 이야기 같아 믿기 힘들지 모르겠지만, 이 순간에도 어디선가 학교와 이름만 바뀌어 비슷한 패턴으로 벌어지고 있을 촌극이다. 애석하게도 수학과 과학 실력이 매우 뛰어난데 국어 실력이 다소 부족한 친구들의 경우 지금과 같은 한국 입시 시스템에서 최상위권 대학에 진학하기는 어렵다. 우리나라 입시 시스템은 '강점을 더 강하게'보다는 '되도록 약점과 실수가 없이' 공부한 친구들이 훨씬 대입에 유리하게 설계되었기 때문이다.

그래서 이과 최상위권 남학생들, 그중에서도 의과대학을 지망하는 친구들인 경우에는 수능 시험 직전까지 '국어' 때문에 상당히 고통받으며, 심한 경우 족집게 과외 등을 알아보기도 한다. 그 분야 유명 족집게 선생들은 이미 1년 전부터 스케줄이 꽉 차 있는데 정말 간절한 학부모들은 이미 매우 비싼 과외비에 웃돈까지 얹어 '퍼내기'를 시도하기도 한다. 퍼내기란 언제든 그 과외 선생의 도움을 받을 수 있게끔 수업료를 미리 지불해 두어, 다른 학생들이 그 선생의 수업을 잡을 수 없도록 스케줄을 독점한다는 것이다. 즉 과외 선생의 스케줄을 '퍼낸다'는 의미다. 이렇게까지 해서 결과가 좋으면 다행인데, 보통 국어 과목은 시험 날의 마음 상태와 컨디션이 성적을 좌우하는 비중이 다른 과목에 비해 훨씬 높다. 게다가 수능 첫 교시라 압박감이 심하기까지 해서 족집게 과외의 효과가 제대로 나타날 확률은 생각보다 낮다. 그래서 강남 학부모들 사이에서는 "수학, 영어는 그래도 돈 들이는 만큼 성과가 나는데 국어는 기둥뿌리를 3개쯤 뽑아도 안 되더라."라는 말이 있고, 영어 학원이 밀려난 자리에 속속들이 초중등 국어 학원이 생기는 형편이다. 유명 프랜차이즈 영어 학원이 경영난으로 대치에서 사업을 접을 때, 국어 학원이 그 빌딩을 접수하는 것을 보고 격세지감을 느꼈다는 선생들이 많았다.

특히 이런 이과형 남학생들을 괴롭히는 문제들은 보통 현대시나 고전시가 등 고도로 추상화된 개념을 묻는 영역에서 출제된다. 강사가 보기에도 다소 애매할 때가 있지만 언어적 감각이 있는 친구들이라면 함정을 피할 수 있는 영역이다. 해서 문과적 소양이 있는 친구들은 오히려 여기서는 빠르게 답을 내기도 한다. 그러나 평소 독서량도 부족하고, 공식에 대입해 간단히 답을 내는 논리에 익숙했던 이과형 학생들은 여지없이 출제자가 파 놓은 함정에 걸려들고야 만다.

수능 1교시에 식은땀을 흘려야만 했던 이 친구들과 엄청난 쌈짓돈을 털어 가며 족집게 과외를 구하던 학부모들. 만약 시간을 되돌릴 수 있다면 그들은 '언제'로 돌아가야 할까? 그리고 '어떤' 조치를 취해야 할까?

이 책은 이 질문에 답하려고 태어난 '실용 국어 교육서'다.

대입에서
수학 다음으로 중요해진
국어

: 문해력이 2028 대입 개편안의
  화두가 된 이유

2

지금 10대들의 학부모들이 청소년이었던 시절(90년대~00년대) 치러진 수능 국어(혹은 언어) 영역은 난도가 그렇게 높지 않았다. 수학이야 예나 지금이나 입시의 꽃이니 논외로 하고, 당시로서는 영어 성적이 얼마나 받쳐 주느냐가 입시 성과를 결정했다. 주요 과목에서 영어, 수학 점수가 잘 받쳐 주면서 탐구 과목 여러 개(보통 4개가 기본)를 얼마나 균형 있게 고득점을 받을 수 있느냐가 관건이었다. 사실상 공부를 잘하는 학생은 국어 학원을 딱히 다니지 않고도 만점을 받는 게 당연했고, 최상위권 학생이 국어 학원이나 인터넷 강의를 수강하는 일도 드물었다. 그

1 왜 중학생 때 국어 공부를 해야 하나?

래서인지 몇 년 전까지만 해도 영어 위주로 초등학생, 중학생들을 교육시키는 학부모들에게 "국어, 한자를 어릴 때부터 학습하게 하지 않으면 수능 국어를 풀 수 없다."라는 주장을 납득시키는 일이 너무 어려웠다. 그간 매스컴에서도 비슷한 경고를 여러 번 해서 좀 나아졌지만 지금도 수능 국어가 얼마나 어려운지, 그래서 초중등 시기에 무슨 공부를 얼마나 더 해야 하는지에 대해서 설명하면 "저 선생이 지금 약을 파나?" 하는 눈초리로 보시는 분들이 더 많다. 심지어는 "그렇게까지 국어를 시켜야 해요? 아무리 그래도 모국어에, 답 5개 중 1개 고르는 시험인데?"라고 되묻는 경우도 왕왕 있다.

단언컨대, 대입에서 이제 국어는 영어보다 훨씬 더 성패를 좌우하는 과목이 되어 버렸다. 지난 2018년부터 수능 영어가 절대평가 체제로 바뀌면서부터다.

영역		2005	2006	2007	2009	2010	2011	2012	2013	2014	2015
국어		135	127	132	140	134	140	137	127	131	139
수학	가	141	146	145	154	142	153	139	139	138	125
	나	150	152	140	158	142	147	138	142	143	131

영역		2016	2017	2018	2019	2020	2021	2022	2023	2024
국어		136	139	134	150	140	144	149	134	150
수학	가	127	130	130	133	134	137	147	145	148
	나	139	137	135	139	149	137			

수능 국어, 수학 표준점수 최고점 분포(2005~2024)
2008년은 유일무이한 등급제 수능이어서 원점수와 표준점수가 공개되지 않았다.

앞 표는 수능 국어와 수학에서 모든 문제를 다 맞혀 원점수가 100점이 되었을 때 받을 수 있는 표준점수들을 기록한 표다. 표를 살펴보자. 표준점수란 전체 평균을 100으로 놓고 분포시킨 상대점수이다. 쉽게 말해 표준점수가 높으면 높을수록 그 과목 만점자는 평균치 학생들을 훨씬 상회하는 점수를 받은 셈이니 해당 시험이 상당히 어려웠다는 것을 뜻한다. 특별히 수능이 어려웠던 2009년과 2011년을 제외하고, 나머지 수능에서 국어는 보통 표준점수 130점대를 유지하다가 갑자기 2018년 11월에 치러진 2019학년도 수능부터 표준점수가 급격히 올라갔다. 급기야 2024년도 수능과 2019년도 수능에서는 150점으로 수학보다도 만점자의 표준점수가 높았다. 그리고 최근 5년 동안 2023년도를 제외하고 전부 140점 이상을 꾸준히 유지했다. 그만큼 어렵고, 만점 받기가 힘들어졌다는 의미다.

이에 비해 상위권 대학에서 수능 영어 점수를 반영하는 구조는 2018년도 입시부터 '감점제'다. 다시 말해, 100점을 받든 91점을 받든 똑같이 90점을 받았으면 1등급으로 처리되며 서울대·고려대·연세대 등은 기본 점수에서 감점을 안 하는 수준에서 마친다. 그 아래 등급일 경우 전체 점수에서 몇 점씩을 대학별로 다르게 감점한다. 국어는 높은 점수를 받을수록 대학 입시에 유리하다면, 영어 점수에서 최선은 그저 '방어'에 그치게 된 상황인 셈이다. 즉 100점을 받아도 영어로는 가산점을 받을 일이 없다.

물론 아이가 영어를 이중 언어 구사자처럼 잘하게 되면 대학을 졸업한 뒤 마주할 세상에서 상당한 기회를 얻을 수 있으며, 그 아이가 더 넓은 세상을 경험하고 색다른 커리어를 가지게 될 가능성은 당연히 수능 국어만 만점 받고 영어는 잘 못하는 아이보다야 높다. 그 점을 폄훼하려는 의도는 아니다. 그렇지만 오롯이 한국 대학 입시만을 놓고 보았을 때, 영어에 들이는 노력과 에너지를 좀 더 줄여서 어릴 때부터 한자 교육과 국어 공부(특히 독서 및 글쓰기) 비중을 높이는 편이 개편된 입시 제도에 걸맞은 방향이라는 점을 우선 짚어 두고 싶다.

개편되는 2028학년도 수능과 문해력의 중요성

다음 페이지의 표는 2028년 대입 개편안의 골자를 정리한 것이다. 선택과목들이 사라지고 이제는 통합사회와 통합과학으로 시험을 본다는 점을 알 수 있다. 간단히 말해 이제는 과목별로 선택과목이 사라지고 전부 통합해 이과, 문과 계열 구분 없이 수능을 치르게 된다. 국어에 국한해 말하자면, 지금까지 수능 국어는 '화법과 작문' 그리고 '언어와 매체'로 나뉘어 있었다. 화법과 작문에는 국어 문법 과정이 들어가지 않는다. 해서 국어 문법이 너무 어렵고 힘들면 '언어와 매체' 대신 '화법과 작문'

	현행 (~2027학년도 수능)	개편안 (2028학년도 수능~)
국어	공통(독서,문학) +2과목 중 택1	공통(화법과 언어, 독서와 작문, 문학)
수학	공통(수학 I , 수학 II) +3과목 중 택1	공통(대수, 미적분 I , 확률과 통계)
영어*	공통(영어 I , 영어 II)	
한국사*	공통(한국사)	
탐구 사회·과학	17과목 중 최대 택2 사회 9과목, 과학 8과목	공통(통합사회), 공통(통합과학)
탐구 직업	1과목: 5과목 중 택1 2과목: 공통 (성공적인 직업생활) +1과목	공통 (성공적인 직업생활)
제2외국어/ 한문*	9과목중 택1	
		10과목중 택1 (추가검토안) 제2외국어/한문: 9과목 심화수학: 1과목 (미적분II +기하)

2028학년도 수능 개편안
*는 절대평가 적용 영역, 자료 출처 : 교육부

을 선택해서 들을 수 있었다. 그러나 교육과정이 개편되면서 이제는 국어 문법도 필수로 배워야 하는 상황이라 수험생이 입맛대로 고를 수 없게 됐다. 사실 수학이나 영어가 많이 바뀐 건 없

1 왜 중학생 때 국어 공부를 해야 하나?

고 국어도 문법을 필수로 배워야 한다는 것 말고는 그다지 크게 달라진 건 없다. 엄청난 지각변동은 탐구과목에 있다. 이제는 이과형 학생이라도 통합사회를 배워야 하고, 문과형 학생이라도 통합과학을 배워야 한다. 이런 상황에서 교육 전문가들 사이에서 떠오른 키워드는 '문해력'이다.

생뚱맞다고 느낄 수도 있지만, 통합과학·통합사회 체제로 바뀌는 수능에서는 수학을 제외한 전 과목이 사실상 문해력에 점수가 걸려 있다고 봐야 한다. 2025년 1월 기준으로 발표된 통합과학, 통합사회 문항 수와 시험 시간을 보면 통합과학에서 계산 문제가 두 개 이상 출제되기 어려울 거라는 전문가들 의견이 있었다. 아마 고난도 문제는 현재 국어 과목의 비문학 과학 지문을 읽고 푸는 느낌으로, 지문 길이는 조금 더 짧게 출제될 가능성이 높을 듯하다. 한편, 통합사회 고난도 문제도 사실상 암기로 풀 수 있는 문제들이라기보다는 국어 비문학 사회, 정치, 경제, 법학 지문 문제들의 짧은 버전이나 다름없다. 2024년 10월에 발표된 예시 문항들의 면면을 살펴보면 더욱 그러하다. 절대평가로 바뀌면서 그 중요도가 다소 줄어든 영어도 사실상 어려운 문제는 일단 국어 독해력이 떨어지면 못 읽는다고 봐야 한다. 결국 수학 하나 빼고 국어 실력에 오롯이 대입이 걸려 있다고 봐도 과언이 아닌 셈이다. 사실 이건 내 의견이 아니라 대치동 최대 규모 중등 대형 학원에서 입시 컨설팅 연구소를 운영하고 있는 소장님 의견이다.

　지난 2023년 10월, 2028년 대입 개편안 예고가 나온 뒤 당시 내가 재직 중이었던 대치동 대형 학원에서는 선생님들이 모여 함께 대책 회의를 했다. 수능과 교육과정이 개편되었으므로 그에 맞춰 중학 과정 커리큘럼도 다시 짜야 과목 간 유기적인 수업을 만들 수 있어서였다.

　거의 20여 년 가까이 대입 컨설팅을 담당해 온 이사님이 마이크를 잡으시더니 가장 먼저 "중학 과정 국어 선생님들 어디 계신가요? 손 들어 주세요."라며 국어 선생들이 모인 곳을 눈으로 훑었다. 옹기종기 모여 과자 봉지를 뜯고 있던, 나를 포함한 국어 선생 세 명이 엉거주춤 손을 들었다. 제아무리 대치동에서 중학생 대상으론 제일 유명하고 큰 대형 학원이라도 수학·과학 위주로 커리큘럼이 운영되던 곳이라 우리 세 명 다 그렇게 학원 안에서 주목받는 편은 아니었다. (영어 선생들은 아예 그 세미나에 초대되지도 못했다.) 여느 때처럼 구석에서 간식 먼저 챙겨다가 커피는 언제 오나 하하호호 하고 있던 우리가 뜯은 과자를 미처 입에 털어 넣기도 전에 호명됐으니 얼마나 놀랐겠는가. 얼떨떨하게 손을 든 우리 셋을 이사님은 잠깐 보더니 의미심장하게 말했다.

　"이제 텍스트를 읽어 내는 힘, 문해력이 중요할 수밖에 없는 때가 왔습니다."

　　　　　　　　　1 왜 중학생 때 국어 공부를 해야 하나?

2022 개정 통합사회 내용 요소

통합사회1		통합사회2	
지식 · 이해 범주	내용 요소	지식 · 이해 범주	내용 요소
통합적 관점	· 통합적 관점 · 시간적 관점 · 공간적 관점 · 사회적 관점 · 윤리적 관점	인권 보장과 헌법	· 시민혁명 · 인권 · 헌법 · 시민참여
인간, 사회, 환경과 행복	· 행복의 의미 · 행복의 조건	사회 정의와 불평등	· 정의의 실질적 기준 · 정의관 · 사회불평등 · 공간불평등
자연 환경과 인간	· 자연환경 · 자연관 · 환경문제 · 생태시민	시장 경제와 지속 가능 발전	· 시장경제와 합리적 선택 · 경제 주체의 역할 · 국제 분업과 무역 · 금융 생활
문화와 다양성	· 문화권 · 문화 변동 · 문화 상대주의와 보편윤리 · 다문화 사회	세계화와 평화	· 세계화 · 국제분쟁 · 평화 · 세계시민
생활 공간과 사회	· 산업화와 도시화 · 교통·통신과 과학기술의 발달 · 생활공간과 생활양식 · 지역사회	미래와 지속 가능한 삶	· 인구 문제 · 자원 위기 · 미래 삶의 방향 · 지속가능발전

내용 체계의 과정·기능, 가치·태도 범주는 생략함

그 뒤로 장장 세 시간 동안 이어진 세미나에서 잊을 만하면 이사님이 우리를 불러 대는 통에, 평소 같았으면 한 통은 너끈히 먹어 치웠을 엄마손파이, 회의가 끝날 때까지 채 한 봉도

다 먹지 못했다.

이사님의 의견인즉슨 이러했다. 개정되는 2028학년도 대입 개편안에 따른 수능에서는 선택과목 대신에 고1 때 배우는 통합사회와 통합과학이 들어간다. 그런데 통합사회와 통합과학 안에 포함된 제재들이(앞 페이지의 표 확인) 전부 국어에 출제되는 비문학 영역과 깊은 상관성이 있다. 또한 교육부 발표 내용으로 봐서 단순히 암기된 지식만을 묻는 식의 문제가 출제되기보다는 긴 지문을 읽고 그 안에서 추론을 해 푸는 방식의 문제가 출제될 듯한데, 그러면 결국 긴 호흡 지문에서도 주의력을 잃지 않고 정보를 파악하는 문해력이 핵심 아니겠느냐. 당시로서는 그냥 국어 선생들 놀지 말고 열심히 커리큘럼 연구하라는 소리로 들어 넘겼을 따름이었다. 그런데 이 책을 쓰는 와중 발표된 교육부의 개정 통합사회 내용을 보니 당시 이사님 의견이 얼추 맞아떨어진다.

앞의 표는 교육부가 2024년 9월에 발표한 2028학년도 개정 수능에 출제할 통합사회, 통합과학 과목의 예시 문항들이 포함된 문서에 실린 2022 개정 교육과정에 따른 통합사회 내용 요소들이다. 여기 실린 내용 요소들이 심화되어 고스란히 국어 과목의 비문학 영역 지문으로 출제된다. 2017년부터 이미 그렇게 출제가 되어 왔다. 아마 앞으로 소개할 실제 기출 지문을 보면 감이 오겠지만, 고1 수준 비문학이라고 그렇게 쉽지 않다. 아

1 왜 중학생 때 국어 공부를 해야 하나?

마 깜짝 놀랄 것이다. 상당 수준의 경제학, 법학, 철학 배경 지식을 요구하는 지문들이 대부분이다. 그냥 공교육만 받던 학생이라면 국어 수준이 갑자기 확 어려워지는 느낌이 들 수밖에 없는데, 매도 먼저 맞는 게 낫다고 좀 일찍부터 비문학 모의고사 지문들을 꾸준히 접한다면 통합사회 교과까지 선행학습하는 효과도 낼 수 있고 어려운 비문학 지문에 보다 빨리 적응하는 효과까지 누릴 수 있으니 미리 공부를 안 할 이유가 없지 않은가? 정말 강력히 권하는 바다.

한편, 국어 과목이 또 과학하고는 큰 상관이 없으리라 보고 국어 공부 시간을 빼서 통합과학을 무리하게 선행학습시키는 학부모들도 있다. 보통 국어 학원을 주말에 1회 보내는 게 대부분인데, 그 시간이 과학 학원과 겹치기 일쑤라 둘 중 하나를 선택해야 하는 경우가 왕왕 있어서 말해 두는 것이다. 이때 문학과 문법 혹은 중학교 내신에 '만' 치중하는 국어 학습이 아니라면 과학보다는 국어를 더 중점적으로 공부하는 편을 추천하고 싶다. 왜냐하면 과학을 주제로 한 비문학 텍스트가 수능에서는 훨씬 더 변별력 있는 제재로 각광받고 있으므로, 중학교 3학년 내내 균형 있는 비문학 공부를 병행하면 통합과학을 접근할 때에도 상당한 효과를 볼 수 있기 때문이다. 한편 지난 9월 공개된 통합과학 문제들을 보면, 생각보다 문해력이 상당히 요구된다는 점도 알 수 있다. 다음 페이지의 예시 문제를 살펴보자.

예시문항 10

▣ 다음은 어떤 항생제 내성에 관한 자료이다.

∘ 항생제 내성 세균은 항생제에 노출되었을 때 생존 가능성이 높고, 항생제 감수성 세균은 항생제에 노출되었을 때 죽을 가능성이 높다.
∘ 항생제 X에 대한 내성은 돌연변이에 의해 생기고, 다음 세대로 유전된다.
∘ X가 없는 조건에서 X 내성 세균과 X 감수성 세균의 증식 속도는 동일하다.
∘ 그림은 X 처리 여부에 따라 X 내성 세균과 X 감수성 세균의 비율이 변화하는 과정을 나타낸 것이다.

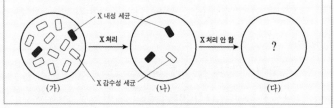

이 자료에 대한 설명으로 옳은 것만을 〈보기〉에서 있는 대로 고른 것은?

─〈보 기〉─

ㄱ. X에 노출되지 않은 세균 집단에서 X 내성 세균은 발생할 수 없다.
ㄴ. (가) → (나) 과정에서 세균의 형질에 따른 자연선택의 원리가 적용된다.
ㄷ. X 내성 세균의 비율은 (가)에서보다 (다)에서가 높다.

① ㄱ   ② ㄷ   ③ ㄱ, ㄴ   ④ ㄴ, ㄷ   ⑤ ㄱ, ㄴ, ㄷ

답을 고를 수 있었을까? 답은 ④번 ㄴ과 ㄷ이다. 사실 나는 고1 때까지 공통과학은 배운 적 있었어도 수능에서 사회탐구 네 과목에 제2외국어 하나를 선택해서 대학을 가던 세대니 과학에는 거의 문외한이나 다름없다고 봐야 하는데도 순전히 독해력만 가지고 문제를 풀었다. 그리고 그렇게도 풀 수 있는 문제다. 오히려 이 문제는 배경지식을 가지고 어설프게 풀려고 하면 틀리기 더 쉽다. 왜냐면 ㄱ 선지에 함정이 숨어 있기 때문이다.

제시문의 두 번째 조건을 보면 "항생제 X에 대한 내성은 돌연변이에 의해 생기고, 다음 세대로 유전된다."라는 말이 있다. 그런데 ㄱ 선지에서는 "(항생제)X에 노출되지 않은 세균 집단에서 X 내성 세균은 발생할 수 없다."라고 한다. 여기서 돌연변이라는 말이 무슨 뜻인지 새겨 보라. 갑자기 돌(突), 그러할 연(然). 갑자기 그렇게 다르게 변했다는 말이다. 항생제 X에 노출되지 않았다고 하더라도 말이다. 그러니 ㄱ은 어휘 뜻만 알고 봐도 틀린 선지이며, 실제 그림을 봐도 X(항생제) 처리가 되기도 전에 이미 돌연변이 상태로 만들어진 X 내성 세균이 있는 상태다.

사실 이보다 훨씬 어려운 수준으로 쓰인 과학, 기술, 공학, 의학 제재 비문학 지문들이 즐비한 시험이 요즘 수능 국어 과목이다. 그러니 과학 지식 몇 개를 먼저 배워서 외워 놓느니, 까다로운 조건들을 하나도 놓치지 않고 꼼꼼하게 읽어 내려가는 읽기 연습 및 고난도 한자 어휘 학습이 훨씬 더 개편되는 수능에 효과적일 것이라고 본다.

국어 공부, 중학교 때 본격적으로 해야 하는 이유

: 국어 1등급이 다른 과목 1등급을 보장한다

3

이 책은 초등 고학년(5학년 이상)부터 중학생 자녀를 둔 학부모에게 왜 국어를 미리 공부하는 것이 상위권 대학을 가는 데 있어서 제일 우선시되어야 하는지를 알리고, 그와 관련한 방법론을 상세하게 설명하기 위해 썼다. 어떻게 글을 읽어 나가야 하고, 무슨 책을 봐야 하는지 세세한 방법론을 논하기 앞서 '왜 하필' 초등 고학년부터 중학 시기가 국어 공부에 있어 '골든 타임'인지 말하려 한다.

지난 2021년 12월에 방영된 JTBC '다수의 수다'라는 프로

그램 '스타 강사 편'에는 지금도 대치동에서 한창 전성기를 구가하고 있는 1타 강사들이 패널로 출연했다. 국어(이투스 김민정 선생님, 이하 김)와 영어(메가스터디 조정식 선생님, 이하 조), 화학(정촉매 박상현 선생님, 이하 박)과 국사(최태성 선생님, 이하 최)를 가르치고 있는 각 분야 전문가들이었다. 이들에게 진행자가 묻는다.

> 진행자 선생님들께서 생각하시기에, 수능과 상관없이 이 과목은 계속해서 학생들이 앞으로도 공부를 했으면 좋겠다, 하는 과목 하나씩 꼽아 주실 수 있나요?

최태성 선생님과 박상현 선생님이 물음이 떨어지자마자 "국어요!" 하고 답한다. 이어 최태성 선생님이 현장에서 느낀 문제점을 이야기한다.

> 최 이번 수능에서 학생들이 "문제가 낯설다."라는 얘기 많이 했는데, 사실 그 얘기는 문제가 뭘 말하는지 모르겠다는 거거든요. (아이들마다) 문해력에서 너무 차이가 나니까. 역사에서 예를 들면 제가 오늘은 '홍경래의 난'을 배우겠습니다, 그러면 (아이들이) "선생님, 그 난은 무슨 꽃일까요?" 이렇게 말을

해요. 또 고려 시대 삼별초를 가르친다면 "그게 무슨 초등학교냐." 하는 수준.

김　(말 받으며) 맞아요! 정말 요즘 애들 심해요. 작가가 요절을 해서, 라고 하면 애들끼리 "손절각?" 이렇게 말하고. (웃음)

조　맞아요. 이번 9월 영어 모의고사에서도 교수님들이 한글로 단어 뜻도 줬어요. '간헐적인(intermittent)'. 그런데 정작 한국어 단어인 '간헐적인'이라는 말뜻을 몰라서 다들 틀렸더라고요.

이어 공부는 유전인가 노력인가에 대한 이야기가 상당히 인상 깊다. 다들 공부 머리는 사실 따로 있다(노력으로 극복이 안 되는 부분도 있다)고 입을 모으면서도 결국 '공부 머리란 곧 독서 머리'라 말한다. 화학 강사 박상현 선생님 의견은 아래와 같았다.

박　제가 아까도 국어 공부가 중요하다고 말씀드렸습니다만 (화학을 수강하겠다고 온 학생과) 상담을 하려다 보면 (제가) 제일 먼저 물어보는 게 '국어 성적'입니다. 처음 왔을 때 "국어가 1등급 됩니다." 하면 이 친구는 화학 만점이 가능한 친구예요. 그게(독서 머리로 생긴 국어 실력이) 진짜 (이과 문과 구분할 것 없이 모든 학문과) 연결되고, 정말 신기할 정도로 연결됩니다. (재차 강조) 그러니 아이일 때 책을 많이 읽혀야 하는 거죠.

여기서 주목해야 할 점은 박상현 선생님은 국어가 아니라 화학을 가르치는 선생님이라는 점이다. 언뜻 보면 화학처럼 국어와 관련 없어 보이는 과목이라 해도 결국 그 지식 하나하나를 받아들이는 과정은 전부 '공부 머리', 정확히는 '독서 머리' 즉, 국어 실력과 결부돼 있다. 지식을 조각조각 썰어서 꼭꼭 씹어 소화하는 그 과정이 전부 국어로 이뤄지다 보니 국어 실력이 뒷받침되면 성적을 단기간에 폭발적으로 올리는 일은 그리 어렵지 않다. 일단 선생님이든 참고서든 뭐라고 하는지 알아먹을 수 있으니 이해하는 데 시간이 오래 걸리지도 않는 데다, 완벽히 이해했다 보니 머릿속에 남는 지식의 양도 상당하기 때문이다. 남들보다 생소한 학문을 공부하는 일이 수월해지는 건 물론이요, 완벽히 이해된 상태이므로 암기해야 할 양도 현저히 줄어든다. 문제집을 풀어도 중상 난도까지는 무난하게 풀리니 고난도나 자주 틀리는 유형만 따로 모아서 여러 번 보기만 하면 되어 최상위권으로 진입하는 일은 식은 죽 먹기에 가깝다. 소위 "학원 한 번 안 가 보고, 사교육 근처에도 얼씬하지 않았으면서 명문대 갔다더라."라는 엄마 친구 아들, 엄마 친구 딸들은 십중팔구 어릴 때 광적으로 독서를 즐겼거나 한자 학습, 일기 쓰기를 꾸준히 따라와 모국어 구사력이 뛰어난 친구들이다.

위 내용은 현업자로서 너무 당연하다고 여겨 (이미 많은 학부모들이 다 알고 있으리라 생각해서) 군이 언급하지도 않았는데, 강사 생활을 이어 오며 상담 과정에서 깜짝 놀랐다. 대다수 학부모들이 이과 공부와 문과 공부가 완전히 별개라고 생각하고 있었기 때문이다. 특히 "우리 애가 수학, 과학은 수준급으로 잘하는데 국어, 영어가 많이 약해요."라는 말을 학군지 국어 선생으로 일하는 사람이라면 어김없이 듣게 된다. 나 역시 마찬가지. 이제는 이런 말을 들으면 속으로는 '아이가 극상위권은 아니라는 말씀이시군. 메디컬(의대, 치의대, 한의대, 약대 등 의약 계열을 부르는 말) 보내기는 쉽지 않겠군.' 하고 생각한다. 냉정하게 들리겠지만, 국어를 못하는 최상위권은 진정한 최상위권이 아니다. 시험 문제가 어떤 방식으로 어렵게 나오든 점수가 항상 일정한 최상위권들은 일단 국어 점수가 매우 안정적으로 만점에 가깝다. 독해력이 이미 수준급이라는 말이다.

이과 과목(수학, 과학)이 난도로 치면 훨씬 더 어렵지만 문해력이 뒷받침되지 않으면 물리나 화학, 수학 역시 어느 이상으로 점수가 치고 올라갈 수 없다. 용어가 전부 한자어로 되어 있는 데다 난도가 올라갈수록 서술형 문제 안에 교묘하게 조건을

$$f(k) = \frac{|2k + 6 - 2k + 4|}{\sqrt{k^2 + 2^2}} = \frac{10}{\sqrt{k^2 + 4}}$$

$f(k)$는 $\left(\sqrt{k^2 + 4}\ \text{의 값이 \underline{최소일 때}}\right)$ 최대이므로 최댓값은 ⋯

$k=0$

$$f(0) = \frac{10}{\sqrt{4}} = 5$$

따라서 a=0, b=5 이므로   a+b=5

숨겨 놓는 경우가 많기 때문이다. 그 조건을 바로 알아채고 함정을 피해 답을 도출하는 모든 과정에 정확한 독해력이 핵심임은 두말하면 입 아프다. 따라서 우리가 흔히 '공부 머리'라고 부르는 명석함은 다른 게 아니라 바르게 읽고 정확히 이해하는 그 '독해력'이다.

위 자료는 대구의 대표적 학군지인 수성구에서 수학 학원을 운영하고 계시는 원장님이 아이들에게서 해설지 뺏지 말고, 아이들이 "해설을 제대로 읽는 법부터 가르쳐야 한다."라고 하시면서 올린 사진을 재구성한 것이다. 그분은 "끊어 읽기를 알려 주면 반 가르친 거고, 어디 수식하는지 가르치면 90%는 가르쳐 준 셈"이라 생각한다고 하셨다. 그렇다. 저기서 k=0이 되어야 최솟값이 되므로 함수의 변수에 0을 집어넣어야 한다고 생각해 내는 게 내가 말하는 독해력이다. 이런 추론 능력이 없는데 어떻게 최상위권으로 올라설 수 있겠는가. 제대로 읽을 수 없는 아이들은 최상위권이 될 수 없다. 그래서 국어는 못하는데 수학은 잘한다는 경우를 보면, 대다수는 수학도 썩 잘한다고 할 수는 없는 상황이었다.

중3까지 독해력을 갖춘 친구
vs. 갖추지 못한 친구

한편 독해력을 중학교 3학년이 될 때까지 탄탄하게 갖춘 친구들과 그렇지 못한 친구들의 격차는 고교 진학 후 극과 극으로 벌어진다. 실제 학생이었던 Y와 J의 사례로 설명해 보겠다.

Y는 경기도 비학군지에서 자라 유명한 전국 단위 자사고에 진학했다. 어릴 때 한자 학습지로 착실히 공부했고, 엄마와 함께 공립 도서관 등을 자주 찾아서 독서로 입시 스트레스를 풀었을 만큼 독서광이다. 같은 학교에 진학한 아이들보다는 수학 선행을 늦게 시작한 편으로 수학 상, 하(고1 과정)까지만 선행을 급히 마치고 들어갔다. 영어도 토플까지는 감히 건드려 보지 못

했고 고3 수능을 풀어 봤을 때 대략 85점~90점이 나오는 수준으로만 학습했다. 다만 국어는 고1 모의고사 그 어떤 난도를 가져다 풀어도 1등급 커트라인을 넉넉하게 넘겨서 높은 원점수를 받는 편이었고 어려운 비문학 텍스트를 푸는 습관도 몸에 붙어 있었다.

J는 서울 학군지(목동, 대치) 중 한 군데서 자라 Y와 같은 학교에 진학했다. 전형적인 학군지 특유 커리큘럼을 따라 초등 입학 전부터 유명 학원에서 방과 후 시간을 몽땅 투자해 공부했다. 성균관대 경시대회를 비롯해 각종 수학 경시대회를 준비했고 미적분은 이미 선행을 마쳤다. 토플 점수는 나쁘지 않았으나 고득점까지는 어려웠다. 어휘 '암기'를 싫어했기 때문이다. 국어 학원도 꾸준히 다녔으나 학원에서 치른 고1 교육청 모의고사는 1등급이 나올 때보다 다소 점수가 모자랄 때가 더 잦았다. 고등학교를 가면 어차피 외울 어휘들인데 굳이 중학생 때부터 힘을 빼고 싶지 않다는 이유에서 적당히 학원에서 싫은 소리 듣지 않을 만큼만 암기 테스트 준비를 해 갔다.

전국 단위 자사고 진학 직후 치른 반 편성 고사에서 Y는 중간 이하의 성적을 거둔 반면, J는 상위 5% 안에 드는 성적을 거뒀다. 그런데 대학 진학은 누가 더 잘했을까? Y는 본인이 원했던 대로 서울대 유망학과에 진학했고 J는 의대는 물론, SKY 대학 입시에 실패했다.

전국 단위 자사고에는 일반 고등학교와 다른 커리큘럼을 짤 수 있는 권한이 있다. 당연히 더 어렵고 양이 상당한 텍스트가 과제로 배부됐으며 지필고사 및 쪽지 시험, 수행평가도 높은 강도와 잦은 빈도로 치러졌다. 미리 텍스트를 읽는 훈련이 돼 있던 Y에게 이 정도 과제는 (물론 힘들긴 했지만) 그렇게까지 못 견딜 수준은 아니었다. 학원을 많이 다녀 본 적 없이 자기 주도 학습을 주로 해 온 Y에게는 오히려 이런 잦은 시험과 강도 높은 텍스트 읽기 훈련이 큰 도움이 되었다. 반면 J는 반 편성 고사 점수가 제일 높은 성적이었을 따름이다. J는 쏟아지는 텍스트를 빠른 시간 안에 읽어 내지 못했다. 학원에서 요약해 주는 요약집만 보고 적당히 문제 풀어 해결하는 방식으로 중등 내신을 공부해 왔던 J는 방대한 텍스트를 읽고 거기서 핵심을 뽑아 내 자기 의견까지 개진하는 방식으로 치러지는 쪽지 시험과 수행평가를 제대로 치러 내지 못했다. 게다가 중학 시절에 제대로 다져 두지 못했던 영단어, 국어 어휘가 고2 2학기 무렵부터 발목을 잡기 시작했다. 조금씩 국어, 영어 성적이 떨어지기 시작하더니 급기야 고3 9월 평가원 모의고사에서 영어도 89점으로 2등급을 받고 국어 성적도 2등급 하위권(3등급에 가까운)을 기록하고 말았다. 내신 성적을 우선 잡으려니 모의고사 성적이 곤

1 왜 중학생 때 국어 공부를 해야 하나?

두박질치고 모의고사 성적을 올리려면 도저히 내신을 챙길 틈이 없었다. 읽는 힘과 자기 주도 학습력이 부족했던 J에게는 읽어 내야 할 텍스트 양이 너무 방대하고 버거웠다.

초등학교 입학 전부터 수학, 과학, 영어를 꾸준히 선행할 계획은 세우지만, 늦어도 초등 고학년부터 한자 학습에 박차를 가해야만 앞으로 좋은 성적을 만들 수 있다는 것을 아는 학부모들은 드물다. 고난도 텍스트를 읽어 나가기 위해 근본적으로 제일 필요한 실력은 고급 한자 어휘를 자유자재로 읽고 이해하며, 더 나아가 적재적소에 그 어휘들을 활용할 수 있을 만한 유창한 모국어 실력을 갖추는 것이다. 이 능력을 반드시 함양해야 하는 시절은 늦어도 초등학교 4학년부터다. 교과서 내용이 본격적으로 어려워지기 시작할 때쯤이 초등학교 4학년 2학기부터이기 때문이다. 이어 초등학교 5학년 시기부터는 본격적으로 국어 학습, 특히 읽기에 비중을 많이 둔 교습을 적어도 주 1회 3시간 이상 시킬 것을 추천한다. 이때 교습이란 방과 후 학교 학습, 인터넷 강의, 아니면 엄마표 국어라 해도 아이에게 좀 더 지적 자극을 줄 수 있을 만한 수준의 텍스트를 읽혀야 한다는 뜻이다. 이 시기에는 학원을 반드시 보낼 필요까지는 없지만, 매일 30분~1시간 정도로 비문학 읽기와 함께 모르는 어휘를 찾아 뜻을 암기하고, 일기 쓰기처럼 간단한 글쓰기를 꾸준히 병행할 수 있게 해야 한다. 이런 작업이 제대로 되지 않았다면 정말 늦어도 초등학교 6학년부터는 국어 학원을 보내야 수능 국어 1등급을 위한 문해력을 갖출 수 있다. 첫째를 학군지에서 학원 많이 보낸 데다 특목고, 자사고까지 입시 성공했으니 당연히 좋은 대학에 진학할 줄로 알았던 학부모들이, 그토록 기대를 걸었던 아이가 학업 성취에 고전을 면치 못하는 걸 보고 크게 덴 뒤에 둘째부터는 국어 실력 함양에 오히려 돈을 많이 쓴다. 두세 개씩 학원과 과외를 병행하며 공부하는 경우마저 있을 정도다.

코로나 시대
초등학생의 문해력 양극화 현상

2021년 즈음부터 수학을 담당하는 선생님들에게서 계속해서 듣는 이야기들이 있다. 아이들이 수학 문제를 이해하지 못해서 계산식을 보고 계산은 할 줄 알아도 식 자체를 본인이 세우질 못한단다. 나 역시 학생들에게서 현저한 문해력 저하를 느끼기 시작했을 때가 저 시기부터였다. 2020년 초, 코로나19 확산으로 오프라인에서 교육받지 못하고 온라인 등 영상으로 교육받았던 초등학생들이 어느덧 중학생이 된 2024년. 모든 수업을 수준별로 운영할 수밖에 없는 형편이 됐다. 그것도 매우 쉬운 수준 수업과 매우 어려운 수준 수업으로 양극화해서 말이다.

초등 고학년 시기에 독해력을 따로 다지지 않고 영상만으로 공부한 아이들은 보통 또래가 성취해야 하는 수준보다 독해력이 현저히 떨어졌다. 그러나 저 시기 집에 있는 시간을 잘 활용해 독해력 향상을 꾀하는 일련의 학습을 했던 아이들은 오히려 독해력이 또래보다 훨씬 뛰어났다. 사실 대치동을 비롯한 교육열이 강한 지역에서는 사회적 격리를 위한 단축 수업, 줌 수업을 진행하던 시기에 오히려 국어 사교육 시장이 활황이었다. 꼭 국어 학원이 아니라도 가정에서 따로 한자 학습이나 비문학 독해를 진행하는 등의 노력을 기울였다면 괜찮은데 그러지 못한 경우에는 대치동 같은 교육 특구에서 자란 아이라 할지라도 독해력이 크게 뒤처지는 모습을 보였다. 이같은 '독해력의 양극화' 현상이 두드러지는 바람에 커리큘럼을 완벽히 둘로 쪼개지 않으면 이제 수업을 진행하기가 어려울 정도다.

사교육 시장에서 계속 일한 감으로 예측해 보자면, 현재 (2024년) 중3(2009년생)이 수능을 치르는 2028년 입시(개편안이 시작되는 바로 그해다)부터는 모든 과목의 1등급 커트라인은 오르고 2등급 커트라인이 폭락하지 않을까 싶다. 그렇다. 최상위권은 대학 가기가 더 어려워질 수 있다는 의미이고, 심지어 상위권과 최상위권 사이에도 틈이 상당히 벌어질지도 모른다는 말이다.

칼이 예리해야
요리가 쉽다

:   결국 모든 학문을 받아들이는
                도구는 모국어

4

먼저 다음 자료 사진을 보자. 김 선생이 대학교 2학년 시절 수강했던 수업에서 낸 답안이다.

시험지 오른쪽 글씨들이 교수님의 평가 내용인데, 정리하면 well – developed(논지를 잘 전개했다.) Can you talk more about~(~학자들 이야기를 더 써 줄 수 있니?) Thoughtful, Analogical, Solid essay!(생각이 깊고, 논리적이고, 탄탄한 글입니다!)이다. 일본 외교 정책에 대해서 써낸 답안이었고 Grading Criteria(점수 기준)에 맞춰서 총 25점 중 22점을 받았는데, 이는 유학 경험이 없는 토종 한국 학생으로서 받을 수 있었던 가장

                                           1 왜 중학생 때 국어 공부를 해야 하나?

과목명 Subject	대학 College	학과 Department	학번 Student ID	성명 Name

elaborate it

Japan, and also the selection of cases are too biased, so that it can't explain the situation when gaiatsu doesn't work, like keiretsu.

Keiretsu is the structural barrier that US wanted to move out but didn't because of strong opposition from Japans domestic political actors. through examing SII talks, schoppa suggests that gaiatsu positively promote its influences when it resonates domestic actor's interests of targeted country. It shows that foreign pressure can make difference like Calder, Miyashita suggests but the domestic factors matters as well. In other words, International and domestic realms interact with each other, not independently affects one-sided to another.

o.k.

also in his model, there 2 actors : chief negotiators in international realm, domestic actors. ultimately, the domestic actors makes final decision but, chief negotiator can take synergistic strategies that can move domestic actors interests. Within the SII talks, US applied this strategies some cases, they succeeded, some cases they were not. this means that the "interaction between actors matters most.

well-Developed

Through stressing Both realm's reaction, schoppa procures what Calder and Miyashita didn't get according to his logic. US's preponderence towards Japan is not the automatical result of structural factor. rather, it is the result of US's Struggle to resonate Japan's interest. conclusively Schoppa can explain both Japan's reactiveness and exception cases.

Can you take more about Berger and beind? Suzuk?

I think reactive thesis is still useful although it have some limitation. Japan was not always reactive. In the post-world war period, according to Yoshida doctrine, they pro-actively acted, used their leverage to get economic interests when they faced many crisis. Also, like Suzuki argued that, in the 19th century, they pro-actively acted toward international society to survive in the world.

as a semi-civilized country, they followed "Civilized country's rule" on the one hand, they also take coercive policy towards Asian neighbors.

KOREA UNIVERSITY

· Thoughtful
· And great!
· Solid essay!

높은 점수였고 해당 학기 A+ 학점을 받을 수 있는 발판이 되었다.

내게 일찍이 어학연수의 기회라도 있었느냐고? 지금 이 글을 쓰고 있는 2024년 현재, 만 33세인 나는 2016년 2월, 화장실에 폭발물을 설치했다고 장난을 친 범인을 취재하러 갔을 때 말고는 인천국제공항에 단 한 번도 발걸음 해 본 적 없다. 그렇다. 어학연수는커녕 그 흔한 해외여행 한 번 해 보지 못하고 여권도 없이 살아왔어도 나는 영어를 유창하게 읽고 쓸 수 있는 셈이다. 과연 이 힘은 어디서 왔을까?

결국 모국어 실력이다. 비록 영어는 초등학교 4학년이 되어서야 파닉스를 접한 수준이었으나, 이미 그 당시 나는 고등학생들이 읽는 수준의 소설 문학을 즐겨 읽었다. 제일 재밌게 여러 번 봐서 표지가 너덜너덜해질 정도였던 책이 마거릿 미첼의 《바람과 함께 사라지다》였고 어른들이 보는 시사 잡지(《월간조선》,《신동아》,《한겨레 21》 등)도 읽고 이해할 수 있는 수준이었다.

그러니 파닉스를 배우고 중학교 1학년 즈음 영문법을 익힌 뒤, 중학교 2-3학년 시기 여름방학을 활용해 어휘를 폭발적으로 암기한 다음엔 수능 영어 정도는 거의 틀린 적이 없었고 이미 고3 때 토익 900점이 넘었다. 대학에 진학한 다음에는 영어 작문이 조금 어려워서 통번역 어학원을 3개월 정도 다녔는데 거기서 요령을 익히자 앞서 보다시피 작문에서도 비약적인 성과가 있었다. 문법 및 읽기와 쓰기가 되니 말하기는 자연스럽게 따라왔다.

고백하건대, 나는 공부가 힘들었던 적은 없다. 그 어떤 새로운 내용이 나온다고 해도 이해하기 어려웠던 적이 없기 때문이다. 이제 와 돌아보면, 초등학교 시절 매일 6년간 꼬박꼬박 썼던 일기와 엄마가 억지로 따라 쓰게 했던 한문 구절 및 한자 2,000자 암기 등 무식하게 모국어를 교육받았던 일이 공부 머리를 키우는 데에 크게 도움이 됐다.

모국어 실력은 곧 칼이다. 예리하게 벼려지면 그 칼은 그 어떤 단단하고 큰 재료가 주어진대도 전부 소화할 수 있게끔 그것을 잘게 썰 수 있다. 무딘 칼 몇 자루가 있는 것보다도 아주 예리한 칼 한 개만 있는 편이 요리를 몇 배는 더 쉽게 해 주는 법이다. 지식을 받아들이는 도구로서 가장 날카로워야 하는 칼은 바로 모국어다. 따라서 국어 실력을 따로 빼고 공부를 논할 수가 없는 셈이다. 이 당연한 이야기를 이렇게까지 길게 하는 것은 교육 현장에서 이 이야기를 했을 때 신선하게 받아들이는

1 왜 중학생 때 국어 공부를 해야 하나?

학부모들이 생각보다 너무 많았기 때문이다.

수학, 과학, 영어를 선행하려고 하기 전에 아이가 '한자는 잘 아는지? 한국어 독해는 잘하는지? 그리고 일기 쓰기 등 글쓰기 기본이 잡혀 있는지?' 이것부터 탄탄하게 점검하고 넘어가야만 하는데 보통 국어는 그냥 일상에서 쓰니까 알아서 어련히 잘하겠거니, 국어까지 학원을 다녀야 할까, 생각하는 경우가 많다. 그러면 호미로 막을 수 있었던 문제를 가래로도 막을 수 없을 지경으로 지식 체계에 구멍이 뚫리게 되고 결국 최상위권으로 진입은 요원해진다. 그러니 제발 모국어 실력부터 갖춘 뒤 다음으로 넘어갈 수 있게 아이들을 지도했으면 한다.

한국 대입이 목표라면 영어 유치원은 비추천

물론 아이가 한국을 떠나 영미권 등지에서 쭉 교육받고 거기서 정착해 살 예정이라면 영어 유치원을 무리해서라도 가는 편이 맞다고 생각한다. 그러나 아이가 내내 한국에서 지낼 예정이고 수능 입시를 치러 한국 대학에 갈 예정이라면, 영어 유치원에 미리 가서 고생을 할 필요가 없다고 본다. 학습식 영어 유치원이라 하더라도 아직 영유아에 불과한 아이가 영어와 한국어를 한꺼번에 학습하며 받는 스트레스는 어마어마하다. 솔직히 선생으로서는 굳이 그 돈을 들이며 그 스트레스를 아이에게 줄 필요가 있을까 싶다.

아주 유명한 영어 유치원을 졸업했다면서 정작 고등학생이 되어서는 "구비하다", "간헐적인"과 같은 어휘를 정확히 알지 못해서 영어 1등급(앞서 언급했듯 영어 1등급은 90점만 넘으면 되지만 90점 넘기가 결코 호락호락하지 않다)을 받지 못하고 만년 2 등급에 머무르는 학생을 심지어 대치동에서도 한둘만 본 게 아니기 때문이다.

결국 순전히 한국에서 입시를 치를 예정인 아이를 키우고 있다면, 어쭙잖은 영어 학습보다는 한자 학습과 읽기 및 쓰기 학습에 대폭 투자하기 바란다. 영어 알파벳을 초등학교 4학년이 되어서야 겨우 처음부터 끝까지 쓸 줄 알았고 초등학교 4학년 때 파닉스를 처음 배웠어도 만 18세 때 영어로 수업을 듣고 유창하게 말하는 데에 큰 무리 없었던 유경험자로서 자신 있게 말할 수 있다. 너무 당연한 이야기인데 이렇게까지 강조하자니 어색하기 그지없으나 요 근래 들어 더더욱 영어 유치원 열풍이 부는 느낌이라 특별히 지면을 할애해 길게 짚고 넘어간다. 한자는 그 중요성에 비해 너무나 강조가 안 되어 답답하다. 뒤집어 말하자면, 한자를 초등 고학년까지 확실하게 시켜 주면 나중에 공부할 때 다른 또래들보다 훨씬 더 유리해진다는 얘기기도 하다. 최대 학군지 대치동에서도 자주 간과하는 학습이 한자어 학습이기 때문이다. 초등 고학년부터 중학 시절에 한자를 제대로 공부했느냐 아니냐로 국어 성적이 전부 정해진다고 해도 결코 지나친 말은 아니라고 보는데, 그 이유는 앞으로 국어 지문들을 함께 살펴보며 차근차근 설명하겠다.

영어 유치원 보냈다가 되레 후회합니다

아래 자료는 모 SNS에 올라온 하소연이다. 이런 푸념을 심심찮게 현장에서 접하는 선생으로서는 안타까운 마음을 금할 길 없다.

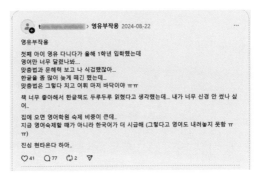

여기서 "한국어가 더 시급해, 그렇다고 영어도 내려놓지 못함"이라고 쓰셨지만 지금은 영어를 내려놓으셔야 할 때다. 비유하자면, 모국어는 세상에 대한 온갖 지식을 받아들이는 데 쓰는 칼 같은 도구다. 칼이 예리할수록 더 세밀하고 정교하게 요리할 수 있다는 점은 두말하면 입 아픈 잔소리고 말이다.

중학교에서 내내
전교 1등인 아이,
국어 학원 보내야 할까?

: 차원이 다른 고등 국어,
누구나 대비해야 한다

5

새로 학원에 온 학생 상담을 할 때 자주 듣게 되는 것이 "우리 ○○이가 중간, 기말 지필고사에서 국어는 항상 100점을 받는 아이라서 국어 학원은 안 보내도 되지 않을까 싶었는데…"로 시작하는 이야기다. 보통 수학, 영어 선행을 많이 나가고 있어서 국어에 쏟을 수 있는 절대적 시간이 부족했다는 이야기도 함께.

그런데 중학교 내신 시험과 고등학교 가서 막 3월부터 꼬박꼬박 치르게 될 수능 대비 모의고사는 본질적으로 아주 별개다. 내신은 하나라도 틀리면 안 되는 시험이다. 시험 범위도 정

1 왜 중학생 때 국어 공부를 해야 하나?

해져 있고 문제 유형도 전부 주어져 있다. 그러니 꼼꼼하게 완벽히 푸는 것이 중요하다. 하지만 수능 대비 모의고사는 정반대다. 일단 국어 시험 난도가 엄청나게 올라가면서 100점을 받는 일은 거의 불가능해졌다고 보면 된다. 쉽게 만점이 나오고 1등급 컷이 95점 수준이던 때의 국어 시험이 아니다. (그 시절엔 정시 모집에서도 대학별로 1,500자 이상 논술고사를 치러 변별력을 주었으므로 국어 시험이 이렇게까지 어려울 필요가 없었다.)

45문제를 푸는 데 주어진 80분의 시간은 훈련되지 않은 친구들에게는 턱없이 부족하다. 해서 스스로 풀 수 있는 문제와 풀 수 없는 문제를 빨리 판단한 뒤 선택한 문제만큼은 다 맞겠다는 각오로 풀어야 한다. 모르는 문제가 나왔을 때 세월아 네월아 시간을 보내고 있으면 안 되고 다른 지문들로 얼른 넘어가서 건질 수 있는 문제부터 빠르게 풀어야 한다. 이것이야말로 현재 본인이 가지고 있는 실력으로 최고의 성과를 낼 수 있는 사고방식이며 상위권 대학은 그런 사고가 가능한 사람을 뽑고 싶어 한다.

이렇게 주어진 80분을 제대로 운용하여 자기 실력의 최대치를 발휘하는 방식으로 시험을 치르려면 우선 시험을 자주 치러 봤어야 한다. 그러나 요즘은 초등학교에서부터 지필고사를 거의 치르지 않는 분위기라서 OMR 카드에 컴퓨터용 사인펜으로 답안을 표기하는 식으로 치는 시험은 특별히 교육열이 강한 지역이 아니라면 중학교 2학년 1학기 기말고사부터나 접할 수 있을 따름이다. 게다가 중간고사를 치르지 않고 기말고사만 치르는 학교들도 있기에, 요즘 아이들은 시험을 접할 기회가 그 이전 세대에 비해 현저히 적다. 문제는 이뿐만이 아니다. 아래 지문을 보자. 각각 2022년 3월 고1 모의고사에 실린 비문학 지문들이다. 분명히 짚고 넘어간다. 고3이 아니고 '고1'이고 11월도 아니라 '3월' 모의고사다.

마르크스는 사물의 경제적 가치를 사용가치와 교환가치로 구분하면서 자본주의 사회에서는 경제적 가치가 교환가치에 의해 결정된다고 보았다. 사용가치는 사물의 기능적 가치를 교환가치는 시장 거래를 통해 부여된 가치를 의미하는데 사물 자체의 유용성은 고정적이므로 시장에서의 수요와 공급에 의해서만 경제적 가치가 결정된다고 보았기 때문이다. 또한 그는 사물의 거래 가격은 결국 사물의 생산 비용에 의해 결정된다는 점에서 소비를 생산에 종속된 현상으로 보고 소비의 자율성을 인정하지 않았다.

마르크스의 이러한 주장과 달리 보드리야르는 교환가치가 아닌 사용가치가 경제적 가치를 결정하며, 자본주의 사회는 소비 우위의 사회라고 주장했다. 이때 보드리야르가 제시한 사용 가치는 사물 자체의 유용성에 대한 가치가 아니라 욕망의 대상으로서 기호(sign)가 지니는 기능적 가치. 즉 기호가치를 의미한다.

2022년 3월 고1 학력평가

중3 사회 교과 과정에 수요와 공급 이론이 들어 있기야 하고, 1문단에 등장하는 마르크스는 중학교 교과 과정에 나오긴 해도 간단히 언급만 되어 있는 수준이라 그 이름을 시험장에서 처음 접하는 학생들이 많을 것이다. 거기서 보통 아이들은 크게 멘탈이 흔들린다. ('누… 누구지?') 이어 "사물 자체의 유용성은 고정적이므로 시장에서의 수요와 공급에 의해서만 경제적 가치가 결정된다고 보았기 때문이다."라든가 "소비를 생산에 종속된 현상으로 보고 소비의 자율성을 인정하지 않았다."라는 부분에서 훈련이 덜 된 아이들은 "유용성이 고정적"이라는 말과 "종속된 현상"이라는 말이 지닌 의미를 금방 흡수하지 못한다. 그냥 "바뀌지 않는다.", "~에 달려 있다."로 해석하면 될 일인데 한자어에 익숙지 않은 세대이다 보니 바로 이해가 안 된다.

- **사용가치(=사물 자체의 유용성)는 안 바뀜**
- **교환가치는 시장의 수요 공급으로 정해지며 자꾸 바뀜**
- ⇒ 이 시장에서의 거래 가격(가격은 수요와 공급을 조절해 균형에 이르게

함 : 이 부분은 중3 사회 시간에 배우는 배경지식)은 또 **상품을 생산하는**

비용에 달려 있음(=생산에 종속된 현상)

⇒ **결국 생산이 제일 중요함**(그러므로 소비를 할 수 있느냐 없느냐는

생산에 달려 있음=소비의 자율성을 인정하지 않음)

저 문단을 읽고 이처럼 마르크스의 핵심 주장을 요약, 메모
할 수 있는 중3이 얼마나 될지 가슴에 손을 얹고 생각해 보라.
자기 힘만으로 읽어 낼 수 있는 중3이 과연 몇이나 될까?

(가)플라톤은 초월 세계인 이데아계와 감각 세계인 현상계를 구
분했다. 영원불변의 이데아계는 현상계에 나타난 모든 사물의
근본이 되는 보편자, 즉 형상(form)이 존재하는 곳으로 이성으
로만 인식될 수 있는 관념의 세계이다. 반면 현상계는 이데아계
의 형상을 바탕으로 만들어진 세계로 끊임없이 변화하는 사물
이 감각에 의해 지각된다. 플라톤에 따르면 현상계의 모든 사물
은 형상을 본뜬 그림자에 불과하다.

 이러한 관점에서 플라톤은 예술을 감각 가능한 현상의 모방이
라고 보았다. 예를 들어 목수는 이성을 통해 침대의 형상을 인
식하고 그것을 모방하여 침대를 만든다. 그리고 화가는 감각을
통해 이 침대를 보고 그림을 그린다. 결국 침대 그림은 보편자

에서 두 단계 떨어져 있는 열등한 것이며, 형상에 대한 참된 인식을 방해하는 허구의 허구에 불과하다. 이데아계의 형상을 모방하여 생겨난 것이 현상인데, 예술은 현상을 다시 모방한 것이기 때문이다.

2022년 3월 고1 학력평가

같은 시험의 다른 지문이다. 그러니까 아까 마르크스가 포함된 지문과 같은 시험지 안에 있었던 지문이며 아이들이 이런 난도의 지문들을 다른 문제들과 함께 80분 안에 풀어냈어야 한다는 얘기다. 한번 차근히 첫 문단을 읽어 보길 권한다. 메모하지 않고 술술 읽고 이해할 수 있는가? 아마 어려울 것이다.

- 이데아계=초월(현실을 뛰어넘는) 세계, 영원하며 변치 않음(불변), 형상 (=모든 사물의 근본, 보편자)이 존재, 이성으로만 알아차릴 수 있음(인식), 눈에 보이지 않는(관념의) 세계
- 현상계=이데아계에 있는 형상(=모든 사물의 근본, 보편자)을 바탕으로 만든 세계, 끊임없이 바뀜, 감각(눈에 보이고 만져지는)으로 깨달음(지각)
⇒ 플라톤 : 현상계의 모든 사물=형상(이데아계에 있음, 모든 사물의 근본, 보편자, 영원 불변)을 본뜬 그림자에 불과

이렇게 한자어들을 전부 풀어서 메모해 봤다. 이제야 지문에서 무슨 말을 하는지 정확하게 들어오리라 생각한다.

사전에 아무런 준비도 하지 않은 중3이, 답도 다 정해져 있고 내용도 고만고만하며 반복과 암기만 하면 누구나 100점 맞을 수 있는(제아무리 어려운 대치동 내신이라 하더라도) 내신 시험만을 준비하다 고등학교에 입학하자마자 치르는 3월 모의고사 시험에서 이런 지문을 곧바로 척척 읽을 수 있을까?

거의 어렵다. 각 중학교에서 내신 시험에서 전부 100점을 받아 사실상 전교 1등을 한다는 친구들을 데려다 중3 1학기 정도에 아무런 사전 학습과 훈련 없이 고1 모의고사를 치르게 하면 대부분 60점대 후반에서 70점대 초중반 점수가 나온다. 89점 정도가 평균적으로 1등급인 현재 시험 수준으로 봤을 때 이 정도 원점수로는 3등급 후반~4등급 초반에 불과하다. 그래서 입시를 제대로 아는 학부모들이 국어 학원을 두 곳씩 보내며 글쓰기 과외도 한 개씩 더 붙여서 시키는 것이다. (개인적으로 국어 학원 두 곳보다는 자기 관리가 되는 학생이라면 국어 학원 한 곳에 인터넷으로 문법 강의 한 개 정도를 더 추가해서 수강하게 하는 편을 추천한다. 글쓰기는 하면 참 좋지만 아직 국어 모의고사 점수가 잘 나오지 않는 상황에서 사치일 수도 있다.)

이런 고난도 텍스트를 읽어 나갈 때 가장 중요한 기본 작업은 결국 고급 한자어 학습이다. 보다시피 수능 모의고사 지문

1 왜 중학생 때 국어 공부를 해야 하나?

을 완벽하게 읽어 내려면 고급 한자어를 모르면 안 된다. 최소 중2 여름방학부터는 한자어가 다수 포함된 고급 수준 비문학을 읽는 방법을 익혀 나가야 하는데, 그 전에 한자와 조금이라도 친해진 상태여야 새로운 어휘를 접하더라도 평정심을 잃지 않을 수 있다. 이때 한자를 한 글자 한 글자 학습하는 것도 정말 중요하다. 상형, 회의 등 한자가 만들어진 원리도 공부해 둘 필요가 있다. 한자 급수를 따게 하는 학원도 많다고 들었는데 의미 없는 공부라고 생각하지 않는다. 하지만 그렇게 한자 한 글자씩을 공부하는 작업과 함께 '실제로 이 한자는 어떤 어휘에 활용되고 무슨 맥락에서 쓰이는가?'까지 익혀야 공부를 마쳤다

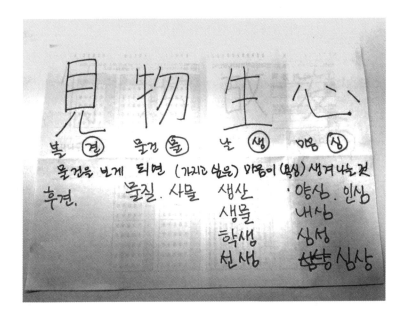

고 할 수 있다. 초5부터는 사자성어를 통해 한자 학습을 하게 했을 때 어휘력 향상에 효과를 상당히 보았다.

앞 페이지 사진은 조카와 함께 사자성어를 공부하고 계신다는 분이 올려 주신 사진인데, 한자 어휘를 익히는 데 이상적인 방식이라 양해를 구하고 얻어 싣는다. 단순히 견(見), 물(物), 생(生), 심(心) 글자 네 개만 딱 외우는 데 그치지 않고 하나하나 그 글자들이 지니고 있는 의미들을 아래 적은 뒤 뜻을 풀어서 직독 직해해 보았다(물건을 보게 되면 마음이 생겨나는 것). 이렇게 사자성어를 공부하게 하면 아이들이 새로운 한자어를 보아도 그 의미를 유추하는 방법을 자연스럽게 터득할 수 있다. 가끔 한자 급수 자격증까지 따게 했는데도 별 효과가 없었다는 학부모도 있는데 십중팔구 한자만 외우고 그 한자가 실제로 어떤 맥락에서 어떤 방식으로 쓰이는지는 공부가 안된 경우다. 한자를 좀 천천히 공부하는 한이 있더라도 그 한자가 쓰인 어휘나 예문까지 같이 공부할 수 있게끔 도와야 하는 이유다. 이런 작업을 집에서 엄마표 국어로 할 수 있다면 참 좋겠지만, 대부분 생활에 치이다 보면 아이 교육에 이만큼 신경 쓰기가 어렵다는 점을 잘 안다. 그럴 경우에 사교육을 이용하는 편이 비용은 좀 들더라도 효과는 좋은 편이다. 집에서 아이를 끼고 이런 식으로 하나하나 가르치고 검사하기 어렵다면 이용해 보길 권하는 한자 교육 콘텐츠 리스트와 공부법을 꼽아 봤다.

1 왜 중학생 때 국어 공부를 해야 하나?

장원한자 학습지 : 장원천지(초등 저학년) , 장원급제(초등 고학년 이상~성인)로 단계가 나뉘어 있는데 초등학교 5-6학년 심지어 중학생이라도 한자 기초가 부족하면 장원천지부터 시작하는 편을 추천한다. 구몬 한자 학습지도 좋지만 장원한자를 더 추천하는 이유는 핵심 한자에서 파생되는 한자를 통해 그 의미를 추리하여 이해할 수 있게 해 주는 커리큘럼으로 구성되기 때문이다. 어떤 언어를 학습할 때는 비슷한 어원을 가진 단어들끼리 합쳐서 학습하는 편(말뭉치를 만든다고 표현한다)이 훨씬 더 효과적인데 장원한자에 그 작업이 세심하게 되어 있었다. 이렇게 공부하면 단순히 암기를 넘어서 생소한 한자어를 보더라도 그 한자어를 맥락상 유추, 추론해서 이해하는 힘을 기를 수 있게 된다. 일주일에 40자 정도를 학습하게끔 해 놓았으니 국어나 논술 학원과 꾸준히 병행하면 상당히 큰 효과를 볼 수 있다.

《마법천자문》 시리즈 : 학습 만화가 그리 효과적이지 않다고 하시는 선생님들도 계시지만 개인적으로 다른 영상 콘텐츠보다는 학습 만화가 훨씬 문해력에 도움이 된다고 본다. 초등 저학년에게는 다소 어려울 수 있는 한자어 구성이기는 한데, 초등학교 5-6학년 남아들이 한창 공부하기 싫어하고 흥미를 잃을 때쯤 읽혔더니 한자 어휘를 조금씩 물어보고 관심을 가지는 모습을 볼 수 있었다. 다만 여아들의 경우에는 이 콘텐츠가 그다지 먹히지 않았다.

《초등 국어 한자가 어휘력이다》 시리즈 : 초등학교 저학년일 때 전 시리즈를 끝내는 편을 추천하지만, 초등학교 고학년인데 한자 실력이 현저히 낮아 장원한자 학습도 쉽지 않은 경우 속성으로 공부시키기에 좋았던 책이다. 글씨도 큼지막하고 한자 하나하나가 만들어진 원리 및 그 한자를 활용한 어휘, 그리고 그 한자와 반대되는 뜻을 지닌 다른 한자 등으로 범위를 차츰 넓혀 가며 어휘를 익히게 했다는 점에서 장원한자 학습지와 결이 비슷한 교재다. 장원 한자 학습지를 본격적으로 들어가기 전에 좀 더 쉽게 한자를 배우기에 적합했던 교재이기도 하다. 해외에 산다든지 해서 아이가 한국에서 학습지나 학원 등을 통해 한자를 공부하기 어렵다면 구매해 적극 이용하길 권한다. 다만 한자어를 활용한 예문이 좀 적은 편이라서, 사전을 활용해 그 한자어가 쓰인 예문을 단어 밑에 세 개씩 적어 보는 추가 숙제를 주는 편을 추천한다.

어휘 공부를 따로 해야 할까?
한다면 언제부터?

학습법 관련해서 글을 몇 편 썼을 때, 특히 고급 한자어 공부를 미리 시켜야 맞다는 취지의 글을 올렸을 때 학부모들이 아주 자주했던 질문이라 그 답을 여기 싣는다. 일단 답부터 말하자면

'어휘 공부를 따로 시켜야 하고', 앞서 말한 방식과 이어질 공부 방법에 따라 고급 한자어 어휘를 따로 공부시켜야 하는 시점은 적어도 '초등학교 6학년' 때부터다.

아마 이 책을 읽는 학부모라면 적어도 80년대 중반 전후에 출생한 세대일 것이다. 그때만 하더라도 국한문 혼용으로 신문이 출간될 때였고 일상생활에서도 한자를 병기할 때였다. 초등학교 6년간 한자 학습을 시키며 쪽지 시험도 치는 학교들이 많았고 중학교 때도 지필고사를 지금보다 훨씬 자주 치렀으며 한문도 시험 과목 안에 필수적으로 들어 있었다. 한데 요즘은 일상에서 한자를 볼 일은 거의 없는 데다 신문에서조차 병기하는 경우가 잘 없다. 엎친 데 덮친 격으로 초등학교에서는 지필고사가 사라졌으며 중학교에 들어가서도 한자 과목을 배우는 게 학교장 재량이라서(보통 한자 대신에 중국어나 일본어를 배운다) 한자를 따로 공부시켜 주지 않으면 아이들이 수(水), 석(石), 송(松), 죽(竹) 같은 한자들을 앞에 두고도 이게 물인지 돌인지 소나무인지 대나무인지를 알아보지 못하는 참사가 일어난다.

다만 한자어를 따로 영단어처럼 무조건 뜻을 암기시키고 거기서 끝나는 건 솔직히 문해력 향상에는 별 효과가 없다. 해서 나는 한자어를 외우게 할 때에 각자 '국립국어원 표준국어대사전'이나 '네이버 국어사전' 어플을 활용해서 예문을 만들어 오라고 한다. 약 100개 정도를 일주일에 외우게 한다 치면, 그

100개 예문을 적어 오게끔 하는 것이다. 아래 사진을 참조하면 좋겠다. 실제로 아이들에게 내 준 한자 어휘 암기 숙제의 견본이다.

이렇게 한 번 정도 예문을 써 본 단어들은 아이들이 확실히 더 빨리 외우고 나중에 비문학 지문 등 다른 곳에서 보면 그 단어 뜻을 금방 기억해 낸다. 명심할 점은, 단어를 따로 암기시키면서 비문학이든 현대소설이든 읽을 만한 텍스트를 계속해서 읽혀야 한다는 점이다. 가정에서 어렵다면 최소한 독서 논술 학원이라도 보내면서 억지로라도 끊임없이 텍스트에 노출시켜

40. 부과 (조세 賦 매길 課) : 세금이나 부담금 따위를 매기어 부담하게 함.
고가를 수입에 대한 두벌 소비에 부과.

41. 전가 (구르다 轉 떠넘기다 嫁) : 잘못이나 책임을 다른 사람에게 넘겨씌움.
고통을 전가하다.

42 사명 (시킬 使 목숨 命) : 맡겨진 임무
맡은 바 사명을 다하다.

43. 가중 (더할 加 무거울 重) : 책임이나 부담 따위를 더 무겁게 함.
가중 처벌하다.

44. 입각 (설 立 다리 脚) : 어떤 사실이나 주장 따위에 근거를 두어 그 입장에 섬.
그것은 사실에 입각한 주장이 아니다.

45. 처지 (머무를 處 땅 地) : 처하여 있는 사정이나 형편
나로서는 그럴 처지가 못된다.

47. 표명 (겉 表 밝을 明) : 의사, 태도 따위를 분명히 드러냄.
심경대답을 개봉하다.

48. 논증(말할 論 증거 證) : 옳고 그름을 이유를 들어 밝힘. 또는 그 근거나 이유.
학문에서는 철저한 논증이 가장 중요하다.

49. 아집 (나 我 잡을 執) : 자기 중심의 좁은 생각에 집착하여 다른 사람의 의견이나 입장을 고려하지 아니하고 자기만을 내세우는 것. 아집에 빠지다.

50. 집념 (잡을 執 생각할 念) : 한 가지 일에 매달려 마음을 쏟음. 또는 그 마음이나 생각.
한가지 생각에 집념하다.

51. 오기 (거만함, 업신여길 傲 기운 氣) : 능력은 부족하면서도 남에게 지기 싫어하는 마음.
오기가 치밀다.

52. 억지 (누를 抑 발 止) : 억눌러 못하게 함. 그는 억지스런 주장을 되풀이했다.

53. 애착 (사랑愛 붙을 着) : 몹시 사랑하거나 끌리어서 떨어지지 아니함. 또 는 그런 마음.
그는 자기 일에 대한 애착이 강하다.

62. 무지 (없을 無 알 知) 하다 : 아는 것이 없다. 무지가 낳은 비극이었다.

63. 무성 (우거질 茂 담을 盛) 하다 : 풀이나 나무 따위가 자라서 우거져 있다.
넝쿨 줄기가 무성하게 자란다.

64. 수취 (거둘 收 가질 取) 하다 : 거두어들여서 가지다.
외화의 수취와 지급

65. 소지 (지위, 바 所 가질 持) 하다 : 가지고 있다.
그 문제는 논쟁의 소지가 있다.

66. 보전 (지킬 保 온전할 全) 하다 : 온전하게 보호하여 유지하다.
보전에 힘쓰다.

67. 보유 (지킬 保 있을 有) 하다 : 가지고 있거나 간직하고 있다.
우리 팀의 보유전력이 전국 최강이다.

68. 유지 (맺을 維 가질 持) 하다 : 어떤 상태나 상황을 그대로 보존하거나 변함없이 계속하여 지탱하다.
현상 유지도 어려울 것 같다.

69. 매진 (갈 邁 나아갈 進) 하다 : 어떤 일을 전심전력을 다하여 해 나가다.
매진 사례를 빚다.

70. 도모 (꾀할 圖 꾀할 謀) 하다 : 어떤 일을 이루기 위하여 대책과 방법을 세우다.
유대를 더할 길을 도모한다.

71. 빙자 (기댈 憑 깔 藉) 하다 : 말막음을 위하여 핑계로 내세우다.
병든 자식 핑계 빙자 병을 얻으로 구속됐다.

72. 의탁 (의지할 依 부탁할 託) 하다 : 어떤 것에 몸이나 마음을 의지하여 맡기다.
그는 노부 친척집에서 생활을 의탁하였다.

73. 기탁 (부칠 寄 부탁할 託) : 어떤 일을 부탁하여 맡겨 두다.
그녀는 전재산을 장학 재단에 기탁했다.

74. 부합 (부신/부호 符 합할 合) 하다 : 사물이나 현상이 서로 꼭 들어 맞다.
정치 체제에 부합하는 인물.

75. 동조 (한가지 同 고를 調) 하다 : 남의 주장에 자기의 의견을 일치시키거나 보조를 맞추다..
그의 말에 동조를 보내다.

주어야 한다. 그래야 어렵게 외웠던 어휘들이 숨 쉬듯 자연스레 쓰인 문장들을 확인하게 되고, 그간엔 무슨 말인지 하나도 몰랐던 말들이 이해되는 과정에서 재미를 찾게 된다. 텍스트를 매일 찾아서 공부시키기가 어렵다면 (혹은 아이가 문제집을 혐오하는 경우에) 추천하는 방법은 신문에서 그날 제일 재미있는 기사를 하나 찾아서(종이신문이 가장 고전적이지만 좋은 교보재다) 읽고 그 기사에서 제일 어려웠던 어휘 하나를 골라 예문 정리하는 습관을 기르는 것이다. 뭐든 학부모 스스로 아이에게 지도하기 '편하고' '꾸준하게' 할 수 있는 방법으로 계속 시켜 주는 편을 추천한다. 그리고 처음부터 100개씩 내 주면 너무 하기 싫어질 수 있으니, 일주일에 10개부터 시작해서 차츰차츰 늘려 가는 편을 권한다.

좀 더 빠른 어휘력 상승을 위해 추천하는 방법

장원한자 학습지 등 앞서 소개한 한자 콘텐츠는 사실 초5~중1 시기에 시간이 그래도 좀 있을 때 아이들에게 추천하는 콘텐츠다. 그러나 이미 중2~중3에 다다른 아이들의 경우 선행학습 등으로 인해 한자에 꾸준히 시간을 쏟기 어렵다. 선행학습을 시작했다면 이미 고등학교 국어 모의고사를 접하면서 본인의 실력이 얼마나 부족한지를 절감해 마음이 급하리라 짐작해 본다. 그럴 때 속성으로 어휘력을 늘리는 방법이 있다. 이 방법은 또 고등학생에게는 무턱대고 추천하지 '못한다.' 일단 고교에 진학하면 공부해야 할 과목과 그 양이 압도적으로 늘기에 한자까지 공부하기에는 물리적 시간이 부족하기 때문이다.

① 중등 교육 한자 900자 외우기

고급 한자 어휘를 읽고 쓰고 이해하는 데에 모자람이 전혀 없으려면 반드시 암기해야 한다. 사실 앞서 말한 한자 콘텐츠들은 전부 중등 교육 한자 900자를 서서히 외우게끔 설계된 콘텐츠들인데, 시간이 없고 마음이 급하다면 서서히 외우기보다 이것부터 나눠서 3개월 안에 전부 암기하고 시작하는 편을 추천한다. 각 인터넷 서점에서 '중등 교육 한자 900자'를 검색해 보라. 대략 배송비까지 8천 원이면 한 권 살 수 있다. 여기서 중요한 점은 완벽하게 쓰려고 애쓰기보다는 그 한자 글자를 보고 뜻과 음을 떠올릴 수 있으면 된다는 점이다. 이를테면,

- 가정(家庭) : 집 가, 뜰 정 → 집안에 대한 이야기인가 보군.
- 가정(假定) : 거짓 가, 정할 정 → 아직 일어나지 않은 걸 일어났다고 미리 정했나 보군.

이런 식으로 동음이의어를 눈치채면 된다는 점이다. 실제

로 고전문학에서 자주 출제되는 어휘인 아래 세 어휘를 보자.

- **시비(是非)** : 옳을 시, 그를 비
- **시비(侍婢)** : 모실 시, 여자 종 비 (여자 종이라는 뜻. 고전소설에 자주 출제된다.)
- **시비(柴扉)** : 섶 시, 문짝 비 (사립문이라는 뜻으로 고전시가, 가사에 아주 자주 출제되는 어휘이다.)

여기서 녹색으로 표시한 한자들만 알고 있어도 어휘 뜻을 짐작하기가 쉬워지며 오독할 가능성이 줄어든다. 그러니 한자를 외울 때 완벽히 쓰려고 덤비지 말고 이렇게 생긴 글자가 대략 무슨 뜻과 음을 가지고 있었는지에만 집중해서 외우면 된다. 그리고 같은 음을 가진 한자들에 어떤 다양한 뜻들이 있는지를 보며 외우면 더 도움이 된다.

② 빈출 한자어는 영단어처럼 암기하기

《국어 1등급 어휘력》(마더텅, 2024)이라는 대학 입시용 어휘 교재를 추천하고 싶다. 억지로 달달 외우려고 하기보다 아침에 일어나 딱 하루치씩만 읽고 암기하는 방식이 좋다. 대략 30일~60일치로 공부 계획을 짤 수 있게끔 설계된 어휘 책인데, 급하다면 앞의 1-2부(고유어와 한자어가 집중적으로 포함된 부분)라도 빠르게 암기하면 좋다. 어휘 교재 판매량으로는 꾸준히 상위 3위 안에 들어 왔던 어휘 교재이고, 실제로 이 교재를 벗어나는 어려운 어휘라면 평가원에서도 지문 아래에 단어 뜻에 관한 해설을 달아 준다.

김 선생 한마디

어휘를 빠르게 외우려면 이 방법이 최고입니다

오래 해외에서 살았다든가 해서 어휘력이 많이 떨어지는 상태라 어쩔 수 없이 어휘를 한꺼번에 많이 외워야만 하는 경우에 쓰는 방법이다. 내가 중2 여름방학 때 영어 단어를 일주일에 2,000여 개씩 외울 때(무식한데 제일 효과적인 방법이다)터득했다. 이 단어 암기 지옥을 거친 뒤 영어 실력이 수직 상승해서 수능 때까지는 따로 영어 공부를 하지 않고도 내내 98-100점을 유지했다. 해서 영어 단어를 외울 때도 유용한 팁이라고 생각한다. 자녀와 한번 실험해 보면 좋겠다.

먼저 앞뒤가 전부 깨끗한 A4 용지 한 장을 준비하라. 그리고 이 종이를 위아래로 한 번 반으로 접고, 그 반으로 접힌 걸 한 번 더 접고, 그것을 또 한 번 더 접어서 앞에 여덟 칸, 뒤에 여덟 칸이 나오게끔 접는다. 그러면 앞 장이 아마 아래 그림처럼 보일 것이다. 한 칸당 10개~15개 정도 어휘를 적고 그 뜻을 바로 옆에 적으면 앞 장에 80개에서 120개 정도의 어휘가 들어간다. 뒷장에도 마찬가지로 어휘를 적어 채우면 된다. 그럼 A4 한 장에 160개에서 240개 정도 어휘를 쓸 수 있는 셈이다.

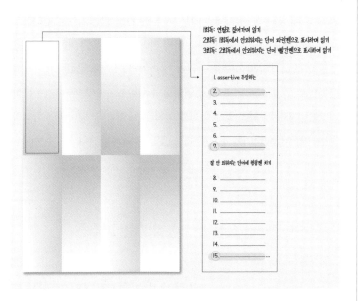

맨 처음 1회독을 할 때는 연필로 살짝 짚어 가며 두 번 정도 읽으면서 눈에 익힌 뒤, 두 번째에는 똑같은 내용을 두 번에서 세 번쯤 더 읽어 보고 잘 안 외워지는 어휘를 파란 펜으로 표시해 솎아 내야 한다. 파란 펜으로 솎아 낼 때쯤엔 한 칸에서 잘 안 외워지는 어휘가 대략 15개 중에 8개 미만이어야 한다. 그리고 세 번째로 빨간 펜을 들고 아까 파란 펜으로 솎아 낸 8개를 기준으로 여러 번을 본다. 그러면 또 더 잘 안 외워지는 단어들이 있을 것이다. 8개에서 3-5개 정도를 빨간 펜으로 표시해 솎아 낸다고 치자. 그러면 형광펜으로 이렇게 솎아 낸 어휘(아마 제일 안 외워지는 어휘일 것이다)를 칠한 뒤 다음 칸으로 넘어가면 된다. 이렇게 각각 솎아 낸 어휘는 대략 몇 개일까? 대략 한 칸에 3개에서 5개 수준이라 치면 앞 장이 여덟 칸이니 적게는 24개에서 많게는 40개다. 뒷장도 마찬가지로 솎아 내면 A4 한 장 기준으로 안 외워지는 어휘는 최소 48개에서 최대 80개인 셈이다. 이렇게 솎아 낸 어휘들을 그 다음 날 어휘 외울 때 앞 장에 전부 채워 넣은 뒤, 남은 칸들에는 새로운 어휘를 수급해 누적하여 외워 나가면 된다. 어제 여러 번 공부했던 어휘들부터 공부를 이어 나가니 학습 효율도 훨씬 높고 기억에도 오래 남는다. 가지고 다니면서 외울 수도 있고 외운 어휘를 수치화하기도 좋아서 나는 중학교 2학년 때부터 쭉 이렇게 어휘를 외워 왔고 한자 및 영어뿐만 아니라 일본어 등 제2외국어를 공부할 때도 정말 큰 효과를 봤다.

시간이 없다면 신문과 소설 읽기는 비추천

모든 어학 공부를 할 때 효과적인 방법은 그 나라의 신문과 방송을 보는 것이다. 나 역시 영어를 공부할 때 영자 신문을 읽고 AFKN 같은 영어 뉴스를 듣는 방법으로 효과를 많이 봤다. 모국어도 마찬가지다. 신문을 읽겠다면 《조선일보》를 추천한다. 조선일보는 교정, 교열을 상당히 정성 들여 보는 신문사인 데다, 글을 아주 잘 쓰지 못하면 기자로 취직할 수 없는 회사다. 해서 모든 기사의 문장이 상당히 수준 높다. 거기서 숨 쉬듯 자연스럽게 쓰는 고급스러운 한자 어휘들을 읽으면 정말 좋다. 특히 중1~중2까지 문화부 섹션에 있는 기사들이나 '오피니언' 란에 있는 기사들을 보는 건 일부러 시간 내서라도 하라 권하고 싶다. 하지만 중3일 때는 얘기가 달라진다. 비문학 독해 이외에 따로 시간을 내서 텍스트를 읽기에 아이들 스케줄이 너무 빡

빡해지기 때문이다. 독서도 마찬가지다. 현대소설 등을 읽으면 좋다는 걸 누가 모르겠는가? 그렇지만 한국 입시를 성공적으로 치러 내는 데에 필요한 압도적 공부량을 따져 봤을 때, 슬프게도 현대소설을 읽힐 시간에 수험용 비문학 텍스트를 한 자라도 더 읽히는 편이 훨씬 효과적이다. 철저히 수험 관점에서 보면 독서나 신문 읽기보다는 수험용 텍스트(자기 수준보다 2년 정도 더 앞선 비문학 교재)를 여러 번 읽으며 풀어 보는 편이 점수 올리는 데는 더 효과적이다. 좋은 성적을 낸 아이들 중에서 신문을 읽고 독서를 많이 한 친구들도 물론 있지만, 그렇지 않은 친구들이 사실은 훨씬 더 많으니 국어 시험을 잘 보게 하려는 의도로 독서나 신문 읽기를 하는 건 잘못된 접근법이라고 말해 두고 싶다.

신문을 꼭 읽히고 싶다면 이렇게

그래도 아이가 신문을 좀 읽고 교양을 쌓았으면 좋겠다 싶은 학부모들이 있다면, 초등 고학년부터 중2까지는 다음 같은 방법으로 읽혀 보기를 권한다. 특정 정치색이 너무 강하다 싶어 《조선일보》를 읽히기 싫다면 경제 신문(《매일경제》,《한국경제》)을 읽히면 좋다. 아무래도 방송보다는 신문 자체에 엄청난 공력을 들이고 있는 언론사가 조선일보와 매일경제신문이다. 따라서 두 군데 중 어디를 선택하더라도 좋은 선택지가 될 것이다. 그런데 《한국경제》에는 '생글생글', '주니어 생글생글(초등용)' 등 특별히 청소년에게 맞춰 제작한 콘텐츠가 있어 추천해 본다. 《조선일보》에도 '신문은 선생님'이라는 코너가 있지만 '생글생글'이 아무래도 경제 콘텐츠가 훨씬 풍부한 편이다. 특히 요즘 출제되는 비문학 제재 중 경제학이 상당히 어려운 편이라서 시간이 비교적 있을 때 '생글생글' 등을 통해 콘텐츠로 경제학 지식을 접하면 큰 도움이 되리라 생각한다. 우리 학원 원생들은 '생글생글' 콘텐츠를 읽고 ChatGPT를 활용해 NIE(newspaper in education, 신문 활용 교육) 질문에 대한 답을 찾고 구글 검색을 통해 교차 검증하는 숙제를 꾸준히 해 오고 있다(옆 페이지 예시 참조).

《한국경제》의 '생글생글' 코너는 커버스토리마다 아이들이 그 기사를 읽고 나서 심화학습을 할 수 있는 NIE 질문들이 있다. 상당히 수준이 높은 편(사실상 어른들 보라고 쓴 경제 기사에서 어려운 단어 몇 개만 좀 쉬운 단어로 바꿔 놓은 수준이라고 보면 된다)이라서 아이들에게 그 질문에 답을 써 가져오라고 시킨대도 어차피 구글링을 통해서는 답을 찾지 못한다. 이럴 때 쓸 수 있는 방법이 인공지능(AI) 서비스를 이용하는 거다. ChatGPT 혹은 클로드(Claude)를 활용해 질문에 대한 답을 받아 쓰게끔 시키면 좋은데, 이때 가장 큰 문제는 홀루시네이션(hallucination,

1 왜 중학생 때 국어 공부를 해야 하나?

NIE 포인트

1. 주인-대리인 문제는 왜 발생할까.

-주인-대리인 문제는 (Principal-Agent problem) 주인 (Principal) - 과 대리인(agent)간의 이해관계가 일치하지 않을 때 발생 하는 경제적 문제이다. 이 문제는 대리인이 주인의 이익보다 자신의 이익을 우선시하는 행동을 할 때 두드러진다.

(1) 이해관계 불일치 : 주인은 대리인이 자신을 위해 최선을 다해 일을 해주기를 기대하지만, 대리인은 자신의 이익을 극대화하려는 경향이 있다.

(2)정보 비대칭: 주인은 대리인의 행동을 완전히 감시하거나 이해하기 어려운 경우가 많다. 대리인은 자신이 수행하려는 업무나 의사결정 과정에 대한 정보를 더 많이 가지고 있기 때문에, 주인이 알지 못하 는 사이에 자신의 이익을 위해 행동할 수도 있다.

(3) 감시와 통제의 어려움 : 주인이 대리인의 행동을 감시하거나 통제하려면 비용이 발생한다. 이러한 감시 비용이 크거나 대리인이 이를 회피할 수 있는 방법이 있다면, 대리인은 자신의 이익을 우선할 가능성이 커진다.

2. 주인-대리인 문제를 해결하는 대표적 방법은 무엇일까.

-주인-대리인 문제를 해결하기 위해 다양한 방법들이 개발되어 왔다. 주요 해결책들은 대리인의 행동을 주인의 이익과 일치시키도록 연결하거나, 대리인이 주인의 의도를 충실히 따르게 하는 데 초점을 맞추고 있다.

(1) 인센티브 구조 설계
·성과 기반 보상: 대리인의 보상을 주인의 목표 달성과 연계시킨다. 예를 들어, 경영진에게 주식 옵션이나 성과금을 제공하여 회사의 성과가 좋아질수록 더 많은 보상을 얻게 하는 방법이다. ·장기 인센티브: 단기적인 성과에만 의존하는 것이 아니라, 장기적인 성과를 고려한 인센티브 구조를 설계함으로써 대리인이 지속 가능한 성장에 집중하도록 유도할 수 있다.

(2) 감시 및 통제 강화
·내부 감시 기구: 감사위원회나 내부 감사를 통해 대리인의 행동을 감시할 수 있다. 이러한 기구들은 대리인이 주인의 이익에 반하는 행동을 하지 않도록 견제하는 역할을 한다.
·외부 감사 및 규제: 외부 감사나 규제 기관을 통해 대리인의 행동을 외부에서 감시할 수 있다. 예를 들어, 회계 감사나 금융 규제 기관이 대리인의 불법적인 또는 비윤리적인 행동을 방지하는 역할을 할 수 있다.

(3) 계약설계
·명확한 계약 조건: 대리인의 의무와 권한을 명확하게 정의하는 계약을 작성한다. 이 계약은 대리인이 주인의 기대에 부합하는 행동을 하도록 규정할 수 있다.
·패널티 조항: 대리인이 계약을 위반할 경우 벌칙이나 손해배상을 포함시킴으로써 대리인이 계약을 충실히 이행하도록 압박할 수 있다.

3. 스톡옵션에는 어떤 문제가 있을까

스톡옵션은 주식의 가격이 오를 경우 그 이익을 대리인 (예: 경영진) 이 얻을 수 있게 하며, 주인 (예: 주주)과 대리인의 이해관계가 일치시키는 중요한 인센티브 수단이다.

(1) 단기적 성과에 집중
·단기주의 유발: 스톡옵션이 경영진에게 단기적인 주가 상승에만 집중하게 할 수 있다. 이로 인해 장기적인 성장보다 단기적인 성과를 우선시하는 결정을 할 가능성이 높아진다.

(2)회계 조작의 유혹
·재무보고의 왜곡: 스톡옵션으로 인해 경영진이 주가를 인위적으로 높이기 위해서 회계 조작을 시도할 위험이 있다. 이로 인해 주주나 투자자가 오도될 수 있으며, 장기적으로 기업의 신뢰와 가치에 부정적인 영향을 미칠 수 있다.

(3) 옵션 행사 시 주가 희석
·주식 희석: 경영진이 스톡옵션을 행사할 때, 새로운 주식이 발행되면서 기존 주주들의 지분이 희석될 수 있다. 이는 주식의 가치를 떨어트릴 수 있으며, 주주에게 손실을 초래할 수 있다.

(4) 옵션 부여의 불공정성
·과도한 보상: 스톡옵션이 너무 관대하게 부여되면 경영진이 지나치게 많은 보상을 얻을 수 있다. 이는 기업의 자원을 낭비하고, 주주와 경영진 간의 불균형을 초래할 수 있다. 특히, 성과와 상관 없이 시장 전체의 주가 상승에 의해 경영진이 큰 이익을 얻는 경우가 발생할 수 있다. ·경영진만의 특권: 스톡옵션이 주로 고위 경영진에게만 부여되는 경우, 일반 직원과의 보상 격차가 커져 조직 내 불만이 증가할 수도 있다.

(5) 리스크 회피
·지나친 안정 추구: 경영진이 스톡옵션의 가치를 보호하기 위해 과도하게 안정적인 전략을 선택하거나 위험을 피하려고 할 수 있다. 이는 혁신이나 성장을 저해할 수 있다. 결과적으로, 기업의 경쟁력을 약화시킬 수 있다.

(6). 시장 외적 요인의 영향
·외부 요인의 영향: 스톡 옵션의 가치는 경영진의 노력뿐만 아니라 시장 전체의 움직임, 경제 상황, 정책 변화 등 외부 요인에 의해 크게 영향 받을 수 있다. 이러한 외부 요인으로 인해 경영진이 실제 성과와 무관 하게 보상을 받거나, 반대로 손해 볼 수 있다.

(7) 복잡한 회계 처리
·회계 복잡성: 스톡옵션은 회계적으로 복잡한 요소를 포함하고 있어, 이를 공정하게 평가하고 투명하게 보고하는 데 어려움이 따른다. 옵션의 가치를 평가하는 과정에서 여러 가정이 사용되며, 이로 인해 기업의 재무 상태나 수익에 영향을 미칠 수 있다.

합 격
2024. 08. 10
김단정 국어

인공지능이 사실처럼 보이는 가짜 정보를 생성해 기망하는 것)이 생길 수도 있다는 점이다. 아주 천연덕스럽게 거짓말을 하는 경우도 있는데(없는 개념을 인공지능이 스스로 만들기도 한다), 그래서 아이들에게 인공지능의 답이 진짜인지 구글링을 통해 교차 검증을 해 보도록 지도하고 있다. 교차 검증에서 답의 신빙성이 검증되었다면, 한 번 옮겨 쓰면서 개념을 익히도록 하면 경제 배경지식도 쌓을 수 있고 어려운 경제 기사를 더 이해하는 계기도 되기 때문에 아이들에게 상당한 도움이 된다. 특히 경제학 비문학 지문을 읽힐 때 훨씬 거부감이 덜해져서 큰 효과를 보고 있다. 아직 비교적 시간이 있는 중1-중2 학부모들에게 추천하는 방법이다.

김선생이
직접 밝히는
수능 국어의
허와 실

2

다독이 무조건 유리한가?
NO!

: 아이가 책을 많이 읽는다고
안심하면 안 되는 이유

1

"큰애가 어릴 때 활자 중독이라 할 만큼 책을 정말 좋아했거든
요. 근데 정작 국어 모의고사 점수가 계속 3등급~2등급 후반이
라서 둘째만큼은 실패하고 싶지 않아 일찍 오게 됐습니다."

아마 교육열 높은 지역에서 오래 국어를 가르친 강사라면
이렇게 말하는 학부모들을 자주 봤을 것이다. 분명 어린 시절
책을 많이 읽었고 글도 나름대로 논리를 갖춰 잘 쓰는 아이라
국어는 당연히 학원에 안 보내도 성적이 잘 나올 거라 기대했
건만 의외로 수능에서는 대부분 2등급, 컨디션이 좋지 않으면 3

등급을 받아 고생했던 첫째 아이를 둔 경우다.

그렇다. 책을 많이 읽었다고 하는데 생각보다 국어 점수가 별로인 경우가 부지기수다. 옆 페이지의 지문을 보자.

이 지문은 24학년도 수능에 출제된 비문학 지문이다. 아무리 봐도 국어 지문으로는 보이지 않을 것이다. 소설책을 많이 읽고 글을 많이 썼다고 해서 이런 지문을 훈련 없이 좔좔 읽어 나갈 수 있을까? 또 한자어를 많이 암기했다고 해서 이런 류 지문들을 잘 읽고 이해할 수 있을까?

아니다. 한자어를 많이 암기한다고 해서, 또 소설책을 많이 읽었다고 해서, 어릴 때부터 꾸준히 논술 학원을 다녔다고 해서 이런 지문을 무리 없이 '뾰로롱' 자동으로 읽을 수 있다고는 말할 수 없다. 공부 잘하고 글도 많이 읽었을 명문 대학 졸업생들이 LEET(법학적성시험)이나 PSAT(공직적성평가) 강의를 굳이 돈 주고 듣는 이유가 무엇일까? 시간 안에 문제를 풀어내는 노하우를 배우기 위해서다. 보다시피 수능은 단순히 글을 읽고 이해했느냐를 넘어서 '고난도 독해'를 할 수 있는 아이인가를 골라내려는 의도로 짜인 지문과 문항으로 구성돼 있다. 결국 책 많이 읽고 글 많이 썼다는 아이들이라도 고난도 지문을 정확히 읽어 내고 빠르게 답을 찾는 훈련을 다년간 하지 않으면 영락없이 고배를 마실 수밖에 없는 시험이다. 해서 학원에 되도록 빨리 찾아가 비문학 지문 읽기 연습을 하든지 아니면 여기

데이터를 처리할 때 데이터의 정확성은 매우 중요하다. 그런데 데이터에 결측치와 이상치가 포함되면 데이터의 특징을 제대로 ⓐ나타내기 어렵다.

결측치는 데이터 값이 ⓑ빠져 있는 것이다. 결측치를 처리하는 방법 중 하나인 대체는 다른 값으로 결측치를 채우는 것인데, 대체하는 값으로는 평균, 중앙값, 최빈값을 많이 사용한다. 중앙값은 데이터를 크기순으로 정렬했을 때 중앙에 위치한 값이다. 크기가 같은 값이 복수일 경우에도 순위를 매겨 중앙값을 찾고, 데이터의 개수가 짝수이면 중앙에 있는 두 값의 평균이 중앙값이다. 또 최빈값은 데이터에 가장 많이 나타나는 값을 이른다. 일반적으로 데이터 값이 연속적인 수치이면 평균으로, 석차처럼 순위가 있는 값에는 중앙값으로, 직업과 같이 문자인 경우에는 최빈값으로 결측치를 대체한다.

이상치는 데이터의 다른 값에 비해 유달리 크거나 작은 값으로, 데이터를 수집할 때 측정 오류 등에 의해 주로 ⓒ생긴다. 그러나 정상적인 데이터라도 데이터의 특징을 왜곡하는 데이터 값이 있을 수 있다. 예를 들어, 데이터가 어떤 프로 선수들의 연봉이고 그중 한 명의 연봉이 유달리 많다면, 이상치가 포함된 데이터에 해당한다. 이런 데이터의 특징을 하나의 수치로 나타내려는 경우 ㉠대푯값으로 평균보다 중앙값을 주로 사용한다.

평면상에 있는 점들의 위치를 나타내는 데이터에서도 이상치를 발견할 수 있다. 대부분의 점들이 가상의 직선 주위에 모여 있다면 이 직선은 데이터의 특징을 잘 나타낸다고 할 수 있다. 이 직선을 직선 L이라고 하자. 그런데 직선 L로부터 멀리 떨어진 위치에도 몇 개의 점이 있다. 이 점들이 이상치이다.

㉡이상치를 포함하는 데이터에서 직선 L을 찾는다고 하자. 이때 사용할 수 있는 기법의 하나인 A기법은 두 점을 무작위로 골라 정상치 집합으로 가정하고, 이 두 점을 ⓓ지나는 후보

직선을 그어 나머지 점들과 후보 직선 사이의 거리를 구한다. 이 거리가 허용 범위 이내인 점들을 정상치 집합에 추가한다. 정상치 집합의 점의 개수가 미리 정해 둔 기준, 즉 문턱값보다 많으면 후보 직선을 최종 후보군에 넣는다. 반대로 점의 개수가 문턱값보다 적으면 후보 직선을 버린다. 만약 처음에 고른 점이 이상치이면, 대부분의 점들은 해당 후보 직선과의 거리가 너무 ⓔ멀어 이 직선은 최종 후보군에서 제외되는 것이다. 이 과정을 반복하여 최종 후보군을 구하고, 최종 후보군에 포함된 직선 중에서 정상치 집합의 데이터 개수가 최대인 직선을 직선 L로 선택한다. 이 기법은 이상치가 있어도 직선 L을 찾을 가능성이 높다.

9. 윗글을 참고할 때, ㉠의 이유로 가장 적절한 것은?

① 중앙값은 극단에 있는 이상치의 영향을 덜 받기 때문이다.

② 중앙값을 찾기 위해 데이터를 나열할 때 이상치는 제외되기 때문이다.

③ 데이터의 개수가 많아질수록 이상치도 많아지고 평균을 구하기 어렵기 때문이다.

④ 이상치가 포함되면 평균을 구하는 것이 중앙값을 찾는 것보다 복잡하기 때문이다.

⑤ 이상치가 포함되면 평균은 데이터에 포함되지 않는 값일 가능성이 큰 반면 중앙값은 항상 데이터에 포함된 값이기 때문이다.

서 제안하는 방법에 따라 매주 지문 3개 이상 꼼꼼하게 조기에 교육을 해 주길 바란다. 수능 국어는 다독한다고 해서('양치기'

방법 등) 실력이 단기간에 상승할 수 없는 과목이다. 읽는 스킬이 상당히 중요하다. 나름의 사정이나 환경 탓에 아이를 학원에 보내기 어려운 사람들을 위해, 비문학 읽기를 훈련할 때 지켜야 할 방법을 뒤이어 상세히 풀어 설명하니 참고하면 좋겠다.

어려운
비문학 지문 상대하는 법

:　　　　　　그냥 읽고 그냥 풀어라

2

나는 이 책에서 문법이나 문학보다는 비문학 독해를 가르치는 방법에 대해서 훨씬 더 많은 지면을 할애해 자세하게 다룰 작정이다. 국어 비문학이 어렵다고 악명은 높은데 실제로 인터넷 강의 등을 들어 보면 엉터리로 가르치는 강사들도 꽤 있으며 아무리 공부해도 성적이 오르지 않는다는 아이들이 대다수기 때문이다.

　　일단 결론부터 말하자면 비문학에서 좋은 점수를 받는 방법에 정도(正道)는 '있다.' 그렇지만 왕도(王道)는 '없다.' 요즘 인터넷에서 각광을 받고 있는 구조 독해(보통 '독해 코드'와 같은 제목들로 브랜딩을 하는 경우가 많고, 주로 그 개수만큼의 지문 구조에 평가원 비문학 지문이 다 들어맞는다는 꿈같은 내용이다)로는 무슨 유형이 어떻게 나오든 안정적으로 90점 이상이 나오는 점수를 받을 수 없다. 결국 그냥 읽고 그냥 풀어야 한다는 것이 관건이다.

여기서 말하는 구조 독해란 "비교-대조", "문제-해결", "과정-결과" 등등으로 미리 논리 구조를 정해 두고 여러 독해 표지들('그러나, 따라서'와 같은 접속 부사를 주로 활용한다)을 통해 미리 읽으면서 구조를 예측하며 읽으면 답을 더 빨리 찾을 수 있다는 식의 독해법을 뜻한다. 나도 아이들에게 어떻게 하면 더 효과적인 글 읽기를 가르칠 수 있을지에 대해 고민을 정말 많이 하고 있기에, 더 빠르고 효율적인 방법이 없나 이 강사, 저 강사 유명하다는 인터넷 강의를 많이 찾아 대부분 들어 봤다. 기자로 일했던 적이 잠시나마 있는 사람으로서 그들이 말하는 방식이 정말 효험이 있나, 검증을 다 해 보고 말하자면, 온갖 형태의 구조 독해는 사실 '사후(事後)적인' 설명에 불과하다. 말인즉슨, 이미 답을 알고 있고 여러 번 꼼꼼하게 해설을 해 본 사람이 멋있게 해설을 하기에는 아주 그만인 방법이지만 막상 시험을 치는 학생들이 그런 방식으로 공부했다가는 시험장에서 혼쭐날 가능성이 매우 높다.

수능을 쳐 본 학부모라면 누구나 공감할 것이다. 12년간 해 온 노력이 단 하루에 판가름 나는 결전의 날이다. 정말 긴장이 많이 된다. 거기에다 국어는 1교시에 치르기 때문에 가뜩이나 긴장된 때 마음을 다스리지 못하면 더더욱이나 글이 읽히지 않는다. 이때 구조 독해에서 배웠던 전략이 머릿속에 떠오를까? '이런 류 글은 문제-해결 구조로 써진 글이니까 뒷부분부터 먼저 확인해야지.' 될까? 장담컨대, 이렇게 독해가 되는 친구들이었다면 애초에 저런 인터넷 강의가 필요 없는 아이들이었을 것이다. 특히 간혹 비문학 독해를 잘 가르치기로 정평이 난 선생이라기에 강의를 들어 보면, 우선 강사 본인이 만들어서 쓰는 용어 자체가 너무 어려워서 저 말을 듣고 강의 전반을 이해할 수 있는 학생이라면 굳이 비문학 독해 강의를 들으며 시간 낭비를 할 필요가 없지 않나 싶은 경우도 있다('이항 대립'이니 뭐니 하는 용어를 쓰는 그런 강의들 말이다. 아주 인기인데 수험생들이 정말 그런 강의를 듣고 내용을 이해할 수 있는지가 의문이다).

사실 저런 류 강사들이 가르치는, 논리학을 기본으로 한 "구조 독해"가 아주 무의미하지는 않다. 상위권~최상위권 학생들로서 이미 다른 영역에선 거의 만점을 받고 한편으로 비문학도 초고난도를 제외하고는 어느 정도 점수가 나오는데 딱 한두 문제씩을 틀리는 친구들이 굳이 그 한두 문제를 다 맞춰야 할 때(특히 메디컬 계열을 준비하는 학생들)는 구조 독해로 비문학

2 김 선생이 직접 밝히는 수능 국어의 허와 실

을 가르치는 선생님들의 방법을 빌려 비문학 읽기를 하는 편을 추천한다. 그렇지만 대다수의 학생들은 고난도 비문학이 나오면 겁부터 먹는다. 심리적으로 위축되어 있는 상태에 시간이 촉박하다는 생각이 들기 시작하면서 바로 옆 학생들이 어떻게 글을 읽고 있는지 신경 쓰이기 시작한다. 당연히 나보다 더 빨리 읽어 내려가는 느낌이 들 수밖에 없다. 걔네들 중 진짜 초고수가 과연 몇이나 될까. 그걸 따져 보고 평정심을 찾으라 해도 막상 중요하고 큰 시험에서는 마음이 잘 다스려지지 않는다. 눈으로는 글자를 읽고 있고 그 글자가 무슨 소리를 내는지는 알겠으나 실제로 그 글자가 전달하는 뜻과 정보가 무엇인지는 머리에 하나도 들어오지 않는 상황이 발생한다. 시선으로는 끝까지 읽어 내려갔으나 결국 문제를 풀면서 '이게 무슨 말이야?' 하고 다시 지문으로 끝없이 회귀하게 되는 악순환에 빠지고야 만다. 안 봐도 비디오다.

이런 상황에서 구조 독해의 노하우가 떠오를까? 전혀 아닐 것이라는 데에 내 손목과 발목 및 기타 모가지들을 걸겠다. 그러니 그냥 읽고 그냥 푸는 단순한 방법을 택하는 게 맞다는 거다. 이 역시 밥을 먹으면 배가 부르다는 식의 너무 당연한 이야기를 하는 듯해 마음이 편치 않으나, 요즘 워낙 기상천외한 방법으로 비문학을 공부하는 학생들이 많아 길게 설명했다.

기본적으로 비문학 지문을 읽어 내려갈 때는 손이 쉬면 안 된다. 반드시 옆에 메모하면서 읽어야 하는데 그 메모하는 스킬을 익혀야 한다. 본인에게 맞는 메모의 양이 있고, 밑줄을 어떻게 어디에 그어야 한다는 감을 익혀야 문제를 제대로 풀 수 있다. 솔직히 이 메모하는 스킬은 누가 가르쳐 준 대로 따라 해서 익힐 수는 없다. 100명이 있으면 100명 모두에게 맞는 메모의 비법이 다 제각각이기 때문이다. 그러니 스스로에게 맞는 메모법을 찾아내는 훈련을 중학교 3년 내내 해야 한다. 이건 근본적으로 '책 많이 읽고 독후감 쓰기' 정도 훈련하는 것과는 차원이 다르다. 그래서 사교육이 있는 것이다. 집에서 엄마표, 아빠표로 훈련해서는 한계가 있지만 그럼에도 이런 류 읽기 교육을 받기 어려운 환경에서 아이를 코칭할 때 염두에 두면 좋을 원칙을 아래 적는다.

문제부터 먼저 보고 푼다? 절대 안 되는 이유

심지어 EBS 교육 방송 선생님들도 문제부터 먼저 보면서 무슨 주제로 쓰인 글인지 가늠한 다음 박스 안 지문으로 들어가 읽으라는 식으로 강의하시는 경우가 있어 놀랐다. 요즘 수능은 예전에 1등급 컷이 95점 이상이라 최상위권이면 공부 하나 안 하고도 국어(언어) 1등급 받던 그 시절의 쉬운 시험이 아니다. 해

2 김 선생이 직접 밝히는 수능 국어의 허와 실

서 문제를 먼저 보고 주제를 가늠한 뒤에 지문 읽기로 들어가는 식으로 비문학을 대하면 시간이 반드시 부족하다. 비문학은 그냥 바로 박스 안에 있는 지문 읽기로 들어가야 한다. 어차피 문제에 딸린 선지들이 굉장히 지엽적으로 나오기 때문에 비문학 지문 전체가 무슨 주제를 다루는지에 대해서는 알아 봤자 무의미하다. (주제를 파악해 봤자 문제를 푸는 데는 쓸모가 없다는 말이다.) 비문학 지문에 딸린 문제와 선지들을 먼저 읽으면서 이 지문이 무슨 주제를 다루는지를 파악하느니, 그럴 시간에 1문단에서 3문단까지를 '매우 꼼꼼하게' 읽고 밑줄을 쳐 가면서 해당 지문에서 설명하려고 하는 요소들에 대해 하나하나 메모하고 정리하는 데 시간을 쓰는 편이 압도적으로 유리하다.

핵심은 모두 1문단과 3문단 사이에

수능 국어의 특징은 지문 내에 서술된 내용으로만 문제의 답을 낼 수 있다는 점이다. 기초적인 배경지식을 제외하면 문제 풀이에 사용해야 할 개념은 모두 지문 내에 서술되어 있다. 따라서 문제를 정확히 풀어내기 위해서는 지문에 제시된 개념들의 정의를 정확히 파악해야 한다. 나아가 지문에서 다루려는 주제인 '화제'를 정확히 인식하고 이해하기 위해서는, '화제'를 구성하는 다양한 개념들을 정확히 정리할 필요가 있다. 결국 하나의 화제는 여러 가지 개념들의 관계를 바탕으로 나오는 것이기 때문이다.

독해 태도를 올바르게 세웠더라도, 지문에 정의된 개념들을 정확하게 파악하지 못하면 어려운 문제를 풀어낼 수가 없다. 보통 이 개념들은 1문단에서 3문단에 포진해 있고 그 개념들의 의미를 정리해 둔 문장들 역시 1문단에서 3문단 사이에 다닥다닥 붙어 있다. 그러니 비문학 지문을 대할 때는 반드시 1~3문단을 아주 꼼꼼하고 깊이 있게, 한 단어 한 단어 조사와 어미에까지 반응해 가면서 천천히 읽어야 한다. 그러나 보통 학생들은 이렇게 읽지 않는다. 1문단에서 3문단까지는 허술하게 빨리 읽어 내려가다가(왜냐하면 마음은 급하고 시간은 흐르고 있기에) 3문단 후반부터 마음이 진정되어 거기서부턴 또 열심히 읽는다. 그래 봤자 앞부분에서 중요한 개념 세팅이 이미 끝난 뒤이므로 뒤를 잘 읽어도 문제를 풀 때는 1문단으로 돌아가 다시 읽고 앉아 있게 될 것이다. 장담한다. 시간은 시간대로 걸리고 문제는 결국 틀린다. 이런 일이 발생하지 않게 하려면 반드시 1문단에서 3문단을 읽을 때 정신을 바짝 차리고 '손이 놀지 않게끔' 필기할 태세를 마친 뒤 단어 하나하나를 천천히 음미하듯 읽어 내려가야 한다. 음미하면서 읽는다는 건 다음과 같다.

단어의 의미를 살려 읽기란? 이 단어가 어떤 어휘들의 조합으

2 김 선생이 직접 밝히는 수능 국어의 허와 실

로 이뤄져 있는지 살피고, 그 어휘들의 의미를 살리면서 머릿속으로 천천히 받아들인 뒤에야 다음 내용으로 넘어가는 읽기 방법이다. 실제 기출 지문을 예를 들어 읽어 보겠다.

> 진화 고고학이란 인간의 삶은 자연환경에 더욱 잘 적응하기 위한 선택이라고 보는 진화론에 초점을 맞추어 과거를 설명하는 고고학이다.

여기서 "인간의 삶은 자연환경에 더욱 잘 적응하기 위한 선택"=이게 진화론이구나, 하고 밑줄을 긋고 진화론에 동그라미를 쳐야 한다.

> 진화 고고학이란 인간의 삶은 자연환경에 더욱 잘 적응하기 위한 선택이라고 보는 진화론에 초점을 맞추어 과거를 설명하는 고고학이다.

그리고 잠시 멈춰 생각해야 한다. 고고학이라는 단어 뜻이 무엇이었는지 말이다. 고고학은 유물이나 유적을 통해 과거의 삶을 추론하는 학문이다. '아, 그럼 유물이나 유적을 통해 과거의 삶을 추론하긴 하는데, 자연환경에 적응하려 애쓴 흔적이 뭔지에 더 초점을 맞춰서 연구를 하는 고고학인가 보다.' 이렇게 차근차근 '생각'하면서 읽으면 '진화 고고학'이라는 말은 더 이상 일부러 기억하지 않아도 되는 너무나 당연한 내용이 되므로 억지로 기억해야만 하는 정보가 적어진다. 결국 천천히 곱씹듯 읽어 나가면 지문 전체의 이해도가 높아지는 효과가 있다. 그러나 학생들은 대부분 마음이 급하므로 의도적으로 천천히 읽으려 노력하지 않으면 1문단을 허겁지겁 대충 무슨 단어들이 쏟아지나 눈으로 훑고 뒤로 넘어갈 가능성이 높다. 급할수록 천천히 돌아가야 한다는 말이 여기 딱 들어맞는다. 위에선 쉬운 지문을 예로 들었는데 아래 또 다른 기출 지문 첫 문장을 보며 다시 한번 저 방법대로 읽어 보자.

> 시장은 수요와 공급이 일치하지 않는 불균형이 발생할 경우 가격 변화에 의해 균형을 회복한다.

잘 읽히는가? 그렇지 않을 것이다. 여기엔 중3 사회 교과에 있는 기초적 경제학 배경지식이 필요하기 때문이다. 어렴풋이나마 수요-공급 법칙을 떠올려 보라. 수요와 공급이 일치하는 지점에서 시장가격이 형성되고 그 시장가격에서 균형(수요자도 공급자도 만족하는 거래가 이뤄지며 시장에 있는 재고도 0이 되는 그 지점)이 이뤄진다는 것쯤은 기억이 날 것이다. 다시 읽자.

> 시장은 수요와 공급이 일치하지 않는 불균형이 발생할 경우 가격 변화에 의해 균형을 회복한다.

이때 불균형이라는 말이 나온다. 균형이 아닌 상태. 그러니 시장에 너무 물건이 부족하든지(수요>공급) 혹은 시장에 물건이 남아돌든지(수요<공급) 하는 상황이 온 것이다. 그럴 때 균형을 회복(즉 균형, 재고가 전혀 없는 상태이자 수요자와 공급자가 모두 만족하는 상태)하는 방법이 가격을 바꾸는 것이다. 그럼 여기서 잠시 멈춰서 생각해야 한다. 가격을 어떻게 바꾼다는 걸까? 가격을 올리거나(그러면 수요가 줄어들어 수요>공급 상태에서 수요=공급이 된다) 가격을 낮추거나(그러면 수요가 늘어서 수요<공급 상태에서 수요=공급이 된다) 한다는 말이다.

언뜻 읽으면 간단해 보여 후루룩 읽어 버릴 가능성이 높지만 이미 싸움은 첫 단어에서부터 시작이다. 아무리 간단해 보여도 꼭꼭 씹어 머릿속에 완벽하게 받아들인 상태에서 뒷부분으로 넘어가야 개념을 억지로 외울 필요가 없어서 비문학 내용이 머리에 휙휙 들어오는 상태가 된다. 이미 아는 내용을 주제로 한 비문학이 나왔을 때 유난히 글도 잘 읽히고 문제도 잘 풀리는 경우가 있지 않은가? 바로 이 이유 때문이다. 꼭꼭 씹어 그 자리에서 머릿속에 받아들이지 않아도 이미 알고 있는 내용이 나온 이상 뒷부분에 쏟아지는 새로운 정보를 뇌에서 처리하기가 쉬워지기 때문이다. 그러니 1문단에서 3문단은 '초집중'해서 모든 단어를 이런 식으로 천천히 곱씹으며 머릿속으로 받아들여야 한다. 시간이 너무 오래 걸리지 않느냐고? 절대 그렇지 않다. 차라리 앞부분에서 이렇게 시간을 쓰는 편이 뒷부분에서 헤매면서 계속 도돌이표처럼 지문으로 돌아오는 것보다 시간을 덜 잡아먹는다.

10분이 주어졌을 때 '지문 읽기 : 문제 풀기'의 비율을 어떻게 할 거냐고 아이들에게 물어보면, 보통 아무리 공부를 잘하고 요령이 있는 아이들이라 하더라도 읽기 5분, 풀기 5분이라고 답한다(지금 아이를 불러다 물어보라. 아이들 대부분이 지문 읽는 데에 5분, 문제 푸는 데에 5분 얘기할 것이다). 이렇게 푸니까 점수가 잘 안 나오는 거다. 진짜 문제를 다 맞히게끔 비문학 지문을 읽으려면 적어도 지문 읽기에 7분, 문제 푸는 데 3분. 고난도 지문이

2 김 선생이 직접 밝히는 수능 국어의 허와 실

라면 지문 읽기에 8분까지 쏟아도 된다. 명심해야 한다. 지문이 완벽하게 이해되면 문제는 단 10초에도 풀린다. 그리고 전체 지문 읽기에 7-8분이 걸린다면 1문단~3문단 읽는 데는 3분~4분 이상을 써야 맞다. 3분~4분이 아무것도 아닌 시간 같아 보이겠지만 초로 치면 180초에서 240초가 되는 상당한 시간이며 시험을 치를 때는 체감상 그 시간이 굉장히 길게 느껴진다. 그런데 그 시간을 다 들여서 읽는 동안 신기하게도 뇌가 '어려운 글을 읽는 모드'로 전환이 된다. 그러면 1문단에서 3문단을 차근차근 공들여 읽는 동안 이해된 개념들이 파죽지세로 치고 나가면서 4문단부터는 완벽하게 이해된 상태로 개념들이 차곡차곡 정돈되어 읽히기 시작한다. 이렇게 읽기를 시켜야만 그 어려운 문제들을 다 풀어낼 수 있는 것이다. 다만 이런 방식으로 읽어 내려면 제일 중요한 전제는, 앞서 계속 강조했던 '한자어' 학습이다. 기본적인 단어들의 뜻을 가늠조차 하지 못하면 이렇게 꼭꼭 씹어 읽기란 불가능하기 때문이다.

밑줄을 긋는 기준을 제대로 세워라

국어 성적이 만년 3등급에 머물러 있다는 아이를 데려다 실제 문제를 푸는 과정을 살펴보면 안타깝기 짝이 없다. 일단 3등급은 '열심히는 하는데 방법이 틀린 아이들'이 모인 등급이라 보면 된다. 이른바 '공부 머리'가 좀 부족한 친구들이라고 할 수 있는데, 이 아이들을 데려다 비문학을 한번 풀게 시켜 보면 둘 중 하나다. 지문에 밑줄을 하나도 긋지 않든가 아니면 모든 단어와 조사 어미에 미친 듯이 밑줄을 긋든가.

밑줄을 하나도 긋지 않으면 앞서 예시로 든 바와 같이 정보들이 복잡하게 배열된 지문을 읽고 이해할 수가 없다. 그런데 문장들에 하나도 빠짐없이 밑줄을 그었다면 그건 밑줄을 하나도 긋지 않은 상태나 다름없다. 문제를 푸는 데에 중요하게 쓰이는 부분과 중요하지 않은 부분이 구별되어 있지 않은 상태이므로 까다로운 선택지를 보고 답을 고를 때에 지문으로 되돌아가 확인할 방법이 없기 때문이다. 그러니 분명 읽은 기억은 나는데 지문 중 어디로 가서 정보를 다시 확인해야 할지 갈피를 잡을 수 없다. 결국 지문을 또다시 읽어 나가야 하며 시간은 그만큼 소모된다. 높은 점수를 받을 리 만무하다.

그러니 밑줄 하나를 그을 때도 신중하게 긋는 습관을 초등 고학년 때부터는 들여야 한다고 본다. 다시 한번 강조하지만, 수능 비문학 난도가 너무 과하게 어려워진 지 오래다. 심지어 수능에서 출제된 비문학 지문들 중 고난도 지문들만 따로 추려서 법학적성시험(LEET) 준비생들을 위한 교재로 다듬어 팔기도 하는 실정이다. 알다시피 법학적성시험은 로스쿨을 들어가려는 사람들이 치르는 시험이다. 대학 졸업자들이 치른다는 전제가 깔려 있으므로 난도는 당연히 상당하다. 그런 수험생들조차 최근에는 수능 지문을 이용해 공부하고 준비하는 실정이니 만만히 봐서는 안 된다. 예전(2017년 이전) 난도 같았으면 어릴 때 공부를 좀 게을리했어도 고등학교 들어가서 바짝 열심히 해 점수를 낼 수 있었겠지만 이제는 어린 시절(적어도 초등 고학년)부터 차근차근 학원 수업과 학교 수업을 충실히 병행한 아이가 아니면 갑자기 몇 년 바짝 해서 따라잡긴 어려운 난도로 바뀌었다. 특히 국어는 그런 경향이 정말 강하다. 글 읽는 습관을 하루아침에 바꾸기는 무척 어렵기 때문이다. 오죽하면 기둥뿌리를 뽑아도 국어 성적은 안 오른다는 말이 있을까. 현실적으로 고등학교에 들어가서야 국어 공부를 처음 해 본 아이들이 1등급을 받을 수 있을까? 어릴 때 독서를 아주 많이 한 친구라도 쉽지 않으리라 생각한다. 틀리라고 일부러 이리 비틀고 저리 비튼 지문을 읽는 스킬을 한 번도 배운 바 없이 무슨 재주로 지문을 읽고 제한 시간 내로 문제를 풀 수 있을까? 본래부터 읽는 재능을 타고난 아이들도 있다. 한데 그런 아이들은 어차피 이런 책이 필요도 없을 테니(미안하지만 사실이다. 문해력이 뛰어난 아이들은 지금 이런 책보다는 듣기만 해도 머리가 띵해지는 고전 철학서나 희한한 역사서 등을 스스로 찾아 읽고 있을 것이다) 논외로 두고, 정말 평범한 머리를 타고나서 성실한 것만큼은 장담하며 어떻게든 좋은 대학에 가 보고 싶은 아이들을 위해 나는 이 글을 쓰고 있다. 냉정하게 판단했을 때 내 아이가 이런 아이라면 내가 초등 고학년~중학생 아이들을 가르칠 때 쓰는 밑줄 긋기의 방법들을 참고해 지도해 보면 좋겠다. 한 번에 절대 될 수 없고 이 방식대로 읽기를 꾸준히 8개월 이상을 앵무새처럼 반복해 가며 가르쳐야 아이들이 이대로 따라서 한다. 정말 시간도 오래 걸리고 처음엔 효과가 있나 싶을 정도로 티가 나지 않지만, 이 기준대로 꾸준히 배우고 고등학교에 가서 효과를 보았다며 아래 메시지처럼 마지막 수업 이후 3년이나 흐른 후에 연락을 준

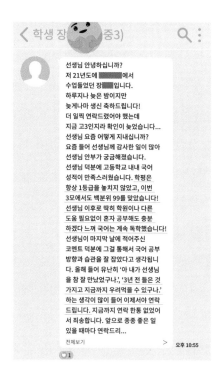

2 김 선생이 직접 밝히는 수능 국어의 허와 실

친구들이 꽤 있었다.

이 친구도 처음에 왔을 때 그렇게 국어를 잘하는 친구는 아니었다. 중3 3월에 처음 고1 모의고사 시험을 치렀을 때 60점대 후반 정도가 나왔으니 못하지는 않았지만 그렇다고 어마어마하게 잘한다고 볼 수 없었다. 당시 이 친구 역시 보이는 모든 문장에 밑줄을 치는 나쁜 습관이 있었는데, 아이를 잡아 놓고 뒤이어 설명할 밑줄 긋기 기준에 따라 밑줄을 적절히 치는 습관을 들이도록 11월 말까지 계속 연습시켰다. 겨우 어느 정도 적응이 되었나 싶을 때 졸업시키고 (우리 학원은 중3 11월 말까지만 커리큘럼이 있는 관계로) 공부를 잘 하고 있을까 항상 궁금했는데 고등학교 재학 기간 내내 국어만큼은 따로 학원에 다니지 않았어도 점수가 잘 나왔다며 고3 3월 모의고사 백분위가 나온 성적표를 함께 찍어 보냈다. 이때 이 아이를 지도했던 방법을 실제 기출 지문(2018년 3월 고1 전국 연합 학력평가)의 1문단부터 3문단까지를 해석하며 설명할 테니 꼼꼼하게 읽고 자녀 교육에 활용해 보기 바란다.

밑줄 원칙 ① 새로운 개념이나 용어에 동그라미, 개념을 설명하는 정의에는 밑줄 치기

비문학 지문에 새로운 개념이나 용어가 나왔을 때는 반드시 그 개념 혹은 용어에 동그라미를 쳐 두고, 그 뜻을 설명하는 정의(definition) 부분에 밑줄을 쳐 두어야 한다. 아래 지문을 살펴보자.

[16 ~ 19] 다음 글을 읽고 물음에 답하시오.

18세기 경험론의 대표적인 철학자 흄은 '모든 지식은 경험에서 나온다.'라고 주장하면서, 이성을 중심으로 진리를 탐구했던 데카르트의 합리론을 비판하고 경험을 중심으로 한 새로운 철학 이론을 구축하려 하였다. 그러나 지나치게 경험만을 중시한 나머지, 그는 과학적 탐구 방식 및 진리를 인식하는 문제에 대해서도 비판하기에 이른다. 그 결과 ㉠ 흄은 서양 근대 철학사에서 극단적인 회의주의자로 평가받는다.

위 지문에 나는 동그라미와 밑줄을 표시해가며 글을 읽었다.

- **동그라미** : 18세기, 경험론, 흄
- **동그라미와 관련된 내용을 설명하고 있는 밑줄** :

모든 지식은 경험에서 나온다.

데카르트의 합리론 비판

경험을 중심으로 한 새로운 철학 이론 구축

과학적 탐구 방식 및 진리를 인식하는 문제에 대해서 비판

극단적인 회의(품을 회, 의심할 의 : 의심을 품다)주의자로 평가

반면 또 다른 동그라미들도 있다.

- **동그라미 : 데카르트, 합리론**
- **동그라미와 관련된 내용을 설명하고 있는 밑줄 : 이성을 중심으로 진리를 탐구했던**

아까 진화 고고학에 대한 개념을 가지고도 설명했듯 1문단, 그중에서도 첫 문장은 아주 꼼꼼하게 읽어야 한다. 첫 문장만 읽어 봐도 이 글은 경험론을 주장한 철학자 흄에 대해서 다루려는 것임을 알 수 있다. 그리고 경험론이 대체 무엇인지에 대한 설명을 다다다 늘어놓고 있다. 한편 이 흄이라는 철학자는 합리론을 주장한 데카르트와 정반대되는 이야기를 한 모양이다. 이 내용을 밑줄 하나 없이 그냥 슥 읽고 이해하기는 중학생 수준에선 쉽지 않다. 그러니 주요하게 설명하려고 가져온 개념이나 용어에는 반드시 동그라미를 치고, 이를 설명하는 부분에는 밑줄을 그어 두라는 것이다.

과학적 탐구 방식 / 진리를 인식하는 문제 비판. 극단적 회의주의자.

흄 : 경험론 ⇒ 모든 지식은 경험으로부터 18C

⇔ 데카르트 : 합리론 ⇒ 이성을 중심으로 진리 탐구!

나아가, 만약 이제 막 국어 비문학을 공부하기 시작한 학생이라면 반드시 손을 써서 저 1문단 내용을 위와 같이 메모하여 정리하도록 하자. 줄글로 내리 읽어서는 눈에 확 들어오지 않던 개념을 위처럼 손글씨로 정리하면 바로 보인다. 경험론자 흄은 경험을 중시했고, 합리론자 데카르트는 이성을 중시하여 진리를 인식하는 과정에 있어서 반대되는 의견을 내세우며 18세기에 등장했다. 한편 흄은 그 정도가 너무 지나쳐서 과학적 탐구 방식까지 비판하기에 이르렀기 때문에 사람들에게 극단적이라고 욕도 먹은 모양이다. 그 내용을 위와 같이 손 필기를 통해 간략하게 한눈에 들어오게끔 정리해 두라는 말이다.

한편 이렇게 메모하는 과정에서 뇌는 '이제 바짝 긴장해서 한 글자 한 글자 읽어야 하는 모드로 진입하는구나.' 하고 각성하게 된다. 자연스레 문학이나 문법 등을 풀 때와는 다른 방식으로 뇌가 작동하기 시작하고, 신기하게도 1문단만 이렇게 꼼꼼하게 읽었을 뿐인데, 2-3문단은 더 정확하게 글이 읽히며 3문단 이후부터는 완벽하게 이해된 개념 위에 예시 및 응용과 확장이 더해지면서 지문 전체가 말하고자 하는 바를 조금이나마 체계적으로 이해하게 된다. 그 상태에서 문제를 풀게 되면 적어도 이 문제에 딸린 선택지(①~⑤)를 지문의 어디를 보아야 정확하게 정오(맞고 틀림)판별을 할 수 있는지 확실하게 감을 잡는 독해를 할 수 있게 된다. 이어 2문단으로 넘어가 메모해 보자.

밑줄 원칙 ② '~로 나뉜다, ~로 이뤄져 있다, ~로 구분할 수 있다' 가 나오면 도식화하기

흄은 지식의 근원을 경험으로 보고 이를 인상과 관념으로 구분하여 설명하였다. 인상은 오감(伍感)을 통해 얻을 수 있는 감각이나 감정 등을 말하고, 관념은 인상을 머릿속에 떠올리는 것을 말한다. 가령, 혀로 소금의 '짠맛'을 느끼는 것은 인상이고, 머릿속으로 '짠맛'을 떠올리는 것은 관념이다. 인상은 단순 인상과 복합 인상으로 나뉘는데, 단순 인상은 단일 감각을 통해 얻은 인상을, 복합 인상은 단순 인상들이 결합된 인상을 의미한다. 따라서 '짜다'는 단순 인상에, '짜다'와 '희다' 등의 단순 인상들이 결합된 소금의 인상은 복합 인상에 해당한다. 그리고 단순 인상을 통해 형성되는 관념을 단순 관념, 복합 인상을 통해 형성되는 관념을 복합 관념이라 한다. 흄은 단순 인상이 없다면 단순 관념이 존재하지 않는다고 보았다. 그런데 '황금 소금'은 현실에 존재하지 않기 때문에 그 자체에 대한 복합 인상은 없지만, '황금'과 '소금' 각각의 인상이 존재하기 때문에 복합 관념이 존재할 수 있다.

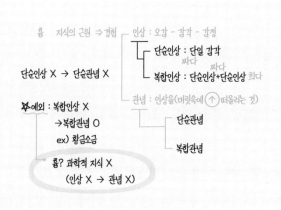

사실 나는 너무나 당연하게 이렇게 읽어 왔기 때문에 처음 강의를 했던 초짜 시절에는 아이들에게 이렇게 필기를 하는 방법을 굳이 가르치지 않았다. 아이들이 전부 다 이렇게 읽을 것이라고 생각했기 때문이다. 그러나 아이들이 이런 글을 읽으면서도 아래와 같은 손 필기를 전혀 하지 않는다는 것을 머지않아 깨달았고, 그때부터 이 너무도 당연한 사실을 목놓아 부르짖게 됐다. 저런 말들(~로 나뉜다, ~로 이뤄져 있다, ~로 구분·분류할 수 있다)이 나오면 반드시 이 지문에 한 필기처럼 한눈에 파악할 수 있게 가지치기로 그릴 수 있어야 한다는 점을 말이다.

줄글로 줄줄 쓰인 정보들을 이렇게 메모하고 필기하는 습관을 아주 어릴 때부터 지속적으로 들여 온 친구들이 생각보다 정말 적다. 최상위권 아이들도 저렇게 필기하는 방법을 잘 모른다. 아이들 잘못이라기보다는 영상 매체가 고도로 발달한 현대사회에서 자라다 보니 어쩔 수 없이 영상에 더 익숙하고 긴 텍스트를 보는 일에 덜 익숙해질 수밖에 없었기 때문이리라 미뤄 짐작한다. 게다가 요즘 교재들이 너무 잘 나오는 바람에, 아이들이 스스로 긴 글을 읽고 요약 자료를 만들어야 할 필요도 없다. 그래서 이런 원시적인 단계까지 하나하나 풀어 가며 가르치지 않으면 아이들이 조금만 글 구조가 복잡해져도 겁을 먹고 글을 읽어 나가지를 못한다. 방금 한 이야기를 읽고 '이렇게 기

2 김 선생이 직접 밝히는 수능 국어의 허와 실

본적인 걸 돈 내고 배운다고?' 싶었다면 아이에게 이 지문을 주고 한번 옆에 이 내용을 메모해 보라고 시켜 보라. 십중팔구 줄글로 줄줄 옮겨 적고 있을 것이다. 줄글에서 하나의 구조를 뽑아 내 메모하는 실력, 이 실력이 사실은 문해력이고 수능 문제를 잘 풀어 나갈 수 있는 비결이다. 이 메모하는 실력은 솔직히 공식으로 만들어 외우랄 수도 없고 알려 준다고 해서 하루아침에 되지도 않는다. 결국 선생님이 이런 내용을 어떤 방식으로 효율적으로 필기하는지를 계속 보고 자기 필기·메모법을 고쳐 나가야 한다. 그래서 중학생인데 비문학은 아직 할 필요 없다는 학원은 그냥 걸러도 된다고 자신 있게 말하고 싶다. 상당수 비학군지 국어 학원은 중학생에게 문학과 문법만 가르친다. 비문학을 공부할 수 있는 어휘력도 안 되는 아이들이 많기 때문에 어쩔 수 없다는 건 이해한다. 그러나 적어도 비문학 지문은 이렇게 읽는 것이라는 기준쯤은 알아야만 고등학교에 진학해서 덜 고생한다는 것을 아는 강사라면, 아이들에게 인기가 없고 학부모들이 클레임을 건다고 해도(비문학은 딱 봐도 암기 숙제가 많을 수도 없고 순전히 밑줄 긋고 메모하는 숙제가 주로 주어지다 보니 간혹 학부모와 학생으로부터 숙제가 너무 적다, 공부하는 느낌이 나지 않는다는 등의 항의가 들어오기도 한다) 비문학 수업을 강행해야 맞다.

복잡한 2문단까지 전부 위와 같이 메모로 한눈에 들어오게끔 필기를 마쳤다. 3문단으로 넘어가 보자.

밑줄 원칙 ③ - '즉, 다시 말해, 요컨대, 결과적으로' 등이 나오면

반드시 그 뒷부분에 밑줄 치기

인상은 없지만, '황금'과 '소금' 각각의 인상이 존재하기 때문에 복합 관념이 존재할 수 있다. (따라서 복합 관념은 복합 인상이 없더라도 존재할 수 있다.) 하지만 흄은 '황금 소금'처럼 인상이 없는 관념은 과학적 지식이 될 수 없다고 말하였다.

흄은 과학적 탐구 방식으로서의 인과 관계에 대해서도 비판적 태도를 보였다. 그는 인과 관계란 시공간적으로 인접한 두 사건이 반복해서 발생할 때 갖는 관찰자의 습관적인 기대에 불과하다고 말하였다. 즉, '까마귀 날자 배 떨어진다'라는 속담이 의미하는 것처럼 인과 관계는 필연적 관계임을 확인할 수 없다는 것이다. 그는 '까마귀가 날아오르는 사건'과 '배가 떨어지는 사건'을 관찰할 수는 있지만, '까마귀가 날아오르는 사건이 배가 떨어지는 사건을 야기했다.'라는 생각은 추측일 뿐 두 사건의 인과적 연결 관계를 관찰할 수 없다고 주장한다. 결국 인과 관계란 시공간적으로 인접한 두 사건에 대한 주관적 판단에 불과하므로, 이런 방법을 통해 얻은 과학적 지식이 필연적이라는 생각은 적합하지 않다고 흄은 비판하였다.

비문학은 문학과 달리 순전히 문제를 출제하기 위해 지문을 쓴다. 뒤집어 말하자면, 문제를 푸는 데 딱히 필요 없는 부분

2 김 선생이 직접 밝히는 수능 국어의 허와 실

이라면 굳이 반복해서 내용을 한 번 더 써 주지 않는다는 말이다. 그런데도 '즉, 다시 말해서, 결국'과 같은 접속 부사를 굳이 활용해 앞 내용을 한 번 더 정리해 주었다면 이건 무얼 의미할까? 그렇다. 그 부분을 반드시 문제에서 활용하겠다는 말이다. 여기서 저 "결국" 뒤에 나오는 내용은 실제로 문제의 선택지(①~⑤)에서 정오 판별을 요하는 내용으로 출제됐다. 또한 앞부분의 내용이 잘 이해가 되지 않았다고 하더라도 '즉, 다시 말해서'에 이어지는 뒷부분을 읽으면 훨씬 이해가 쉽기도 하다. 그러니 저렇게 내용을 한 번 정리해 주는 부분이 나오면 반드시 밑줄을 눈에 띄게 그어 두는 습관을 들여야 한다.

똑같은 말을 다르게 표현한 부분들을 찾아라

어릴 때 영어 학원을 다니면서 귀에 못이 박이도록 들었던 말이 있다. "자 여러분 패러프라이즈 찾으세요~" 여기서 'paraphrase'라는 어휘의 케임브리지 사전 뜻풀이를 보면 이렇게 나와 있다. to repeat something written or spoken using different words, often in a humorous form or in a simpler and shorter form that makes the original meaning clearer(다른 말이나 글로 한 번 더 표현하기. 보통 더 짧고 단순한 형식으로 본래의 뜻을 명확히 하게 하려는 의도로 쓰인다).

그렇다. 맨 처음에는 좀 어려운 개념을 던져 놓고 이어서 다른 말로 계속해서 그 개념을 설명하는 방식이다. 앞서 했던 이야기를 바꾸어 다시 말했을 뿐인데도 잠깐 딴 데로 정신이 팔리면 앞에서 했던 이야기라는 걸 눈치채지 못하기 십상이다. 정말 어렵기 때문이다. 특히 난도가 올라가면 올라갈수록 "그래서 이 이야기가 앞에서 했던 말들 중 어디와 같은 얘기지?" 하고 멈춰 서서 찾아야 한다. 아래 지문을 통해 함께 해석하면서 알아 보자.

[38 ~ 42] 다음을 읽고 물음에 답하시오.

> 시장은 수요와 공급이 일치하지 않는 불균형이 발생할 경우 가격 변화에 의해 균형을 회복한다. 예를 들어, 시장에서 초과 공급이 발생하면 가격 하락으로 수요량이 늘고 공급량이 줄면서 균형이 회복된다. 이러한 시장의 가격 조정 기능과 관련하여 거시 경제학에서는 시간대를 단기와 장기로 구분한다. 단기는 가격 조정이 원활히 이루어지지 않아 시장 불균형이 지속 되는 시간대이며, 장기는 신축적 가격 조정에 의해 시장 균형이 달성되는 시간대이다. 그런데 단기의 지속 시간, 즉 시장 불균형이 발생한 이후 다시 균형을 회복하는 데 걸리는 시간에 대해 서로 다른 입장들이 존재해 왔다.

(2020년 3월 고2 모의고사 38~42번 경제 비문학 지문)

첫 문장은 아래와 같이 요약해 볼 수 있다.

2 김 선생이 직접 밝히는 수능 국어의 허와 실

- **불균형=수요와 공급이 일치하지 않음**
- **가격 변화**(가격을 올리거나, 내리거나) → **균형을 회복**(= 수요와 공급 일치)

그런데 첫 문장을 읽고 위에서 녹색으로 표시된 부분을 바로 밝혀내 읽을 수 있었더라면 참 좋았겠지만 보통 학생이라면 그렇게 읽어 내기 어려웠을 테다. 그렇다면 아래로 조금 더 읽어 내려가며 paraphrase를 찾아보자.

시장에서 초과 공급이 발생하면 가격 하락으로 수요량이 늘고 공급량이 줄면서 균형이 회복된다. 이러한 시장의 가격 조정 기능과 관련하여…

느낌이 오는가? 바로 뒤에 이어지는 내용에서 앞부분에서 던진 "가격 변화에 의해 균형을 회복"한다는 의미를 풀어서 쉽게 설명하고 있다. 국어를 잘하는 친구들이었다면 앞부분에서 이해가 잘 되지 않았더라도 이 뒷부분의 자세한 설명을 듣고 '앞서 했던 얘기가 이것이로군.' 할 수 있었겠지만 읽는 연습이 아직 부족한 학생에게는 앞부분과 뒷부분 이야기가 따로따로 읽힌다. 그러면 처리해야 할 정보가 괜히 많게 느껴지고 그때부터 독해가 콱 막히는 느낌이 들 수 있다. 해서 나는 아이들에게 복잡해 보이는 지문을 읽어 내려갈 때에는 앞에서 한 이야기와 paraphrase된 부분을 찾아 읽어 내려가라고 가르친다. 그렇게 읽다 보면 생각보다 개념이 계속해서 반복된다는 점을 알수 있다. 어디까지나 고3 수준의 학생들을 대상으로 출제하는 지문이기 때문에, 아주 어려운 개념을 문제로 낸다고 해도 평가원은 그 개념을 이해할 수 있도록 충분한 지침을 지속적으로 지문 안에 남긴다는 점을 명심하라. 계속 읽어 가 보자.

[38 ~ 42] 다음을 읽고 물음에 답하시오.

> 시장은 수요와 공급이 일치하지 않는 불균형이 발생할 경우 가격 변화에 의해 균형을 회복한다. 예를 들어, 시장에서 초과 공급이 발생하면 가격 하락으로 수요량이 늘고 공급량이 줄면서 균형이 회복된다. 이러한 시장의 가격 조정 기능과 관련하여 거시 경제학에서는 시간대를 단기와 장기로 구분한다. 단기는 가격 조정이 원활히 이루어지지 않아 시장 불균형이 지속 되는 시간대이며, 장기는 신축적 가격 조정에 의해 시장 균형이 달성되는 시간대이다. 그런데 단기의 지속 시간, 즉 시장 불균형이 발생한 이후 다시 균형을 회복하는 데 걸리는 시간에 대해 서로 다른 입장들이 존재해 왔다.

(2020년 3월 고2 모의고사 38~42번 경제 비문학 지문)

이러한 시장의 가격 조정 기능과 관련하여 거시 경제학에서는 시간대를 단기와 장기로 구분한다. 단기는 가격 조정이 원활하게 이루어지지 않아 시장 불균형이 지속되는 시간대이며…

2 김 선생이 직접 밝히는 수능 국어의 허와 실

시장 불균형이라는 말을 앞에서 나왔던 말들과 연관지어 보자. 그렇다. 수요와 공급이 일치하지 않는다는 말이다. 결국 여기서 말하는 단기란? 가격이 빠르게 오르고 내리지 않아 수요와 공급이 딱 일치하지 않는 상태를 뜻한다는 거다. 이 쉬운 얘기가 이렇게 어렵게 써 있다니. 맙소사.

장기는 신축적 가격 조정에 의해 시장 균형이 달성되는 시간대이다.

그럼 이 말은 무얼 의미하겠는가? 가격이 빠르게 오르고 내려서 수요와 공급이 딱 일치되는 시간대가 장기라는 말이다. 이게 그렇게 어려운가? 어렵지 않다.

그런데 단기의 지속 시간, 즉 시장 불균형이 발생한 이후 다시 균형을 회복하는 데 걸리는 시간에 대해 서로 다른 입장들이 존재해 왔다.

이제 이 지문에서 다루려는 핵심 내용이 나온다. 지금까지 균형이니 불균형이니 단기니 장기니 잔뜩 설명하며 빌드업을 한 이유가 여기 있다. 출제자는 그러니까 '단기의 지속 시간'을 두고 벌어지는 경제학자들의 싸움을 다루고 싶었던 셈이다. 세상 친절하게 뒤에 '즉'이라는 표지로 '단기의 지속 시간'에 대해 자세한 설명까지 덧붙였다. 저것도 paraphrase이다. 1문단이 이렇게 완벽하게 이해된 상태에서 다음 내용을 한번 읽어 보라.

　1930년대 이전까지 경제학의 주류를 이루었던 ㉠고전학파는, 시장은 가격의 신축적인 조정에 의해 항상 ⓐ균형을 달성한다고 보았다. 이른바 '보이지 않는 손'에 의한 시장의 자기조정 능력을 신뢰하는 입장으로, 이에 따르면 단기는 존재하지않는다. 즉 불균형이 발생할 경우 즉시 가격이 변화하여 시장은 균형을 회복한다는 것이다. 따라서 고전학파는 호황이나 불황이 나타나는 경기 변동 현상은 발생하지 않는다고 보았다.
　하지만 케인즈는 고전학파의 주장과 달리 장기에는 가격이신축적이지만 단기에는 ⓑ경직적이라고 생각했다. 그는 오랜경기 침체와 대규모의 실업이 발생했던 1930년대 대공황의 원인이 이러한 시장의 가격 경직성에 있다고 주장했다. 가격 경직성이 심할수록 소비나 투자 등 총수요*가 변동할 때 극심한 경기 변동 현상이 유발된다고 보았기 때문이다. 또한 노동 시장에서의 가격인 임금이 경직적인 경우 기업의 노동 수요 감소가 임금 하락으로 상쇄되는 대신 대규모 실업을 불러일으킨다고 주장했다.

2문단 고전학파 : 시장 항상 균형. 단기 ×, 경기 변동 ×

⇒ 어떤가? 앞에서 꼼꼼하게 읽은 뒤에 읽으니 후루룩 읽히지 않나?

2문단에서 뽑아 내야 하는 것은 이 정보가 전부다.

3문단 케인즈(↔고전학파) : 장기에는 가격이 신축적(잘 바뀜),

단기에는 경직적(잘 안 바뀜)

> ⇒ 시장의 가격 경직성(단기에 잘 안 바뀌는 가격) : 1930년대 대공황의 원인
>
> ⇒ 가격 경직성↑ : 총수요(소비, 투자) 변동 시 극심한 경기 변동 ○
>
> ⇒ 노동 시장 가격(임금) 경직성↑ : 기업의 노동 수요 감소=임금 낮춰 해결(임금 하락으로 상쇄라는 말과 같은 뜻), 대규모 실업 발생

많은 친구들이 보통 잘 해석해 내려가다가 위의 녹색 글자로 요약된 내용이 나오는 부분에서 또 콱 막힌다. 갑자기 노동 시장과 임금이라는 새로운 말이 나오기 때문이다. 누누이 말했듯 비문학 지문은 문제를 풀기 위해 필요한 내용을 반드시 지문 안에 다 써 두기 때문에 저기서 말하는 노동 시장에서의 가격 경직성 이야기를 1문단에서 말한 "시장의 수요 공급"과 연결 지어 이해하는 센스를 발휘해야 한다.

노동 시장에서 수요자는 누군가? 뒤에 바로 나와 있다. "기업의 노동 수요", 즉 기업에서 노동자를 필요로 하는 것을 수요로 본단다. 그럼 공급자는 누군가? 노동자다. 그 때 둘 사이를 조율하는 가격은? 임금이란다. 그럼 기업에서 노동 수요가 줄어들면 임금을 내려서 해결한다는 말이 이해되지 않나? 가격이 싸져야 사람들이 (필요하지 않더라도) 더 사려고 한다는 걸 생각해 보라. 임금이 내려가면 아무래도 노동자를 더 뽑을 수 있을

만한 유인이 된다. 한데 그럼에도 불구하고 대규모 실업이 발생한다. 왜냐면 임금이 내려가서 수요와 공급이 맞춰지는 데에 시간이 걸리기 때문이다(이 얘기가 바로 노동 시장 가격의 경직성과 같은 말이다).

여기까지 독해한 뒤에는 파죽지세로 뒷부분을 읽어 나갈 수 있다. 같은 말을 찾아 내려와 읽어 보니 느끼는 바가 있을 것이다. 어떤가? 속독이 의미가 있겠는가? 없지 않겠는가? 빙고. 맞다. 이제 속독이 아니라 정독을 해야만 하는 때다. 날을 잡고 수능 시험지를 한번 인쇄해서 처음부터 끝까지 풀어 본 뒤에 아이들에게 어떤 방식으로 국어를 가르쳐야 할지 고민하는 시간을 가져 봤으면 한다. 이런 판국인데 아직도 '속독'을 입에 담는 학원을 보내려는 경우를 너무 자주 봤다. 속독보다는 '앞에서 하려는 이야기가 뒷부분의 이 내용이구나.'를 꼼꼼히 읽은 뒤 잘 찾아내는 친구가 현 수능을 잘 볼 수밖에 없지 않겠는가? 지문 길이는 점점 짧아지는 대신 지문과 문제의 난도는 점점 올라가고 있다는 점을 고려해, 앞으로도 속독(많은 양을 빠르게 읽는 행태)보다는 정독이 훨씬 더 중요하다는 점을 명심해야 한다.

과학·기술·공학·의학·경제학 지문은 반드시 메모하라

정독이 중요하다는 점을 설명한 김에 어려운 과학, 기술, 공학, 의학, 경제학 지문의 가장 난도 높은 문제를 푸는 비법도 설명하겠다. 다음 자료는 비교적 최근에 출제된 2023년 고1 3월 모의고사의 과학 기술 비문학 지문과 해당 지문에서 가장 오답률이 높았던 41번이다. 정답은 3번인데, 아이들이 2번으로 답을 많이 골라서 틀렸다. 그 이유는 "눈으로만 풀었기 때문"이다.

보통 이런 문제를 풀 때 특별하게 따로 훈련받지 않았다면, 보통 아이들은 백이면 백 그냥 눈으로만 읽으면서 문제를 푼다. 그러니 답을 제대로 고르지 못한다. 이런 문제를 풀 때는 시간이 얼마가 들든 41번 문제 일러스트 위에 내가 필기해 놓은 것처럼 정성들여 지문의 내용을 요약해 그림, 그래프 위에 메모를 해 두어야 한다. 예전에 나는 재수 종합반이 치르는 국어 모의고사에 들어갈 비문학 지문을 만드는 일을 잠깐 했었다. 그때 의뢰자에게서 받은 주문이 "되도록 그림 없이 풀 수 있는 비문학 지문과 문제를 만들어 달라."라는 말이었다. 의아해서 물어보니 "일러스트레이터를 고용하는 데 상당한 비용이 들어서 어지간하면 그림이나 그래프가 없이 문제를 제작하는 쪽이 단가가 낮기 때문"이라는 답이 돌아왔다. 그러니, 뒤집어 말하자면, 문제를 푸는 데에 꼭 필요하지 않다면 출제진 입장에서는 웬만

<그림>은 OLED 스마트폰에 적용된 편광판의 원리를 나타
낸 것이다. 일반적으로 빛은 진
행하는 방향에 수직인 모든 방
향으로 진동하며 나아간다. 빛
이 편광판을 통과하면 그중 편
광판의 투과축과 평행한 방향으
로 진동하며 나아가는 선형 편
광만 남고, 투과축의 수직 방향

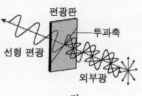

<그림>

으로 진동하는 빛은 차단된다. 이러한 과정에서 편광판을 통과
한 빛의 세기는 감소하게 된다.

[A]

　　이러한 원리를 이용해 OLED 스마트폰에서 야외 시인성
을 높이는 기술을 설명하면 다음과 같다. 먼저 스마트폰 화
면 안으로 들어오는 외부광은 편광판을 거치면서 일부가
차단되고 투과축과 평행한 방향으로 진동하는 선형 편광만
남게 된다. 그런 다음 이 선형 편광은 위상지연필름을 지나
면서 회전하며 나아가는 빛인 원형 편광으로 편광의 형태
가 바뀐다. 이 원형 편광은 스마트폰 화면의 내부 기판에
반사된 뒤, 다시 위상지연필름을 통과하며 선형 편광으로
바뀐다. 그런데 이 선형 편광의 진동 방향은 외부광이 처음
편광판을 통과했을 때 남은 선형 편광의 진동 방향과 수직
을 이루게 되어 편광판에 가로막히게 된다. 그 결과 기판에
반사된 외부광은 화면 밖으로 빠져나가지 못하게 된다.

41. <보기>는 [A]의 과정을 나타낸 그림이다. 윗글을 바탕으로
<보기>를 이해한 내용으로 적절하지 않은 것은? [3점]

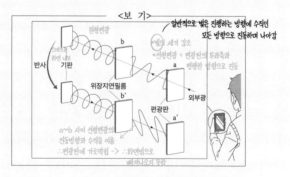

<보기>

① 외부광은 a를 거치면서 투과축과 평행한 방향으로 진동하는
빛만 남게 된다.
② a를 거쳐 b로 나아가는 빛은 진행 방향에 수직인 방향으로
진동한다.
③ b를 거친 빛은 기판에 의해 a를 거쳐 b로 나아가는 빛과 같은
형태의 편광으로 바뀌게 된다.
④ b'를 거친 빛의 진동 방향은 a를 거쳐 b로 나아가는 빛의 진동
방향과 수직을 이룬다.
⑤ b'를 거친 빛은 진동 방향이 a'의 투과축과 수직을 이루므로
화면 밖으로 빠져나가지 못하게 된다.

하면 그림과 그래프를 비문학 지문에 넣을 이유가 없다. 그런데 지문과 문제에 그림이나 그래프가 들어가 있다면? 이건 반드시 지문을 읽으면서 꼭 활용해야 문제가 풀린다는 뜻을 출제진이 넌지시 학생에게 알려준 바나 다름없다.

그런데 최상위권이라는 친구들도 내가 저렇게 필기해 둔 것만큼 문제 풀 때 촘촘하게 필기를 하지 않는다. 이렇게 필기하는 게 과하다, 시험 시간이 너무 낭비된다는 느낌이 들기 때문일지 모르겠다. 한데 경험상, 이렇게 촘촘하게 그림 위에 지문 내용을 요약해 요소들을 하나하나 자세히 필기해 두면 문제 푸는 시간이 기하급수적으로 줄면서 정답률도 올라간다. 필기하면서 머릿속에 내용이 입체적으로 한 번 정리되기 때문이다.

급할수록 돌아가라고 다시 한번 말한다. 명심하라. 그림이나 그래프 위에 꼼꼼하게 지문 내용을 요약하여 메모하면서 읽는 방법이 지금 당장은 시간이 굉장히 많이 걸리는 것처럼 느껴진대도 이 방법이 제일 빠르고, 정확하며 결국 시험장에서 유효한 유일한 길이다.

125p에 나오는 자료는 실제 내가 가르치고 있는 학생들이 공부해 온 과학, 기술 비문학 지문의 필기 사진으로 재구성한 것이다. 참고해서 아이들을 지도해 보시면 좋겠다.

이처럼 구체적인 일러스트(지문과 관련한 그림)가 제시된 경우에는 그 위에 빡빡하게 필기를 해 두어야 나중에 내용 일치형 문제(지문의 내용으로 옳은 것은/옳지 않은 것은?)를 풀기 편하다. 특히 경제나 과학 분야 지문일 때는 반드시 그렇게 풀어야 한다. 이 필기를 해 온 학생은 2024년 기준으로 중학교 1학년인 친구다. 이 지문은 무시무시하게 생겨서 고3 지문이라 착각하기 좋지만, 고1 모의고사 기출 지문이었고 심지어 난도가 그리 어려운 편도 아니다. 하지만 이렇게 빼곡히 필기하지 않고 그냥 눈으로 풀면 엄청 어렵게 느껴지는 지문이다. 이렇게 지문들을 보셨으니 다시 한번 묻겠다. 속독으로 이런 지문을 읽고 문제를 풀 수 있을까?

불가능하다. 그런데도 아직 초등 논술을 가르치는 학원에서는 간간이 '속독' 프로그램을 넣어서 가르치는 곳들이 있다. 차라리 그 시간에 한자를 한 자라도 더 외우게 하는 커리큘럼을 선택해서 공부하게끔 하는 편을 추천한다. 속독이 의미 있던 수능은 이미 10년도 더 전 얘기다.

모르는 어휘는 앞뒤 문맥을 따져 뜻을 추론할 것

이렇게 지문을 읽힐 때 정말 중요한 포인트가 있다. 아이 스스로 잘 모르거나, 알아도 명료하게 선뜻 설명하기 어려운 한자 어휘의 뜻을 찾아 두어야 한다는 것이다. 그런데 이때 가장 중요한 점은 바로 '맨 처음부터 뜻을 찾지 말아야 한다'는 점이다.

초고층 건물은 높이가 200미터 이상이거나 50층 이상 인 건물을 말한다. 이런 초고층 건물을 지을 때는 건물에 ⓐ작용하는 힘을 고려해야 한다. 건물에 작용하는 힘에는 수직 하중과 수평 하중이 있다. 수직 하중은 건물 자체의 무게로 인해 땅 표면에 수직 방향으로 작용하는 힘이고, 수평 하중은 바람이나 지진 등에 의해 건물에 가로 방향으로 작용하는 힘이다.

수직 하중을 견디기 위해서 ⓑ고안된 가장 단순한 구조는 ㉠보기둥 구조이다. 보기둥 구조는 기둥과 기둥 사이를 가로지르는 수평 구조물인 보를 설치하고 그 위에 바닥판을 놓은 구조이다. 보기둥 구조에서는 설치된 보의 두께 만큼 건물의 한 층당 높이가 높아지지만, 바닥판에 작용하는 하중이 기둥에 집중되지 않고 보에 의해 ⓒ분산되기 때문에 수직 하중을 잘 견딜 수 있다.

위에서 아래 방향으로만 작용하는 수직 하중과 달리 수평 하중은 사방에서 작용하는 힘이기 때문에 초고층 건물의 안전에 미치는 영향이 수직 하중보다 훨씬 크다. 수평 하중은 초고층 건물의 안전을 위협하는 주요 요인인데, 바람은 건물에 작용하는 수평 하중의 90% 이상을 차지한다. 건물이 많은 도심에서는 넓은 공간에서 좁은 공간으로 바람이 불어오면서 풍속이 빨라지는 현상이 발생해 건물에 작용하는 수평 하중을 크게 만든다. 그리고 바람에 의해 공명 현상이 발생하면 건물이 매우 크게 흔들리게 되어 건물의 안전을 위협하게 된다.

건물이 수평 하중을 견디기 위해서는 기본적으로 뼈대에 해당하는 보와 기둥을 아주 단단히 붙여야 하지만, 초고층 건물의 경우 이것만으로는 수평 하중을 견디기 힘들다. 그래서 등장한 것이 ㉡코어 구조이다. 코어는 빈파이프 모양의 철골 콘크리트 구조물을 건물 중앙에 세운 것으로, 코어에 건물의 보와 기둥들을 강하게 접합한다. 이렇게 하면 외부에서 작용하는 수평 하중에도 불구하고 코어에 의해 건물이 크게 흔들리지 않게 된다. 그런데 초고층 건물은 그 높이가 높아질수록 수평 하중이 커지고 그에 따라 코어의 크기도 커져야 한다. 코어 구조는 가운데 빈 공간이 있어 공간 활용의 효율성이 떨어지기 때문에 현대의 초고층 건물은 ⑦코어에 승강기나 화장실, 계단, 수도, 파이프 같은 시설을 설치하는 경우가 많다.

그런데 초고층 건물의 높이가 점점 높아지면 코어 구조만으로는 수평 하중을 완벽하게 견뎌 낼 수 없다. 그래서 ㉢아웃리거-벨트 트러스 구조를 사용하여 코어 구조를 보완한다. 아웃리거-벨트 트러스 구조에서 벨트 트러스는 철골을 사용하여 건물의 외부 기둥들을 삼각형 구조의 트러스로 짜서 벨트처럼 둘러 싼 것으로 수평 하중을 ⓓ지탱하는 역할을 한다. 삼각형 구조의 트러스로 외부 기둥들을 연결하면 외부에서 작용하는 힘이 철골 접합부를 통해 전체적으로 분산되기 때문에 코어에 무리한 힘이 가해지는 것을 예방할 수 있다. 그리고 아웃리거는 콘크리트를 사용하여

건물 외벽에 설치된 벨트 트러스를 내부의 코어와 ⓔ견고하게 연결한 것으로, 아웃리거와 벨트 트러스는 필요에 따라 건물 중간중간에 여러 개가 설치될 수 있다. 그런데 아웃리거는 건물 내부를 가로지를 수밖에 없어서 효율적인 공간 구성에 방해가 된다. 이런 단점을 극복하기 위해 ⑪아웃리거를 기계 설비층에 설치하거나 층과 층 사이, 즉 위층 바닥과 아래층 천장 사이에 설치하기도 한다.

초고층 건물은 특수한 설비를 이용하여 바람으로 인한 건물의 흔들림을 줄이기도 하는데 대표적인 것이 TLCD, 즉 동조 액체 기둥형 댐퍼이다. TLCD는 U자형 관 안에 수백 톤의 물이 채워진 것으로 초고층 건물의 상층부 중앙에 설치한다. 바람이 불어 건물이 한쪽으로 기울어져도 물은 관성의 법칙에 따라 원래의 자리에 있으려 하기 때문에 건물이 기울어진 반대 [A] 쪽에 있는 관의 물 높이가 높아진다. 그렇게 되면 그 관의 아래로 작용하는 중력도 커지고, 이로 인해 건물을 기울어지게 하는 힘을 약화시켜 흔들림이 줄어들게 된다. 물이 무거울수록 그리고 관 전체의 가로 폭이 넓어질수록 수평 방향의 흔들림을 줄여 주는 효과가 크다. 하지만 그에 따라 수직 하중이 증가하므로 TLCD는 수평 하중과 수직 하중을 함께 고려하여 설계해야 한다.

*공명 현상: 진동체가 그 고유 진동수와 같은 진동수를 가진 외부의 힘을 받아 진폭이 뚜렷하게 증가하는 현상.

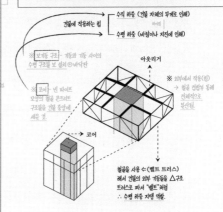

<아웃리거 - 벨트 트러스 구조>

정보를 파악하며 읽을 때 가장 중요한 능력은 주어진 지문 안에서 앞뒤 문맥을 파악하여 모르는 정보나 어휘를 유추하는 것이다. 그래야 새로운 내용을 빨리 받아들일 수 있기 때문이다. 특히 요즘처럼 어려워진 수능의 경향으로 비춰 보면 더더욱, 지문 안에 등장하는 모든 어휘를 다 알기는 어렵다. (심지어 선생인 나조차도 처음 보는 어휘들이 지문 안에 있을 때도 있다.) 그럴 때 제일 필요한 것이 앞뒤 내용을 통해 모르는 어휘의 뜻을 대강이나마 짐작해 보는 능력이다.

그래서 나는 먼저 학생이 다음 페이지 그림과 같이 앞뒤 문맥에 맞춰서 짐작한 뜻을 연필로 적은 뒤 문제를 풀어 보게끔 지도한다. 그런데 막상 '잘 모르는 어휘'를 찾아서 뜻을 써 보라고 했더니 중1 남학생이 적은 어휘들을 보라. '노화, 생리학적, 신경, 방출, 회상…' 생각보다 너무 쉬운 어휘들인데도 그 아이에게는 언뜻 보아 뜻이 확 떠오르는 어휘들이 아니었다는 점을 알 수 있다. 여하튼 아이가 이렇게 유추해서 어찌저찌 문제를 다 푼 뒤에, 오답 정리를 하는 때에 '국립국어원 표준국어대사전' 어플리케이션을 통해 실제로 뜻을 찾아 색깔 펜으로 아래에 적게 했다. (가끔 종이사전 추천을 부탁하는 분들이 계시는데, 개인적으로 종이사전은 추천하고 싶지 않다. 효과야 종이사전이 훨씬 좋지만 일단 불편하고, 어플리케이션으로도 제대로 뜻을 찾아오는 학생이 별로 없는데 종이사전으로 어휘를 찾아 공부시키면 시간

2 김 선생이 직접 밝히는 수능 국어의 허와 실

이 배로 든다. 그냥 저 어플을 쓰든 네이버 국어사전을 쓰든, 핵심은 '효율적으로' 되도록 어휘를 찾아 공부하는 일이 짐처럼 무겁게 느껴지지 않게 하는 데 있다.)

아래와 같이 아이가 유추한 뜻과 아래 색깔 펜으로 찾아 쓴 사전의 뜻이 일치하는 비율이 높아지면 높아질수록 해당 학생의 문해력이 성장하는 것이다. 문해력이란 다른 게 아니라, '모르는 내용'이라 할지라도 제시된 문맥을 통해 새로운 내용을 파악하는 능력이기 때문이다. 어휘를 많이 알면 알수록 모르는 어휘가 줄어들고, 설령 모르는 어휘가 나왔다고 하더라도 알고 있던 내용을 바탕으로 새로운 내용을 유추하기 쉽다는 점은 두말하면 입 아프다. 보통 이런 작업을 시작하면 치열하게 매주 지문 3개씩을 성실히 따라온다는 전제하에 6개월 안팎으로 이

노화: 나이가 들어서 늙음.
시간의 흐름에 따라 생체 구조와 기능이 쇠퇴하는 현상.
생리학적: 자연적이고 신체적인 것.
신체의 조직이나 기능을 연구하는 학문에 관계 되는 것.
신경: 느낌이나 감각을 느껴지게 해주는 몸의 센서(?)
세포의 돌기가 모여 결합 조직으로 된 막에 싸여 끈처럼 된 구조
방출: 에너지 따위를 내보냄.
비축하여 놓은 것을 내놓음.
회상: 과거를 다시 돌려봄. 생각해봄.
지난 일을 돌이켜 생각함.

<u>만큼 어휘력이 신장된다</u>(지문에서 잘 모르는 어휘가 5개 이내로 줄게 된다는 뜻이다). 정말 신기한 이야기로 마무리하자면, 이 친구는 맨 처음 학원에 왔을 때는 '기여하다'를 '관여하다'로 생각하던 친구였다. 그나마 이 학생은 같은 '여'자를 쓴다고 '관여하다' 정도는 알고 있는 교양 있는(!) 친구였으니 너무 비웃지 마시라. 요즘 아이들 90% 이상은 이 친구보다 어휘력이 훨씬 부족하리라 장담한다.

비문학 배경지식은
어떻게 쌓을까?

: 비문학 읽는 데 필요한 배경지식,
 딱 이 정도면 된다

3

이것도 정말 많이들 하는 질문이다. 비문학 지문이 너무 어렵게 출제되는 경향이 있다 보니 그 내용을 조금이라도 알고 가게 하려면 어떻게 해야 하느냐(혹은 미리 그 내용을 알고 읽으면 도움이 되느냐)는 류의 질문이다. 결론부터 말하자면, "배경지식이 많으면? 확실히 도움이 된다." 그렇지만 "배경지식을 많이 알기 위해 다른 책을 많이 읽혀야 하는가?"라는 질문에는 이렇게 답하고 싶다. 그렇게 물어볼 정도의 학생이라면, 이미 늦었다고. 책을 원래도 가까이 하지 않던 친구인데 국어 시험 성적 좀 올리자고 어려운 책을 읽는다? 이건 뭐랄까…. 편의점에서 성실한 아르바이트생이 되려고 대기업을 운영하는 CEO의 삶을 경험해 본다는 느낌이라고 해야 맞을까…. 그렇다. 너무 비효율적이다.

어려운 책을 읽는 습관을 잘 들이면 정말 인생에는 너무너무 도움이 되는 건 맞다. 그렇지만 수능 하나만 놓고 봤을 때 비문학 겨우 세 지문을 잘 풀자는 차원에서 《이기적 유전자》나 《총 균 쇠》같이 흉기로 써도 될 만큼 두꺼운 책을 읽고 있는 건 너무 비효율적인 방법이다. 그래서 여태껏 강의한 경험을 바탕으로 비문학 배경지식은 이 정도만 미리 공부해도 충분하다는 선을 다음에 제시해 두었으니 아이 교육에 참고하면 좋겠다. 그리고 무엇보다 비문학에 필요한 배경지식을 익히려면 가장 좋은 방법은 중학교 1학년 때부터 매주 지문 3개씩 내가 앞에서 제시한 시험용 읽기 방법을 통해 꾸준히! 어휘 다 찾고 오답 정리 꼼꼼하게 해 나가면서! 비가 오나 눈이 오나 분야 막론하고 계속 지문 읽는 연습을 하는 것이다.

문제집으로는 《예비 매삼비(매일 3개 비문학)》를 추천하는데, 매일이 아니라 매주라는 점(그러니까 이틀에 지문 1개로도 충분)을 명심하라. 초반에 마구 달리다가 고꾸라지기보다 잔잔히 조금씩 매일 접하는 편이 언어 실력을 향상시키는 데는 훨씬 도움이 된다. 결론은? 어려운 책 읽기보다 지문을 꾸준히, 많이

2 김 선생이 직접 밝히는 수능 국어의 허와 실

접하는 편이 배경지식 쌓기에 훨씬 효율적이다.

법학 분야 지문 대비하기

대한민국의 기본적 법 체계에 대해 알면 끝난다. 우리나라 법은 3심제이고 지방법원-고등법원-대법원으로 이어진다는 점, 공법(公法)과 사법(私法)이 다르며 그러므로 벌금과 배상금이 다르다는 점, 검사가 모든 재판에 들어가는 게 아니라 형사법 재판에만 들어가 피해자 대신 피고를 상대한다는 점 등. 굳이 여기에 세세히 언급할 필요도 없이 중학교 3학년 때 사회 과목에서 배우는 지식이다. 또한 고등학교 과정에서는 통합사회 교과서의 '법과 정치' 부분에 실린 배경지식으로도 충분하다. 하지만 법학 지문 자체의 난도는 결코 만만하지 않은데 이런 류 지문들은 어차피 배경지식을 안다고 쉽게 풀리는 형태로 출제되지 않는다. 해서 배경지식을 따로 익히려고 교과서를 미리 사서 읽거나 하기보다는, 문제집에서 법학 관련 비문학 지문을 만날 때마다 법학 용어들을 따로 정리해 두고(노트까지 만들지 말고 지문 옆에 바로 포스트잇을 붙여서 정리해 둔 뒤 여러 번 보는 게 좋다) 같은 지문을 완벽히 이해될 때까지 여러 번 반복해서 읽어보는 편이 훨씬 효율적이다.

경제학 분야 지문 대비하기

경제학도 정말 많은 문의가 들어오는 분야다. 솔직히 경제학은 다른 분야와는 달리 배경지식 없이는 독해가 어렵다. 그런데 여기서 말하는 배경지식이라 해 봤자 기본적인 수요와 공급 법칙이나 탄력성의 개념, 그리고 금리의 개념 정도다. 먼저 수요와 공급 법칙은 중학교 3학년 사회 교과서에 수록되어 있다. 그렇지만 탄력성이나 금리, 유동성 함정 등에 대한 부분들은 간략하게나마 용어를 정리하고 관련 지문도 읽어 두면 좋다. 해서 《30분 경제학》(이호리 도시히로 저, 길벗)이라는 책이나 고등학교 경제 교과서 등을 활용해 용어에 대한 이해를 기본적으로 짚고 넘어가는 방법을 추천한다. 한편 《한국경제신문》을 구독할 때 '생글생글', '생글생글 주니어'라는 주간지를 함께 볼 수 있는 패키지를 신청하면 한 달에 2만 5천 원 꼴로 좋은 콘텐츠를 볼 수 있다. 우리 학원에서는 중학생들에게 읽힐 만한 기사들을 따로 선별해서 읽히고 있는데, 그 덕인지 아이들이 비문학 경제 지문을 읽을 때 눈에 띄게 거부감이 줄어들고 복잡한 그래프 문제도 무던하게 풀어내는 모습을 발견할 수 있었다.

철학·인문 분야 지문 대비하기

서양철학에서는 플라톤과 아리스토텔레스 관련 지문이 나올 때마다 포스트잇에 따로 자세히 그들이 뭐라 주장했는지 메모를 해 두는 편이 좋다. 특히 플라톤과 아리스토텔레스 각각이 현실 세계를 어떻게 바라보는지에 초점을 맞춰서 정리해 두면 관련 지문이 나올 때마다 두고두고 유용하게 써먹을 수 있다. 동양철학은 서양철학에 비해 출제 비중이 조금 떨어지는데, 그럼에도 불구하고 한번 출제되면 난도가 상당히 어려운 경향이 있다. 해서 공부를 해 나가다가 동양철학 관련 지문을 만나게 되면 역시 포스트잇에 메모를 해 두고 여러 번 읽게끔 지도하고 있다. 의외로 배경지식이 많이 필요 없어 보이지 않는가? 그렇다. 철학 분야는 배경지식이 있어도 지문을 앞서 제시한 시험용 읽기 방법으로 꼼꼼하게 읽지 않으면 문제를 풀 수 없게 출제된다. 그러니 두껍고 어려운 철학 책을 읽는 방식으로 배경지식 쌓기에 집착하는 것보다는 최대한 다양한 출제 지문을 접하며 내용 정리를 해 보는 식으로 자연스럽게 알아 가는 편이 훨씬 효율적이다.

과학·기술·공학 분야 지문 대비하기

지난 2019학년도 수능에서 물리학 관련 비문학 지문이 굉장히 어렵게 출제된 적이 있었다. 물리 I을 선택한 학생이라면 안 읽고도 문제를 풀 수 있었을 거라는 추측도 있었으며 실제로 이과 계열 수험생들이 훨씬 좋은 성적을 얻었으리라는 볼멘소리도 여기저기서 들렸다. 실제로 공학, 과학 지문을 풀 때 필요한 배경지식을 가르쳐 준다는 특강도 대치동에서 꽤 자주 열렸었다. 그렇지만 2028학년도부터 수능이 개편되면서 공통과학까지만 수능에 출제되는 방향으로 바뀌었다. 또한 2019학년도의 그 물리학 관련 비문학 지문도 자세히 메모하며 읽어 나가는 그 방식대로 차근차근 풀었더라면 배경지식 없이도 아주 못 풀 수준은 아니었다(시간이 좀 더 많이 걸리기는 했을지 몰라도 말이다). 명심해야 할 점은, 제아무리 생소한 용어가 난무하는 복잡한 지문이라 하더라도 결국에는 '국어 지문'이라는 점이다. 오히려 어설프게 배경지식을 좀 배웠다고 섣불리 답부터 먼저 찍어 버린 아이들이 오답률이 높고, 과학을 잘 모르니 하나하나 천천히 따져 가며 읽어 내려간 아이들이 문제를 무난히 잘 맞히는 경우를 자주 접한다. 문제를 내기 위해 일부러 새로 쓰는 게 바로 비문학 지문이다. 그만큼 얼마든지 문제를 꼬아서 출제할 수 있다는 점을 유념했으면 한다(특히 이과 성향 남학생들).

2 김 선생이 직접 밝히는 수능 국어의 허와 실

과학탐구를 배웠다고 해서 지문을 대충 보고 공짜로 넘어가려는 심보를 '반드시 버려야 한다.' 앞서 제시한 방법에 따라 밑줄 긋고, 복잡한 그래프나 그림이 나오면 그 위에 지문 내용을 요약해서 정리하는 등 정석대로 읽어 나가야 답이 나온다는 점을 명심해야 할 것이다.

초고난도 비문학 지문, 이해하려고 하지 말고 그냥 "그런가 보다." 하고 넘어가야 합니다

SNS에서 만난 독자분이 학창 시절 국어 때문에 고생하셨던 이야기를 해 주시며 "지문 내용을 이해하려고 했기 때문"인 거 같다는 말씀을 남겼다. 맞다. 난도가 쉬운 지문은 그냥 읽는 족족 이해가 되는데 진짜 극상 난도의 킬러 지문 같은 경우는 이해하면서 읽으려다간 시험의 페이스가 전부 말려 버릴 위험성이 있다.

이럴 땐 어떻게 읽어 내야 하는가? 그냥 있는 그대로 그 정보를 받아들이고 넘어가야 한다. 이게 무슨 소리냐면, "A는 B이다."라고 했을 때 도저히 저 상관관계가 이해되지 않는다 해도('왜 A가 B이지?'라는 생각이 든다 해도) 그냥 '이게 이 지문의 설계 베이스인가 보구나.' 하고 옆에 그 정보들 간 상관성을 메모한 뒤 넘어가야 한다는 얘기다.

나는 기계치라서 컴퓨터 모니터와 본체가 다르다는 걸 안 지 얼마 되지 않았을 정도로 공학에는 문외한이지만 공학 지문을 읽고 문제는 잘 푼다. 저 방식으로 읽어 나가기 때문이다. 결국 정보 간의 관계를 자기만의 방식으로 '도식화(그림으로 그려서 알아먹게끔, 한눈에 파악할 수 있게끔 메모하라는 얘기)'하면서 다음 내용을 읽어 나가는 방법이 지금까지 제일 좋았다. 특히 초고난도 비문학은 내가 지금껏 누누이 강조해서 말하는 것처럼, 문제부터 먼저 보지 말고 바로 박스 안 지문으로 들어가 1~3문단 초반까지 초집중해서 한 글자, 토씨 하나까지 유의해 가며 제시된 용어들 간 관계를 정리하며 봐야 한다. 비문학 지문 하나에 보통 문제가 네 문제쯤 딸려 있는데 그걸 푸는 데 걸리는 시간을 편의상 10분이라 치자. 그러면 텍스트를 읽는 데 드는 시간이 적어도 7분 30초여야 한다. 텍스트가 완벽히 읽히면(이해가 아니라, 정보들 간 관계가 파악이 되었다는 것) 문제는 정말 10초에도 풀린다.

이 비법에 대해 더 자세히 알고 싶은, 당장 수험을 앞둔 사람들은 '이해황 선생님'의 모든 강의와 저서들을 반드시 참고하기 바란다. 비문학, LEET 지문 읽어 내는 법은 이 선생님이 원조다. 덧붙여 나는 이분과 그 어떠한 친분도 금전적 관계도 없음을 명확히 밝혀 둔다.

2 김 선생이 직접 밝히는 수능 국어의 허와 실

국어 모의고사 대비법

: 고등학교 가기 전
문학과 문법 공부 횟수와 범위,
딱 이 정도면 된다

4

앞서 비문학 독해법만을 집중적으로 설명했던 이유는 그만큼 비문학이 어렵게 출제되고 있기도 하거니와 단기간에 성적을 올리기 어려운 분야인 게 사실이기 때문이다. 이토록 비문학이 어렵다, 어렵다 하지만 사실 전반적으로 국어 점수가 제대로 나오지 않는 이유는 문학과 문법 실력이 탄탄하게 뒷받침되지 못하고 있기 때문일 가능성이 훨씬 높다. 문학과 문법의 답을 고르는 데 시간이 지나치게 많이 들면, 뒷부분에서 비문학을 풀때 시간이 너무 부족해 채 읽지 못하기 일쑤다. 국어 모의고사를 치를 때 자꾸 시간이 많이 부족하다면, 비문학보다는 문학과 문법을 먼저 공부한 뒤 아래 방법에 따라 모의고사를 풀 수 있게끔 지도해 보길 바란다.

국어 모의고사를 푸는 정석적 방법

모의고사를 풀 때는 순서대로 쭉 문제를 풀어 나가기보다는 화법-작문-문법(보통 고1 기준으로는 1-15번이다) 다음으로 문학 문제들을 몰아서 푼 뒤(평균적으로 지문 4개가 출제된다), 맨 마지막에 최소 30분 정도 이상은 남겨 두고 비문학 지문 3개를 꼼꼼하게 푸는 순으로 문제를 풀어야 한다. 뭐니 뭐니 해도 이 방식이 대부분의 아이들에게 가장 효율적으로 먹혔다. 즉, 그냥 1번부터 45번까지 80분 동안 쭉 순서대로 푸는 게 아니라 각 영역별로 모아서 1번~15번까지 22분 안에 풀고 문학 지문 3개는 최대 28분 안에 푼 뒤 어떻게든 비문학을 푸는 데에 30분 이상을 남겨야 이상적인 풀이 순서라고 생각한다. 정리하자면 80분의 국어 시험은 아래와 같이 운용해야 한다.

- 화법, 작문, 문법 - 1번부터 15번까지, 22분 안에 마무리

  (시간을 줄일 수 있다면 더 좋음)
- 문학끼리 모아서 - 보통 4개 지문, 28분 안에 마무리

  (시간을 줄일 수 있다면 더 좋음)

여기서 화법과 작문은 주로 말하기와 쓰기에 관련된 문제 유형인데, 비문학 문제 풀듯 풀어 가면 된다. 기본적인 독해력은 필요하지만 비문학 지문들에 비하면 훨씬 쉽다. 계속해서 연습하면 푸는 요령도 습득하게 되어 문제 풀이 시간도 줄어든다. 다만 문법은 보자마자 답을 딱딱 찍어서 1-2분 안에 정확한 답을 골라낼 수 있을 정도로 반복 학습이 되어 있어야 시간을 많이 아낄 수 있다. 문법 지문을 다 읽고 문제를 풀려고 하면 답이야 다 맞힐 수 있겠으나 시간이 너무 소요되어서 다른 문제들을 제대로 풀어 나갈 수 없게 된다.

문학 역시 문법과 마찬가지로 누가 더 정확하고 빠르게 정답을 골라내느냐가 관건이다. 문학은 문학 개념어를 정확하게 익히는 학습이 제일 중요하며, 특히 고전문학의 경우엔 반드시 암기해야 할 고전문학 용어들이 있다. 이 용어들을 우선 암기하고 다양한 문학 작품들을 해석하게끔 지도하고 있는데, 그만큼 절대적인 공부량(암기량)이 채워지면 반드시 성적이 오르는 분야가 문학이기도 하다. (이에 반해, 비문학은 아이에 따라 성적 상승이 지지부진하기도 하다.) 요즘 어렵게 출제되고 있긴 해도 문학은 어쨌든 비문학에 비해 정직하게 성적이 나온다. 공부한 만큼은 분명히 성적을 올릴 수 있다는 말이다.

그래서 문학과 문법 영역을 좀 더 많이 공부하고 정확히 개념을 알아 두면, 문제를 푸는 데 드는 시간을 많이 아낄 수 있다. 이렇게 되어야 비문학 독해에 들일 수 있는 시간을 좀 더 늘릴 수 있고 정답률도 올릴 수 있다. 비문학은 시간이 관건이기 때문이다. 따라서 중학교 3년간, 한자 학습 및 비문학 독해 스킬을 익히기 위한 지문 분석을 매주 3개 이상은 꾸준히 이어 간다는 전제 아래, 무엇보다도 심혈을 기울여 완성하려 노력해야 할 부분은 문학과 문법이다. 이 점을 간과해서는 안 된다. 그래서 비문학 배경지식을 익히기 위한 특강이라든가 논술·토론 등의 강의를 듣게 하는 것보다 그 시간에 차라리 문학(특히 문학 개념어 용어 정리)이나 문법을 공부하게 하는 것이 더 좋다. 다년간 아이들을 가르치면서 세운 나름의 중학 시절 국어 최적 학습량은 아래와 같다. 1번부터 3번까지 순서에 따라 고1 입학 전까지 국어 공부를 하게 돕는다면 고1 3월 모의고사에서 원점수 기준 90점 이상 넘기기는 어려운 일이 아니다.

① 문학 개념어 암기하게 하기 (운문, 산문, 고전문학 순서로)

② 고등 국어 문법 적어도 2회 이상 이론 학습을 통해 익히기

③ ①과 ②를 공부해 나가는 과정에서 고1 모의고사 3개년 교육청 기출문제집(12회 분량) 및 사설 모의고사 문제집(12회 분량)을 풀고 오답 정리까지 하기(1주일에 1회가 끝나게끔 구성해서 일일 교재로 활용

하면 1년간 공부할 수 있는 양)

이 순서에 맞춰서 공부법을 설명해 보도록 하겠다.

문학, 고1이 되기 전에 개념어를 꽉 잡기

① 문학 개념어 한 바퀴 익히기

다음 페이지의 자료는 2023학년도 수능 홀수형 33번 문제로, 당시 문학 영역에서 비교적 오답률이 높았던 문제다. 여기서 말하는 ①번의 "순환적 관계"와 ②번의 "순차적 관계"는 언뜻 보아서는 그다지 차이가 커 보이지 않는다. 그러나 문학적인 개념으로 봤을 때 순환이라 함은 봄에서 여름으로, 여름에서 가을로, 가을에서 겨울로, 또다시 겨울에서 봄까지 돌아와야 순환이다. 생명의 과정으로 치면 태어나서 늙고 병들어 죽은 뒤 흙으로 돌아가는 것까지만이면 아직 순환이 아니다. 흙에서 씨앗이 다시 발아하는 과정까지 포함되어야 순환이다. 반면 순차는 말 그대로 순서에 따라 이어지는 상황이니, 봄에서 여름으로만 계절이 바뀌어도 순차다. 이렇게 미묘한 문학적 개념 하나하나를 설명하고 암기하는 과정이 문학을 배워 나가는 데 있어서 필수적이다. 하지만 이 과정이 너무나 지난하고 괴로운 데다 중학생들이 이 문학 개념어를 외워 보았자 아직 중학교 내신에서

33. [A]~[F]에 대한 이해로 가장 적절한 것은?

① [A]에서 참나무가 벌목으로 썩어 가는 모습은, [B]에서 바람에 흔들리는 나무의 모습과 순환적 관계를 형성한다.

② [B]에서 참나무의 상태에 변화를 가져온 움직임은, [C]에서 버섯이 피어나는 상황과 순차적 관계를 형성한다.

③ [C]에서 참나무의 상처에 생명이 생성되는 순간은, [D]에서 나무의 고통이 멈추는 과정과 대립적 관계를 형성한다.

④ [D]에서 참나무의 모습에 일어난 변화는, [E]에서 낙엽이나 바람이 처한 상황과 인과적 관계를 형성한다.

⑤ [E]에서 참나무의 주변에 존재하는 사물들은, [F]에서 나무를 채워 주는 존재로 제시된 대상과 동질적 관계를 형성한다.

는 그렇게 심도 있게 다뤄지지 않기 때문에, 가르치고 암기시키는 나도 힘들고 배우는 아이들도 괴로워한다. 그런데 이렇게 다 암기시키고 고등학교를 보내 놓았을 때 아이들이 매번 연락해서 하는 말들이 다 똑같다. "선생님, 그때 암기했던 거 너무 요긴하게 잘 써먹었어요."

나는 지난 2019년에서 2022년 사이, 대치동에서 쭉 수업을 이어 오면서 간간이 경기도 외곽 지역으로 출강을 했다. 다음 메시지는 그때 만난 인연이 지금까지 이어지고 있는 친구의 후기다. 이 친구 같은 경우는 학군지가 아닌 경기도권에서 쭉 공부했고 기특하게도 용인외대부고에 합격했다. 중학교 2학년일

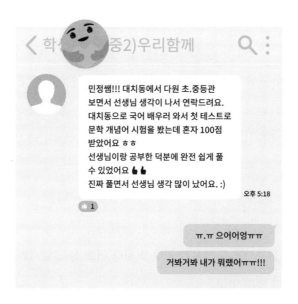

때부터 1년 반 넘게 내 수업을 들어 온 아이인데 수학과 영어도 마찬가지로 선행을 한다곤 했지만 대치에서 어릴 때부터 내리 교육받은 친구들과는 수준이 상당히 차이날 수밖에 없었다고 한다. 그렇지만 국어만큼은 이렇게 문학 개념어를 꼼꼼하게 배운 덕에 대치에 와서도 1등을 놓치지 않을 수 있었다며 감사 인사를 한 것이다. 단순히 정보의 격차 때문에 더 잘할 수 있었던 아이들이 시행착오를 겪는다는 걸 그때 절감했는데, 이 책을 쓰게 된 가장 큰 이유기도 하다. 문학을 그저 시 몇 개 외우고, 모두가 아는 소설 작품만 내신용으로 달달 외워서는 수능형 문제를 풀어 낼 수가 없다.

핵심은 '문학 개념어'를 얼마나 정확하게 하나하나 구별해 가며 외웠느냐에 달려 있다. 이제 문학 개념어의 중요성에 대해서 알게 되었을 테니, 시중에 있는 국어 이론서들 중에 '문학 개념어'를 키워드로 갖고 있는 이론서들 위주로 잘 추려서 아이에게 학습시키고 인터넷 강의에서도 '문학 개념어'라고 이름 붙은 강의들을 찾아 아이가 보게 하면 좋다. (5부에서 이런 책과 강의는 구체적으로 어떤 것들이 있는지 추천해 두었다.)

② 고전문학은 고전시가 필수 어휘를 어느 정도 암기한 뒤에야 공부가 의미 있다

다음 페이지의 지문은 역시 2023학년도 수능에 출제되었던 문학 지문들 중 가장 어려웠던 축에 속하는 것이다. 이 지문에서 '천석고황(泉石膏肓)'이나 '연하(煙霞)'와 같은 말들에 전혀 주석을 달아 주지 않았다. 그렇다. 평가원이 이 정도쯤은 수험생이라면 이미 알고 있어야 한다고 생각했다는 걸 뜻한다. '화만산(꽃이 산에 가득하다)'이라든가 '월만대(달이 누각에 차오르다)', '어약연비(물고기는 뛰고 솔개가 날아오르다)' 등은 솔직히 뜻을 잘 모른다 하더라도 읽을 수 있는 한자가 있을 테니 뜻을 유추할 수 있다지만 '천석고황'이나 '연하'는 봐도 무슨 뜻인지 감이 안 올 것이다. 아이들도 마찬가지다. 그래서 이런 어휘들은 따로 정리해서 한 번은 외워 주어야 한다. 이런 고전 관련

(가)

이런들 어떠하며 저런들 어떠하료

초야우생(草野愚生)이 이렇다 어떠하료

하물며 **천석고황(泉石膏肓)**을 고쳐 므슴하료　　〈제1수〉

연하(烟霞)로 **집을 삼고** 풍월(風月)로 **벗을 삼아**

태평성대에 병으로 늙어 가네

이 중에 바라는 일은 **허물이나 없고자**　　　　〈제2수〉

춘풍(春風)에 화만산(花滿山)하고 추야(秋夜)에 월만대(月滿臺)라

사시 가흥(佳興)이 **사람과 한가지라**

하물며 어약연비(魚躍鳶飛) 운영천광(雲影天光)이야 어느 끝이

있으리　　　　　　　　　　　　　　　　〈제6수〉

- 이황, 「도산십이곡」-

[A]

어휘들이 잘 정리되어 있는 책으로는 글을 쓰고 있는 현재(2024년 말) 기준으로 《최우선순 고전시가》(지학사)라는 책을 추천한다. 이 책은 분석편과 문제편이 있는데, 개인적으로 고전문학을 독학하기에 가장 좋은 책이라고 생각한다. 분석편을 한 권 사두고 참고서처럼 활용하고 문제편은 중3 겨울방학 때까지는 한 번 꼼꼼하게 공부하고 풀어 두는 걸 추천한다. 양이 많아 보이겠지만 매일 조금씩 하면 한 달 반 안에는 할 수 있는 양이다.

그리고 고전 문학을 공부시킬 때 꼭 명심할 점은, 저렇게 아무런 현대어 해석이 달려 있지 않은 지문들을 보고 먼저 스스

로 해석해 보게 한 다음, 해설에 실린 현대어 풀이를 보고 빨간 펜으로 해설과 다른 부분을 고쳐 두도록 해야 효과가 있다는 점이다. 정말 귀찮고 피곤하겠지만 이 길만이 정답이고 가장 빠른 길이다. 백날 문제만 풀어서는 고전문학도 실력이 늘지 않는다.

③ 문학은 작품 정리와 오답 정리가 생명이다

이렇게 운문, 산문, 고전문학까지 문학 개념어를 꼼꼼하게 공부하고 암기까지 했다면 그때부터는 역대 교육청 모의고사 기출문제를 풀어 보는 편을 추천한다. 그런데 이때 기출문제를 풀어 답을 맞히는 게 목적이 아니다. 답 맞히는 건 당연(?)한 거고, 훨씬 중요한 건 '오답 정리' 및 출제 작품을 하나하나 뜯어서 분석해 보는 '작품 정리'이다. 특히 여기서 오답 정리라고 하면 보통 아이들은 본인이 틀린 문제만 챙기면 된다고 착각하곤 한다. 그런데 내가 말하는 오답 정리는 의미가 좀 다르다. 뒤에서 좀 더 자세히 설명하겠지만 언어 과목(국어, 영어)을 비롯한 암기 베이스 과목(사회탐구, 생물 등)은 수학이나 물리, 화학 공부를 하듯이 하면 안 된다. ①~⑤ 선지에서 틀린 부분을 꼼꼼하게 전부 바로잡아 두고 여러 번 읽는 방식을 취해야 한다. 관련하여 5부에서 아이들이 해 온 작품 정리와 오답 정리 사진을 가져와 좀 더 자세한 설명을 해 두었으니 참고하기 바란다.

문법, 고1이 되기 전에 2회독은 마칠 것

국어 문법이야말로 고교 진학 전, 중학교 3년 안에 2회독 이상 이론을 공부하고 넘어가야 하는 부분이다. 문법은 이론을 완벽하게 1회 공부하면 안정적으로 수능에서 10점 정도를 가지고 시작할 수 있게 만들어 주는 효자 과목이지만 독학하기에 가장 어려운 분야이기도 하다. 따라서 처음부터 아이 스스로 공부하게 하기보다는 인터넷 강의나 학원 강의를 통해 한 번 정도 공부를 확실하게 시켜 주면 굉장히 효율적이다.

이때 좋은 문법 강의를 고르는 방법이 있다. 바로 품사부터 먼저 가르치는 강의를 찾아보는 것이다. 대부분의 강의는 보통 음운편부터 먼저 가르친다. 고등학교 문법이 음운부터 시작하게끔 짜여 있고, 음운이 국어 문법으로 치면 가장 작은 단위에 속하기에 이렇게 공부 순서를 잡아 둔 것이다. 그러나 음운부터 먼저 공부하면 당연히 내용 이해가 잘 안되고 문법이 너무 어렵게 느껴질 수밖에 없다. 이럴 땐 중학교 1학년 국어 문법이 무엇부터 시작했는지를 살펴봐야 한다. 그렇다. "단어의 이름, 품사"이다.

보통 중학교 1학년 때 가장 처음으로 배우는 단원이 '단어의 품사(명사, 대명사, 수사, 동사, 형용사, 관형사, 부사, 감탄사 등)'다. 그러나 중학교 1학년이 자유학기제가 되면서 1년간 국어 공부를 밀도 있게 시키고 중간고사, 기말고사를 치르는 학교가 몇몇 학군지 말고는 거의 없는 실정이기에 단어 단위란 무엇인지, 형용사와 관형사의 차이가 무엇인지 제대로 아는 아이가 거의 없다. 아이들의 문제라기보다는 지필고사를 제대로 치르지 못하게 된 공교육 시스템의 문제랄 수밖에 없다. 해서 고등학교 국어 문법은 너무 당연히 품사 정도는 알 것이라 기대하고 음운부터 들어가게끔 짜여 있는데, 정작 배우는 아이들은 단어 단위, 품사의 개념 등을 제대로 모른다. 그런 채로 음운 파트를 듣다 보니 이해가 되지 않고, 이해가 되지 않다 보니 두루뭉술 넘어가며 허겁지겁 외우기만 한다. 당연히 고난도 문제가 나오면 우수수 틀릴 수밖에. 그런 형편이니 아예 품사부터 가르치는 순서로 된 문법 강의를 유념해서 고르기를 추천한다.

일단 한 번을 끝까지 밀고 나간 뒤에 한 번을 더 들으면서 정리해야(이때 교보재는 되도록 같은 것을 한 번 더 쓰길 추천한다. 강의든 교재든 같은 것을 한 번 더 공부하는 편이 낫다) 문법이 어느 정도 감이 오고 이해가 되기 시작할 것이다. 처음에는 하나도 이해가 안되는 느낌이 들 수 있는데, 이는 문법 용어가 전부 한자어라 몹시 생소하기 때문이다. 그래서 처음에 배울 때 분명 포기하고 싶을 때가 있더라도 차근차근 한 번을 끝내고(되도록 2개월 안에 마무리할 수 있으면 좋다. 보통 나는 3시간 1회 기준으로 8회 안에 문법 한 번을 끝내려고 노력한다) 한 번을 더 볼 때 문법 문제집으로 개념을 다져 주면 금상첨화다. 이때 문법 문제집은 너무 어려운 것보다는 쉽고 기본 개념을 확인하는 수준의 문제집으로 고르면 좋다. 5부의 좋은 강의와 문제집 고르는 방법 부분에서 좀 더 자세히 소개하도록 하겠다.

시험을 치른 뒤에는 본인 스스로 취약점을 분석하는 습관을 들여야

아이들 모의고사 점수는 시험 요령을 제대로 가르친다는 전제로 4개월 만에 40점씩도 올릴 수 있다. 비결은 물론 커리큘럼에도 있지만, 근본적으로는 스스로 자기 약점을 분석해서 써 보는 연습을 시키는 데에 있다. 다음 양식을 보자. 아이들이 제법 본인이 왜 실수를 했는지, 어떤 유형을 틀렸는지 알차게 분석했다.

번호	영역	문항 요구 사항 / 오답 이유	번호	영역	문항 요구 사항 / 오답 이유	번호	영역	문항 요구 사항 / 오답 이유
1	화법, 작문		16			31		
2			17			32		
3			18			33		
4			19			34		
5			20			35		
6			21			36		
7			22			37		
8		X, 객실실험을 2개로 골라내 왜래 분석	23	비문학 - 사회	글의 전개된 내용 파악하기	38		
9		X, 있고 수식을 위한 시도 었던 파악	24			39	고전시가 - 현대소설	지문의 표준어 입게 착추어 보기
10			25	비문학 - 사회	문제상 정보 파악하기	40		
11	문법		26			41		
12			27	비문학 - 과학	글의 핵심 정보 파악하기	42		
13			28	비문학 - 과학	글의 정보의 사실을 맞추 정리하여 이해	43		
14			29	비문학 - 과학	글의 정보 정보 파악하여 이해하기	44		
15			30	비문학 - 과학	글의 세부 내용 비교 추론	45		

스스로 분석한 나의 약점			
화법, 작문: -2	비문학 - 사회: -2	문학 - 현대시: -0	화법, 작문: 문항 내용과 보기, 대조해서 잘 읽기
문법: -0	언어: -0	현대소설: -0	비문학: 선지일 길게 내용는 실제로 납답하면, 과학 제일에 좀 약함
	과학: -4	현대운문: -1	오답일수는 천천히 잘 읽어이미 해드리
		고전운문: -0	문학: 시간 모들이 좀 약하고, 3도2년 ↓ => 지문을 끝까지 읽고 객관적 내용 알드는다
			시간 쓰지 X, <보기> 면적 읽고 파악하기

담당 강사		특이사항	
		기타	

부록(364p) 참고

149

학생들이 분석을 하면, 나는 그 분석을 토대로 '이래라 저래라' 슬쩍 공부 방향을 제시해 준다. 거기에 맞춰서 아이들은 본인이 제대로 약점을 분석했는지 메타인지를 기를 수 있고, 한편으론 본인이 약한 부분을 관리해 나가는 방향으로 분야별 공부량을 계속 수정해 나갈 수 있다. 이렇게 만든 분석 시트는 매달 본인이 파일에 스스로 챙기게끔 관리하고 있다. 결국 자기 위치, 약점, 강점을 본인이 제일 잘 알아야 똑똑하게 문제를 해결해 나갈 수 있다. 그 기회를 아이들에게서 뺏어 버리면 안 된다.

▸ 여기서 제일 중요한 건 세밀하게 영역을 나누어 그 영역에서도 주로 어떤 문제 유형들을 내가 자주 틀리는 편인지를 분석해야 한다는 점이다. 분석이 자세할수록 해결책을 상세히 낼 수 있기 때문에, 시험을 치렀으면 반드시 이 리뷰를 하도록 정해 놓아야 한다.
실제로 위 양식의 주인공은 2023년 7월 8일에 치른 1등급 컷 76점인 시험에서는 66점을 받아 3등급에 머물렀으나 2023년 7월 22일에 치른 1등급 컷 80점의 시험에서는 86점을 받아 1등급을 받았다. 한 달이 채 되지 않은 기간에도 스스로 약점 분석을 통해 점수를 올릴 수 있었던 셈이다.

읽기와
쓰기,
이대로
코칭하면
효과 만점

③

사실 당신의 아이는 책을 싫어하지 않았는지도 모른다

1

국어 실력의 비결이 로맨스 소설?

글쓰기와 수능 국어를 가르치고 있지만, 사실 나는 국어 학원에 다녀 본 적도 없고 따로 글쓰기를 배운 적도 없다. 책을 써 내려 가면서 내가 어떻게 '사교육 없이' 국어를 잘하고 글을 잘 쓰게 될 수 있었을까 곰곰하게 고민해 보니 비결은 과연 있었다. 부끄럽지만 바로, '로맨스 소설 중독.'

"아니 김 선생, 이게 웬 말이오?" 청소년 시기에 부모님, 선생님들이 도시락 싸 들고 다니며 읽지 말라고 말렸을 법한 유해 콘텐츠에 중독되었던 것이 비결이라니 뜻밖이지 않은가?

내가 청소년이었던 2000년대는 영상 매체가 지금처럼 광범위하게 퍼져 있지 않았던 때였다. 지금은 웹드라마니 웹툰이니 하며 장르도 다양하게 시각적으로 화려한 콘텐츠가 청소년들을 사로잡는 시대다. 그렇지만 내가 10대였던 시절엔 고작해야 '커피프린스 1호점(2007년 유행했던 드라마)', '내 이름은 김삼순(역시 2007년 유행했던 드라마)', 간혹 일본 드라마 '고쿠센', '꽃보다 남자' 등을 다운로드 받아서 PMP(휴대용 동영상 플레이어)에 넣어다가 친구들과 돌려보는 게 전부였다.

이런 드라마조차 지금처럼 범람하지는 않을 때였다. 같은 드라마 재밌다고 또 보기도 한두 번이지, 좀 질리지 않겠는가. 뭔가 색다른 즐길 거리가 필요했다. 그때 나를 사로잡은 게 바로 로맨스 소설이었다. 어릴 때 역사 만화를 엄청 열심히 봤는데 때마침 '역사 로맨스' 소설이 유행했다. 시대적 배경은 과거로 두되 가상의 주인공들을 설정해서, 거대한 역사적 흐름 속에서도 사랑을 지켜 내는 이야기들이 주로 펼쳐졌다.

어려운 한자어가 난무하는 역사 로맨스 소설이었지만 내게는 큰 문제가 아니었다. 누구든 일단 소설을 읽기 시작했으면 결말이 궁금해진다. 여자 주인공과 남자 주인공이 어떻게 모든 역경과 고난을 이겨 내고 사랑을 이루는지 끝을 봐야만 잠을

3 읽기와 쓰기, 이대로 코칭하면 효과 만점

잘 수 있다는 건 인지상정. 그러니 잘 모르는 한자어들을 처음에는 하나하나 찾아보다가 나중에는 앞뒤 문맥을 따져 대충 두드려 맞히고 뒤로 넘어갔다. 뒷부분을 빨리 알고 싶었으니 말이다. 그러다 보니 얼추 짐작한 뜻과 실제 한자어 뜻이 맞기 시작했다. 나중엔 봤던 한자어가 또 나왔다. 그러니 읽는 속도가 자연스럽게 빨라지게 됐다.

국어 학원만 안 다녔다 뿐이지, 나 역시 영어와 수학 공부를 위해 집안 곳간을 꽤나 털었던 사람이다. 그렇게 밤낮으로 공부하다 보니 학업 부담이 좀 있었던 편이었고, 친구들과 나가서 놀거나 할 수 있는 기회가 많지 않았다. 스트레스를 풀 수 있었던 유일한 탈출구가 그 역사 로맨스 소설 읽기였던 것 같다. 한 달에 적어도 두 권, 많을 땐 여섯 권까지도 독파했는데 그 덕인지 엉겁결에 국어 점수는 내신이든 수능이든 막론하고 늘 높은 편이었다. 물론 로맨스 소설만 읽었다기보다는 그것도 읽으면서 다른 유명한 소설이나 교양 서적도 덩달아 많이 읽을 수 있었던 덕이 크다. 로맨스 소설이라도 아주 많이 텍스트를 읽다 보면 무슨 책을 봐도 그다지 어렵거나 길다고 느껴지지는 않기 때문이다.

혹시 '귀여니'라고 들어 본 적 있을지 모르겠다. 정말 창피하지만(!) 당시에 나는 귀여니의 소설을 수준 떨어진다고 안 보는 척 하면서 엄청 열심히 봤다. 당시엔 인터넷 소설이라고 해서 현재 웹소설의 시조새 격인 소설 양식이 굉장히 유행했다. 그런 류 소설들에는 이전까지의 소설과 달리 이모티콘도 많이 들어가 있었고 욕설이나 비속어도 아주 많이 포함되어 있었기 때문에 어른들이 혀를 끌끌 차면서 보지 못하게 했다. 심지어는 빌려 온 책을 압수당하기도 했고 그런 걸 보는 친구들을 벌세우는 선생님들도 있을 정도였다.

그런데 내 생각은 좀 다르다. 나는 그렇게 질이 낮다고 욕 먹던 소설도 구해다 꾸역꾸역 이불 속에서 엄마 몰래 봤고, 좀 더 고급스럽게 어려워지기야 했을지언정 역시나 딱히 청소년들에게 권장할 만한 내용이라고 하긴 어려운 역사 로맨스 소설도 재미있으니까 읽었다. 그것도 "아주 많이." 그러다 보니 자연스럽게 책(정확히는 많은 양의 줄글)이 좋아졌다. 읽으면 재미가 있더라는 생각이 확실히 들었던 계기였다.

나중에 대학에 입학했을 때 이야기다. 내가 졸업한 고려대학교에는 새내기들이 꼭 들어 보면 좋다는 수업으로 '유럽지성사'라는 수업이 있었다. 몸에 좋은 약은 쓴 법이다. 확실히 그랬다. 유럽지성사 수업은 서양 사상의 정수를 담은 고전들을 약 10권 정도 실제로 읽고(요약본 아니고 진짜 책 전부를!) 그걸 토대로 학생들과 교수님이 함께 생각을 나누는 수업이었다. 말만

3 읽기와 쓰기, 이대로 코칭하면 효과 만점

들어도 세련과 지성이 몸부림치는 것 같지 않나? 지금 생각해도 진짜 좋은 수업이었다. 그렇지만 이 세련과 지성을 누리기 위해서 치러야 할 대가는 상당했다. 읽어 내야 할 글의 양이 굉장히 방대했다. 상상해 보라. 두 권으로 나뉘어 '상'권만 600쪽이 넘는 애덤 스미스의 《국부론》을 진짜 다 읽은 뒤 수업에 들어가야 하는 그 상황을. 중간에 포기하고 나가떨어지는 친구들이 많았다. 교수님이 진짜 그걸 다 읽었는지, 이해했는지 물어보는 퀴즈를 수시로 냈고 요약본만 얍삽하게 읽었던 친구들은 결코 답을 써내지 못했다. 그런데 나는 신기하게도 막상 600여 쪽을 읽어도 별로 힘들지 않았다. 생각보다 할 만했다.

왜 그랬을까 생각해 보니 내가 청소년기에 읽어 냈던 텍스트 양이 거의 그 정도였다. 1주일에 600쪽이 무어냐? 1000쪽을 넘겨 읽을 때도 부지기수였다. 그랬으니 나중에 정말 어려운 텍스트로 넘어갔어도 많은 양을 읽어 내는 과정이 그렇게 힘에 부치지 않았고 이런 과정을 거쳐 엉겁결에 기른 문해력은 학부 시절 성적을 높게 유지하는 데 큰 도움이 되었다.

해서 3부를 시작하기 전에 하고 싶은 조언은 바로 이거다. '어려운 거', '있어 보이는 거'부터 읽히지 말라는 점. 대신 아이가 제일 궁금하고 제일 재밌어하는 분야의 가장 허접하고 쉬운 책(부모님 기준에선 '저걸 돈 주고 사 줘야 된다고?' 할 만큼 구매에 회의감을 느끼도록 만드는 책이라 할지라도)을 아주 많이 읽게 해 달라는 점.

이런 내 제안이 좀 희한한가? 그런데 사실 우리 아이는 책을 싫어하지 않을지도 모른다. 글은 정말로 효율적인 의사소통 수단이기 때문이다. 유튜브에서 영상 여러 개 보는 것보다 잘 정리된 글 한 편을 읽는 것이 시간도 훨씬 적게 들고 머릿속에 남는 정보도 훨씬 더 선명하다. 그래서 나는 지금도 어떤 분야가 궁금하면 영상을 찾아보지 않고 책 한 권을 사서 빠르게 읽어 보는 편이다. 성질 급한 내게는 그 방법이 제일 빠르고 정확하기 때문이다.

그런데 문제는, 어른들이 아이들한테 읽으라는 책이 실은 아이들이 관심 없는 분야일 경우가 많고 한술 더 떠 당시 아이 수준으로는 어려운 말들이 너무 많이 실려 있기까지 하다는 점이다. 보통 청소년 권장 도서라고 선정된 책을 보면 다 어렵고 재미없다. 선생까지 된 내가 읽어도 재미없다. 그런데 학원에서나 학교에서나 아이들에게 읽으라고 하는 책들은 죄다 청소년 권장 도서일 거다. 허접한 책 읽으라고 희한한 조언을 하고 있는 나조차도 솔직히 학원에서 글쓰기 수업을 할 때는 청소년 권장 도서를 선택하게 된다. 아이들한테 가르칠 내용으로 자극적인 것도 없이 무난하고 난도도 좀 있으니 수업용 소재로 쓰긴 좋기 때문이다. 그리고 학부모들에게 괜한 오해 살 일도 없으니 안전하고 말이다. 하지만 이 책들을 학생들이 스스로 찾아 읽고 재미까지 느끼기는 좀 많이 어렵다. 빈대 잡으려다 초가삼간 태운다고, 어른들 욕심에 좀 더 양질의 독서를 시키려다 아이들이 결국 아무런 책도 읽지 않는 사태가 오게 됐다고 생각한다.

과감하게 '간지'를 좀 내려놓자. 허접하고 재미만 추구하면 어떤가? 그거 읽다가 흥미로우면 좀 더 어려운 쪽으로 넘어가면 되지 않을까? 물론 너무 자극적이거나 폭력적인 건 좀 지양해야 하겠지만, 법에 저촉되는 것만 없다면 좀 재밌고 즐겁다 싶은 책부터 먼저 선택해서 많이 읽게 해 주는 편이 양질의 독서를 시키겠답시고 몇 권 되지 않는 책을 병아리 눈물만큼 읽히는 것보다 압도적으로 낫다. 대신 만화책 말고 줄글로 쓰인 책들을 우선해서 말이다.

이런 말을 하면 간혹 중학생 친구들한테서 "그럼 저 초등학교 책 봐도 되나요?"라는 질문도 받는다. 얼마든지. 요즘 초등학생들 책, 생각보다 수준 높다. 거리낌 없이 봐도 된다. 또한 애초에 수준이라는 건 보편적인 기준에 불과하다. 평균을 너무 신경 쓸 필요가 없다. 어떤 친구가 공학에 관심이 많은 대신 역사에는 전혀 관심이 없다고 해 보자. 이 친구는 세종대왕이 누구신지 모를 수도 있다. 그럼 유치원 아이들이 보는 역사책부터 시작하는 게 좋을 것이다. 한데 이 친구는 유체 역학에 대해서는 베르누이(유체 역학 이론의 아버지)만큼 알고 있을 수도 있다.

그럼 과학 분야에 있어서는 대학 교수님들이나 읽는 전공 서적을 읽어도 상관없지 않을까? '올바른' 독서를 해야만 한다는 강박관념에서 자유로웠으면 좋겠다. 나는 독서는 '수양'이 아니라 '정보를 얻는 도구'로 접근해야 한다고 생각한다. 그리고 높은 확률로, 정보를 얻는 도구로 책을 계속 읽어 나가다 보면 어느 순간에는 '수양'으로서의 독서도 하게 되는 날이 온다. 그러니 아이에게 물어보자. 요즘에 제일 재밌는 분야가 뭐니? 게임이 좋니? 그럼 게임 공략집부터 사 주자. 옷 입는 게 제일 재밌어? 그럼 패션 관련 잡지를 열심히 읽고 스크랩하게 도와주자. 그 책이 아무리 허접하고 저속해 보인대도, 독서의 첫걸음은 거기서부터 시작해야 한다. 낙숫물이 댓돌 뚫는다는 속담이 있듯 허접한 책이나마 본인이 흥미 있어 고른 책을 꾸준히 지속적으로 읽어 나가는 아이가, 선생님이나 부모님이 억지로 골라 준 어려운 책 한 권을 쓴 약 먹듯 읽고 마는 아이보다 나중에는 책을 더 좋아하고 많이 읽게 될 가능성이 크다. 재미야말로 어려운 과제를 지속해 나가도록 하는 가장 큰 요인이기 때문이다.

잘 읽기와 잘 쓰기가 가져온 수많은 기회

이 책을 읽는 학부모라면 막연하게나마 읽기와 쓰기가 아이의 삶에 상당히 중요하다는 데에 공감하리라 미뤄 짐작한다. 그렇

3 읽기와 쓰기, 이대로 코칭하면 효과 만점

다면 실제로 이 글을 쓰고 있는 나 개인의 삶에 읽기와 쓰기 및 말하기가 크고 작은 기회를 얼마나 많이 가져왔는지를 얘기해 볼까 한다. 일단 앞서 1부와 2부에 걸쳐 어릴 때 한자 교육과 다독 및 일기 쓰기를 통해 학교 공부가 참 쉽게 느껴졌다는 점을 누누이 언급했다. 특히 영어처럼 다른 나라 말을 익힐 때조차도 모국어가 완숙해진 상태에서 배웠을 때가 훨씬 빠르고 효율적이었다는 점도 말이다.

성인이 되어서도 예외는 아니었다. 잘 읽기와 쓰기는 내 인생에 많은 기회를 열어 주었다. 고등학생 때까지 하는 공부는 사실 읽기, 쓰기와는 큰 관련이 없다. 기껏해야 5개 중 1개 답을 고를 수 있을 정도를 배울 뿐이다. 내가 대입을 치른 2009학년도까지만 하더라도 정시에서 논술형 시험을 치러야 했지만, 나는 이미 수능 성적으로 충분히 정시 합격 안정권 안에 들었기 때문에 논술을 잘 써서 대학을 붙은 건 아니었다. 당시 논술로 뒤집어서 대학을 갈 수 있었던 학생은 얼마 없었을 거고 지금도 얼마 없을 것이다. 대입에서 생각보다 쓰기는 그다지 중요하지 않다. 심지어 지금까지 공개된 2028학년도 대입 개편안에 따라서도 말이다.

그러나 대학에 막상 들어가 보니 모든 공부가 읽기에서 시작해 쓰기로 끝났다. 나는 문과대학에서 사회학을 전공했고, 우리 학교는 이중 전공이라는 제도가 있어서 본전공 말고도 다른 전공을 꼭 하나 더 선택해서 공부해야 졸업장이 나왔다. 당시에는 로스쿨이 생긴 지 얼마 안 되어서 로스쿨 진학 준비를 한 번 정도 해 보는 것이 유행이었다. 나는 별 고민 없이 로스쿨에 진학하는 데는 정치외교학에서 배우는 것들이 도움이 된다는 '카더라' 통신에 의지해 정치외교학을 이중 전공으로 선택해 공부했다.

후회했다. 읽고 쓸 게 너무 많았다. 사회학이든 정치외교학이든 대학에 진학한 이후 듣는 전공 수업은 수능을 준비할 때처럼 문제집 몇 권 풀고 교과서 달달 외우는 수준으로는 B+ 이상을 받기는 힘들었다. 일단 두 전공 모두 시험이 5개 선지 중 하나를 선택하는 객관식 유형이 아니라 논술형 시험으로 출제되었다. 경제학에서는 계산한 뒤 답만 쓰는 서답형도 좀 나온다고 들었는데 사회학이나 정치외교학 전공은 인문학에서 갈라져 나온 분야라서, B4 사이즈 답안지에 앞뒤로 꽉 채워서 세 장(그러니까 여섯 쪽) 이상을 써내야 하는 유형으로 전공 시험이 출제됐다. 시험이 저 지경이니 배울 때는 또 얼마나 많이 글을 읽어야 했겠는가? 일주일에 50쪽 이상이 넘어가는 학술 논문을 과목당 하나 정도 본다고 치면, 아무리 적어도 A4로 200쪽이 넘어가면서 난도 또한 상당한 텍스트를 읽고 그에 대한 교수님들의 코멘트를 기록한 뒤 수업을 들으면서 퍼뜩 떠오른 내 생각들도 잽싸게 옆에 적어 둘 수 있어야만 비로소 A+를 받을 수 있었다.

　그러나 마지막 학기까지 나는 대학에서 들은 모든 과목에서 전공이고 교양이고 간에 거의 A 학점 이상을 꾸준히 유지했고 평균 GPA가 4.0을 넘겨 졸업했다.(4.5 만점) 이후로 지방 출신 학생들이 특목고, 강남 8학군 학생들이 즐비한 서울대, 고려대, 연세대에서 특별한 성과를 낼 수 있겠느냐는 회의적인 의견들을 볼 때마다 정말 의아했다. 나야말로 지방 소도시에서 태어나 그 어떤 특혜 없이 고려대에 입학했고 별다른 고생 없이(?) 적응하고 좋은 성적을 받으며 졸업했기 때문이다. 오롯이 잘 읽고 잘 쓴 덕분에 말이다. 더욱이 나는 대학 등록금의 절반 정도는 장학금으로 해결했는데, 개중에는 올 A+를 받아서 수석을 한 덕분에 받은 성적 장학금도 있었지만 내가 직접 장학재단에 글을 써 보내 장학금을 달라 설득한 끝에 받은 면학 장학금도 있었다. 아르바이트로 300만 원에 달하는 학비를 마련하기가 얼마나 힘든지를 돌이켜 보면, 잘 읽고 잘 써서 그때부터 벌써 돈을 벌고 있었던 셈이다. 또한 그 시절부터 대치동에서 논술 첨삭 아르바이트를 해서 스스로 쓸 용돈 벌이 정도는 쏠쏠하게 했으니 잘 읽고 잘 쓰는 능력이 알게 모르게 내게 가져다준 윤택함은 어마어마하리라 짐작해 본다. 따지고 보면 좋은 직장에 입사한 것도, 또 우연한 기회에 스레드라는 플랫폼을 통해 이 책을 쓰게 된 것도 전부 읽고 쓰기 덕분이다. 그리고 내가 살면서 여러 번, 소위 '나락'에 갈 뻔했을 때 나를 수렁에서 건져준 것도 솔직히 쓰기와 읽기였다. 최소한 내게는 학벌이 있었고 배운 것을 풀어 쓸 수 있는 쓰기 실력이 있었으며, 어떻게든 텍스트를 통해 내게 닥친 위기 상황을 해결할 방법을 찾아내는 '읽는' 스킬이 있었기 때문이다.

조금 민감한 이야기이지만, 기왕 기회가 주어진 김에 과감하게 말하고 싶다. 특히 학벌의 경제적, 사회적 가치에 대해서 말이다. 분명 이제 학벌이 예전만큼 의미 있는 시대는 지났다. 이 점에는 정말로 동의한다. 하지만 뒤집어 생각해 보면 '학벌마저 없으면' 세상이, 의지가지 없는 사람에게는 정말 가혹해졌다는 말도 된다. 이제는 학벌은 기본이고 그 이상으로 필요한 게 더 많아졌다는 것으로 받아들여야지, 학벌이 아주 쓸데없어졌다 생각해선 안 된다는 얘기다. 톡 까놓고 말해 내세울 것 하나 없고 선대에게 물질적으로 물려받을 것이 없을수록 (아이의 자질이 공부 쪽에 있고 적당한 사교육을 온·오프라인으로 시켜도 노후 생활에 엄청난 타격까지는 아니라는 전제하에) 갖추려고 노력해야 할 기초적 요소가 학벌이라고 생각한다. 막상 학벌이 있는 사람들은 자기 자녀에게 학벌을 물려주고 싶어 한다는 것만 봐도 이미 학벌의 중요성에 대해서는 왈가왈부할 게 없다고 생각하는데 의외로 매스컴에 나와 "학벌 필요 없다."라고 말하는 사람들이 많아서 하는 말이다. 실제 교육 현장에서 느끼는 바로는

3 읽기와 쓰기, 이대로 코칭하면 효과 만점

'있는 사람들이 더하다.'

이렇게 말하면 또 너무 천박하다고 느낄지도 모르겠지만 할 말은 해야겠다. 나는 공부하면서 배움 자체의 기쁨만으로 공부의 동력을 삼았던 적 '없었다.' 조선 시대 선비들이 자연에서 유유자적하면서 안빈낙도하는 식으로 그저 놀이 차원에서 유희적 공부를 하는 것은 솔직히 국가적 낭비라고까지 느낀다. 배움의 재미를 논하기에 앞서, 사교육 강사로서 나는 이 책을 집어 든 학부모들과 학생들이 '주류 사회에 가장 빨리, 효과적으로 편승할 수 있는 방법'으로 교육만한 수단이 없더라는 점을 꼭 알았으면 하는 마음으로 이 책을 쓰고 있다. 모두 알다시피 교육의 근간은 결국 '읽기'와 '쓰기'다. 투입이 읽기라면 산출이 쓰기이기 때문이다.

나는 수도권이 아닌 지방, 전라남도 목포에서 태어났다. 어머니는 상고 출신 은행원, 아버지는 순경으로 시작한 경찰관이셨다. 그나마도 엄마가 IMF 시절에 명예퇴직을 하면서 아버지 한 분이 벌어오는 월급으로 나 포함 동생까지 네 식구가 살아야 했기에 아주 어려운 형편까지는 아니었을지언정 살림이 윤택하다고 보긴 좀 어려웠다. 그러나 집에는 항상 책과 신문과 잡지가 있었다. 베이비붐 세대 서민 가정의 딸들이 으레 그랬듯 엄마는 아무리 똑똑했어도 상업고등학교 진학 이상으로 교육을 받지 못했다. 이것이 한이 되어 스물이 넘어서부터 책을 가리지 않고 읽었다고 했다. 내가 이것저것 가리지 않고 읽는 습관이 든 건 아무래도 가장 가까이 있던 엄마가 책을 좋아하고 아침마다 《한겨레신문》을 꼭 보는 사람이었던 덕이지 않을까 한다. 한편 엄마는 매일 일기를 쓰게끔 초등학교 6학년 말까지 강제했는데, 글쟁이들이 대부분인 내 친구들에게 물어봐도 거의 일기 쓰기는 매일 해서 엄마한테든 아빠한테든 검사를 꾸준히 받았다고 들었다. 쓸 게 없어도 뭐든 쓰고 자야만 했던 그 습관이 지금도 글쓰기를 하는 데에 큰 도움이 된 건 물론이다.

한편으로 내가 대학 입시를 준비하던 2000년대 후반에는 갑자기 대입 논술 과정이 필수로 생겨서 정시로 대학을 가려고 해도 반드시 논술을 치러야 했다. 해서 내가 다녔던 고등학교에서는 방과 후 수업으로 논술 선생님을 초빙해서 글쓰기 수업을 듣게 해 주었다. 나는 이 수업 덕에 특별한 글쓰기 사교육 없이 대학에 가서도 글 잘 쓴다는 소리를 들을 수 있었다. 이쯤 되면 내가 그렇게 특별하고 비싼 교육을 받고 자란 사람이 아니며, 또 집안이 대대로 공부에 엄청난 무언가가 있었다고 보기도 힘들다는 걸 알 수 있을 것이다. 그렇다. 그럼에도 불구하고 정말 솔직하게, 나는 어릴 적에 감히 꿈꾸지 못했던 인간관계를 누리고 있으며, 결코 내 부모님 대에서는 가 보지 못할 줄로만 알았던 인생의 고지에도 가 보았고 남들이 쉽게 못 하는 영광스러운 경험들도 꽤 해 보았다. 그저 쉼 없이 읽고 쓴 덕분에 말이다. 가성비로 치면 이만한 게 더 있을까 싶을 정도로, 나는 아직도 엄마에게 받은 최고의 유산은 '읽기'와 '쓰기'라고 생각한다. 아파트 몇 채 물려주는 것? 할 수 있으면 정말 좋겠지만, 그럴 수 있는 부모가 몇이나 되겠는가. 그리고 아이가 충분히 그 재산을 유지할 그릇이 못 되면 큰 재산도 신기루처럼 사라져 버리는 것을 사회에서 나는 아주 여러 번 봤다. 하지만 아이에게 정확히 읽고 제대로 쓰는 습관을 물려주는 것은 이 험한 세상에서 스스로를 지킬 수 있는 엄청난 무기를 선물해 주는 것과 같다. 지금부터는 내가 받아 온 읽기와 쓰기 교육에서 가장 효과적이었고 도움이 되었던 실용적인 팁들을 모아 보여 주겠다.

더럽히며 읽은 글은 내 것이 된다

보통 아이들이 쉽게들 읽는 단편소설 정도는 내용도 쉽고 길이도 짧으니 금방 읽고 주요 내용을 파악할 수 있었겠지만, 점점 더 수준이 높아지게 되면 텍스트 길이도 길어지고 어휘 수준도 많이 올라가니 읽어 나가기 쉽지 않다. 그럴 때 내가 활용하는 방법이다. 바로 '더럽히며 읽기'.

사실상 아이에게 현대소설을 포함해 모든 글을 읽게 할 때, 아이가 모국어로 된 글을 편하게 읽는다는 생각으로 접근하기보다 외국어로 된 소설을 읽는다고 마음먹는 편이 더 좋다. 왜

나하면 그 글들은 지금 아이들이 접해 보지 않았던 어휘와 감성을 담고 있기 때문이다. 그래서 내가 2022년 여름에 실제로 일주일 정도 걸려서 읽었던 영어 원서를 예시로 독서하는 법을 설명해 보겠다. 아이들이 자기 수준에서 너무 힘들다고 느끼지는 않지만 그래도 편하게 읽기는 좀 어려운 수준의 책을 읽을 때 도움이 될 것이다.

독서할 때는 책을 더럽히는 일을 두려워하지 말아야 한다. 어차피 문제집이나 실용서를 제외하면 한 번 읽고 나서 다시 읽을 소설들은 생각보다 많지 않다. 그만큼 감명 깊은 책을 만나기는 어렵기 때문이기도 하고, 워낙 많은 책들이 있다 보니 결국 우리는 한 번 정도 읽고 덮을 책들을 읽게 되는 셈이다. 독자는 어쩌면, 지금 눈앞에 있는 이 책을 일생에 단 한 번 만나는 것에 불과하다. 그렇다면 펜을 들고 포스트잇을 옆에 준비하라. 한 번인데 못할 게 무언가?

① 모르는 단어 뜻을 적극적으로 찾아라

옆 페이지의 사진 속 책은 재미 교포 출신 작가 이민진 씨의 소설 《파친코》다. 선자라는 한국 여성이 1930년대에 일본 오사카로 넘어가 겪는 파란만장한 삶, 그리고 3대에 걸친 가족사를 다룬 소설이다.

앞 부분 내용(여자가 남자가 사 온 각종 사탕과 쿠키에 너무

3 읽기와 쓰기, 이대로 코칭하면 효과 만점

나 기뻤고 그런 것들을 단 한 번도 본 적이 없었다)을 비추어 She was enraptured by his talk and his experiences, 이 문장을 보면, enraptured라는 단어가 무언가 긍정적이면서도 매혹되었다는 뜻과 관련이 있을 것 같다는 생각은 들었다. 하지만 조금 더 정확하게 뜻이 알고 싶어서 찾아보니, 역시나 예상한 대로 "도취되다." "황홀하게 만들다."라는 뜻이었다. 그리고 바로 옆에 쓴 단어 enchanted라는 어휘도 보이는가? "매혹되다."라는 뜻을 가진 단어인데, 이 단어는 내가 원래 알고 있었던 어휘다. 그런데 이걸 저기서 새로 찾은 어휘 바로 옆에 써 두었다.

그 이유는, 비슷한 뜻을 가진 다른 표현이나 어휘들을 같이 묶어서 학습하면 나중에 글을 쓸 때 훨씬 더 다채로운 표현을 할 수 있기 때문이다. 실제로 예전에 신문사에서 일할 때 기사를 신문에 내기 전 마지막으로 검수하던 데스크 선배들의 책상에는 포스트잇이 붙어 있었는데, 같은 표현을 되도록 두 번 이상 쓰지 않으려고 비슷한 뜻을 가진 다른 표현들을 옆에 써 둔 포스트잇이었다. 이렇게 다채로운 표현을 할 수 있게 되려면 애초에 글을 읽어 나갈 때부터 내가 새로운 어휘를 알게 되었을 때 그 즉시 원래 알고 있었던 어휘 가운데 비슷한 의미를 지닌 말을 바로 옆에 적어 보는 습관을 들이는 게 좋다. 굉장히 빠른 시간 안에 많은 표현들을 효과적으로 익히고 쓸 수 있게 된다.

나는 여기서 영어 책을 읽고 있었으니 영어 단어를 찾았지만, 아마 아이들은 한국어로 된 단어들 중에서도 그 뜻을 모르겠는 단어들을 만나게 될 게 분명하다. 보통 한자어나 아니면 생소한 고유어들이 대부분일 테다. 이럴 땐 그냥 넘겨 버리면 안 된다. '표준국어대사전' 어플을 켜고 그 뜻을 찾아서 저 사진에서처럼 바로 위에 써 두는 거다. 그 뒤 다시 한번 그 단어가 포함된 문장을 처음부터 끝까지 읽고, '아. 이 단어는 이럴 때 쓰는 거고 정확히는 이런 뜻이구나?' 하고 그 자리에서 인상 깊게 받아들여야 한다. 그런 다음 내가 원래 알고 있었던 단어들 중에 이 단어랑 비슷한 뜻을 가지고 있는 다른 단어들이 떠오른다면 바로 옆에 적어 두는 습관을 기르게끔 아이들을 지도해 보면 좋겠다. 만약 비슷한 뜻을 가지고 있는 어휘를 더 많이 알고 싶다면 '우리말샘'이라고 하는 사이트에서 '어휘 지도'란 메뉴를 활용하면 좋다. 유의어, 반의어, 상의어, 하의어 등 검색한 단어와 의미상으로 연관 있는 다양한 어휘들을 한눈에 파악할 수 있다. 그 방식이 아이들의 어휘력과 나아가서는 글을 쓸 때 표현력을 길러주는 데 큰 도움이 될 것이다.

② 읽다 의문점이 들면 밑줄을 치고 그 부분에 그 의문 사항을 정확하게 적게 하라

사실 나는 이 소설을 읽는 내내 선자의 시아주버니(남편의 형)인 요셉이 정말 미웠다. 조금만 도덕심, 양심을 꺾으면 모든 가족이 편하게 살 수 있는 길이 있었는데 그걸 계속 거부했기 때문이다. 읽는 내내 요셉을 정말 미워했고 그가 마지막까지 가족들을 힘들게 하는 것 같아서 솔직히 요셉이 가진 결벽이 옳지 않다고 내심 생각했다. 그런데 시간이 흐르고 가족들의 형편은 점점 나아지기 시작한다. 특히 소설 후반부에서 주인공들은 이제 물질적으로 큰 어려움이 없을 만큼 생활이 안정된다. 그리고 결정적으로는 요셉의 말을 듣지 않고 잠깐 더 쉬운 길로 갔던 그 선택 때문에 주인공 선자가 소설 결말부에서 크게 후회할 일이 생긴다. 그래서 이렇게 적어 뒀다. "내가 미워했던 그 요셉의 가치관과 고집이 어쩌면 옳았던 것일까? 현실 세계에서 내가 만약 선자 입장이었더라면 어떤 선택을 했을까?" 이런 생

er rather than the <u>mother of a millionaire pachinko parlor</u>

＊구반부에서 주인공은 문진짝을 크 구매를

s holding a wrapped present, the size of a block of tofu. She

e silver foil paper from his favorite jewelry store.

발식 ×

r Solomon?"

or you."

＊거총 대미이 문화던 걸까?

ny?"

ld-and-diamond watch nestled in a dark red velvet box.

tress watch. I bought it last week, and I showed it to Kuboda-

night floor manager, and he said that these fancy watches are

e <u>to your mistress because they cost the same as a diamond</u>

<u>can't give a ring to your mistress since you're already mar-</u>

각을 말이다.

　무슨 책이든 아이들이 적극적으로 책을 읽다 보면 정말 미운 인물, 혹은 절대 동의할 수 없는 생각을 만난다. 반대로 너무 공감 가고 응원하게 되는 인물, 혹은 마치 내 속에 들어갔다 나온 것만 같은 생각도 발견할 것이다. 그럼 그때마다 등장인물들의 생각과 감정선, 대사를 보며 공감이 되는 부분 혹은 되지 않는 부분에 밑줄 치고 자기 생각을 적어야 한다. '머리로 생각만 하지 말고' 바로 아래에다 '손으로 적어야 한다.'

　왜냐하면 생각은 그때뿐이고 감정은 금방 휘발되기 때문이다. "아~ 이 등장인물 너무 싫어.", "아~ 이 생각 너무 별로야." 라고 느끼고 그냥 넘어가 버리면 왜 그렇게 느꼈는지 나중에는

172

3 읽기와 쓰기, 이대로 코칭하면 효과 만점

이유를 잊어버린다. 그런데 막상 이 등장인물, 혹은 작가의 이 생각이 싫다고 느껴진 부분에 "나는 이 등장인물, 이 작가의 이 생각이 이래서 싫다."라고 적고 밑줄까지 살뜰하게 쳐 두고 나면 내가 이 등장인물이나 작가에게 왜 반감을 느끼는지에 대해 잠시 멈추고 곰곰이 생각할 수 있는 계기가 된다.

　내가 저렇게 요셉을 싫어했던 건 다른 가족들이 다 힘들어 하는데도 "타협하면 안 된다.", "내가 다 알아서 하겠다.", "내가 더 일을 하면 된다." 등 고집을 피우기 때문이었다. 그 부분들을 다 찾아 다시 읽어 보며 곰곰이 돌이켜 보니 나는 사실 요셉이랑 비슷한 사람이라 요셉을 싫어하는 것 같았다. 오히려 자기와 비슷한 사람과는 친하게 지내기 어렵지 않은가? 돌이켜 보면 나도 내 자존심을 지키겠다고 고집을 부리다가 가족들을 힘들게 한 경우가 정말 많았고, 또 한편으로는 그 알량한 자존심을 내세우다 좋은 기회를 많이 놓치기도 했다. 요셉이 소설 내내 너무 미웠던 건 꼭 부끄러운 내 모습을 바로 보여 주는 것처럼 느껴졌기 때문이었다. 이렇게 적극적으로 소설을 읽으면 스스로에 대해서도 몰랐던 것을 알게 된다. 바로 이 점 때문에 독서를 하라고 하는 거다. 다른 사람들과 부딪히며 경험하기 전에 자기 자신을 어느 정도 되돌아볼 만한 계기를 마련해 주기 때문이다. 이렇게 차근차근 쌓은 메타인지가 얼마나 인생에 큰 도움이 되는지는 두말하면 잔소리다.

③ 읽고 깨달음을 얻었다면 반드시 단문(짧은 글)으로 그 감상을 군데군데 남기게 해라

다음 사진은 등장인물 솔로몬의 애인이 솔로몬의 마음을 헤아리는 부분이다. 이 부분을 읽고 나 역시 이렇게 감상을 남겨 뒀다. "다른 누군가의 수치와 멍에를 대신 짊어져 줄 수 있다면 좋겠지만 결코 그럴 수 없음을. 어쩌면 인생은 이것(자기 스스로 오롯이 짐을 짊어지고 가는 것)을 받아들여 가는 과정 그 자체인지도 모르겠다."

Etsuko touched his arm, and the three of them walked out of the airless room. She wanted to crawl out of the gray box and see the light of outdoors again. She longed for the white mountains of Hokkaido. And though she had never done so in her childhood, she wanted to walk in the cold, snowy forests beneath the flanks of dark, leafless trees. In life, there was so much insult and injury, and she had no choice but to collect what was hers. But now she wished to take Solomon's shame, too, and add it to her pile, though she was already overwhelmed.

*다른 누군가의 shame은 짊어져줄수있다고 좋겠지만 결코 그럴수 없음은. 어쩌면 인생은 이것을 받아들여가는 과정 그자체인지 모르겠다.

마지막으로 다음은 소설 속 등장인물 노아가 대학에 간 뒤 여자 친구 아키코와 친해지는 과정을 그린 대목에 쓴 글이다.

3 읽기와 쓰기, 이대로 코칭하면 효과 만점

노아는 주인공 선자의 아들로, 한국인이지만 태어났을 때부터
와세다 대학에 진학할 때까지 쭉 일본에서 산 일본인에 가깝다.
심지어 명문 대학에까지 진학할 만큼 성실하고 명석했던 인물
이었으나 끝끝내 노아가 극복할 수 없었던 것은 노아 스스로도
어쩔 수 없던 '출신'이었다. 이 부분을 읽으면서 나는 이런 메모
를 남겼다. "사람에게 민족적 뿌리, 정체성은 정말 중요한 흔적
인 듯. 노아에게 아키코의 생각은 무언가 깨달음, 성찰을 제공
하는 것일지도. 애써 잊으려 했던 자신의 출신 같은."
　　학교에서 독후감을 써 오라고 하면 아이들은 너무 고통스

After class, he walked home alone, deep in thoughts of her, and he
knew that he wanted to be with her, even if it would not be easy. The
following Tuesday, before the seminar began, Noa went early to class to
claim the chair next to hers. The professor tried not to show that she was
hurt by this defection, but of course, she was.

Aizkoの川 . 민족적 뿌리 .
* 정체성은 정말 중요한 흔적인듯 .
　 Noa에게 Aiko의 생각은 무언가
깨달음, 성찰을 제공한 것일지도 .
애써 잊으려했던 자신의 출신 같은 .

* 텍스트에나 동화와 출신 이민자이 어린 같은
찾아헤맸는데 . cf class mate으로 이런
아이들이 등교 동거였으니 .
나는 과연 Welcome했나 있을까 ?

러워 한다. 왜냐면 한 권을 읽으면서 느꼈을 감정들을 한꺼번에 떠올려야 하기 때문이다. 그래서 아이들이 책 읽고 글쓰기를 힘들다고 생각한다. 그러나 이렇게 군데군데 감상을 남겨 두면 나중에 독후감을 쓰거나 아니면 다른 글들을 쓸 때 자기 생각을 짚어 나가기가 좋기 때문에 글 한 편 쓰기가 그렇게 힘들게 느껴지지 않는다.

여기서 나는 감상을 남기는 데 그치지 않고 한 발 더 나아가 바로 아래에 메모를 하나 더 남겨 뒀다. "필리핀이나 동남아 출신 이주민이 이런 일을 겪는다 했을 때, 또 학급 친구(class mate)로 이런 아이들(노아같이 출신이 다른 친구들)이 동료로 들어왔을 때 나는 과연 환영(welcome)할 수 있을까?"

이런 질문들을 보통 '문제의식'이라고 말한다. 그리고 독자가 이런 '문제의식'을 가지고 한 번쯤 이런 문제들에 대해서 생각해 볼 수 있는 계기를 마련하려는 것이 사실 소설을 쓰는 작가들의 의도다. 실제로 이 소설은 작가가 성장기에 뼈저리게 느꼈던 문제의식(이민 2세대로서 느끼는 소외감과 정체성 혼란 등)을 담은 글로도 유명하다. 이렇게 생각할 만한 거리가 있는 작품들을 선정해서 읽다 보면 독자는 자연스럽게 쓰고 싶은 말이 생긴다. 왜냐면 '문제의식'에는 실제로 많은 사람들이 고통을 겪고 있는 부분을 알려 주려는 의도가 담겨 있어, "와, 쟤 진짜 안됐다."를 넘어서 "이 부분을 해결하려면 어떻게 해야 할까?"라는 생각이 들게 해 주기 때문이다. 그리고 세상은 이렇게 문제를 해결하는 사람에게 많은 것을 선물로 주려고 한다. 독서하는 사람에게 풍요가 함께하는 이유다.

공정 거래의 법칙을 나는 좋아한다. 콩 심은 데 콩 나고 팥 심은 데 팥 난다고 했다. 인풋(투입량)이 있어야 아웃풋(산출량)이 있다는 건 너무나 당연한 이치다. 좋은 글을 쓰고 싶다면 일단 머리에 든 배경지식이 많아야 한다. 그래야 창의적인 글이 나오기 때문이다. 아무런 재료 없이 어떻게 좋은 음식을 만들겠는가? 먼저 재료(어휘량, 독서량)를 채운 뒤에 연습을 많이(글 많이 쓰기)해야 좋은 음식(기똥찬 글)이 나오는 법이다. 글 잘 쓰기로 유명한 사람들을 면면이 따져 보면 거의 대부분 그 사람들이 일생에 걸쳐 엄청난 다독가였다는 점을 알 수 있다. 좋은 글을 많이 읽게 되면 확실히 표현력이 는다. 자꾸 보게 되면 머리에 그 표현과 지식이 쌓일 수밖에 없고 맞춤법을 틀리고 싶어도 틀릴 수가 없게 된다.

그래서 지방에 살아 글쓰기 수업이 마땅한 게 없어서 못 듣고 있다고 우울해할 필요가 없다는 거다. 아이에게 잘 쓴 글을 많이, 꾸준히 읽히는 것으로도 사실 충분하다. 글쓰기 실력은 많이 쓴다고 느는 게 아니라, 오히려 잘 쓴 글을 많이 읽어야 생기기 때문이다. 정말 단순하게, 먹은 게 있어야 나오는 것도 있다. 대치동을 포함한 학군지에서 애들을 가르치면서 너무 안타까웠던 점이 있다면, 다른 과목 선행학습에 치이다 보면 독서할 시간이 거의 없다시피 하다는 점이었다. 이 와중에 학부모한테 논술 수업 한다고 돈은 받았지, 정해진 시간 안에 규격이 있는 글을 쓰게 해야 하는 형편이다. 아무것도 모르는 학생을 데리고 무에서 유를 창조할 수는 없다 보니, 결국 선생이 거의 답안을 다 써 놓고 학생은 그 빈칸을 몇 자 채우는 식의 논술 학습이 불가피한 상황이었다. 물론 이렇게 학습시키면 대입 논술까지는 무리 없이 답안을 써내게끔 기계적으로 만들어 낼 수야 있다. 교육업에 있지 않은 사람들은 대입 논술이 뭐 엄청난 창의력을 요한다고 오해하는 경향이 있는데, 실상은 그렇지 않다. 항상 정해져 있는 답을 그저 문장으로 풀어 쓰는 정도에 불과하다. 문제는, 아이들이 대학을 간 이후에 벌어진다. 스스로 사고하는 힘 없이 대학을 간 아이들이 제대로 된 학점은 받을 수 있으며 비판적으로 생각하는 힘 없이 남들을 설득하고 내 의견을 개진할 수 있을까? 아마 아닐 것이다. 해서 책을 더럽히며, 자기 생각이라는 걸 좀 써 가면서 여유를 가지고 한 권을 천천히 읽는 시간을 마련해 주면 참 좋겠다는 생각이다. 다소 이상적이라도 말이다.

특목고, 자사고
진학을 계획한다면
더 중요한 '독서 목록'

바뀐 입시 제도에 관한 단상

2028학년도 대입 개편안이 발표된 이후 발 빠르게 움직인 학원들은 대부분 광역 단위 자사고, 전국 자사고 등 특목고 진학 준비 과정을 만들었다. 2028학년도 대입 개편안 아래에서는 전체 학년 인원의 10%까지 1등급을 받게 된다. 그러면 경쟁이 완화되어서 좋을 것으로 착각하기 쉽다. 하지만 실상은 그렇지 않다. 아무래도 내신에서의 등급 기준이 좀 더 완화되면서 오히려 학교 명성이라든가, 내신(교과) 외 비교과 영역 활동이 중요해질 수밖에 없는 상황이 됐다. 결국 한 과목이라도 1등급 기준선인 10% 안에 들지 못했을 때 받는 타격도 아마 그만큼 커질 것이라는 게 주변 입시 컨설팅 전문가들의 전언이다.

물론 대학 입학처에서는 고등학교 등급을 나눠서 보지 않고 블라인드 처리한다고 말했지만 이 말을 곧이곧대로 믿어선 곤란하다. 생각해 보라. 전국 단위 자사고에서 10% 안에 드는 성적과 지방 일반고에서 10%를 겨우 맞추는 정도의 성적을 정말 똑같이 보고 학생을 선발하고 싶겠는지. 어떻게든 우수한 인재를 유치하려 노력하는 기관이 대학이다. 일단 보수적으로 생각해 전국 단위 자사고 중에서 이름난 학교들, 외고·국제고, 과학고에 진학해서 내신 1등급을 유지할 수 있다면 무조건 가는 게 좋다. 수시에 필요한 서류를 꾸밀 때 훨씬 수월한 데다 애초에 하나고, 외대부고에서는 내신 3등급 후반대까지 서울대를 수시로 보냈던 학교라 바뀐 내신 5등급제 아래서도 교과 성적이 2등급 안에만 든다면 크게 불이익이 없을 것이다.

하지만 전국 단위 자사고에 겨우 턱걸이로 붙을까 말까 하고 선행이 제대로 되어 있지 않아서 가더라도 내신이 바닥을 깔아 주게 생겼다면, 차라리 인원수가 많은 일반고에 입학해 내신 1등급을 유지하면서 수행평가, 독서 목록이나 비교과 활동을 잘 챙겨 세부 특기 사항을 빵빵하게 챙기는 편이 그 아이가 대학을 가기엔 훨씬 수월할 수 있다. 고3 때 현역으로 수시를 써서 합격할 수 있는 대학이 정시를 통해 삼수를 해도 못 갈 대학이라는 점을 명심해야 한다. 해서 전국 단위 자사고에 가서 내신을 깔아 주게 생길 정도로 선행이 덜 되어 있다면 수시 티켓을 건진다 생각하고 자사고 진학을 포기하는 것도 답이라는 점을 말해 두고 싶다. 한편 전국 단위 자사고 진학이 어렵다고 느낄 때 지금까지는 차선책으로 소위 '갓반고'라고 불리는 실력 좋은 학생들이 모이는 일반고나 광역 단위 자사고에 진학해 왔다. 그러나 지금 같은 제도가 쭉 이어진다면 일반고에서 인원수가 많은 학교를 가는 편이 여러모로 유리하다. 광역 단위 자사고나 '갓반고'가 제공하는 커리큘럼이 여타 일반고에 비해 차별화되어 전국 단위 자사고들만큼 대학에 어필한다고 보기는 힘들기 때문이다. 그럴 바에야 내신 등급을 받기 수월한 일반고를 보내는 편이 수능 준비에도 더 시간을 낼 수 있다는 점에서 더 유리하다고 본다.

그럼에도 불구하고 이렇게 저렇게 애써 볼 여지가 있을 중학생 때는 '선행이 적절하게 진행되고 있는 친구라면' 일반고보다는 일단 전국 단위 자사고 진학을 한 번쯤은 준비해 보길 권하고 있다. 고입 과정은 대입 수시 준비 과정과 거의 동일하다. 물론 자기소개서 양도 적고 내신 반영도 많이 축소돼 있지만, 열다섯 살 청소년이 준비하기엔 고입 과정도 충분히 복잡하고 어렵다. 그러므로 중3 때 특목고 입시를 준비해 보면 설령 목표했던 고입에 성공하지 못해도 얻는 것이 정말 많다. 특히, 외대부고, 하나고, 상산고 등 전국 단위 자사고를 준비해 본 아이들의 경우, 고등학교 입시에 실패했다 하더라도 대학 입시를 성공적으로 치르는 것을 수도 없이 보았다. 지금 당장 생각나는 아이들만 해도 열 손가락에 열 발가락까지 꼽아도 모자랄 지경이다. 가만 고민해 보면, 그 아이들은 고입을 준비하면서 중학교 3년을 체계적으로 준비하지 못한 상태로 자기소개서를 쓰며 스스로 암담함을 많이 느꼈을 듯싶다. 좀 더 일찍부터 이런 입시 과정을 알고 준비했더라면 분명 좋은 결과를 얻었으리라는 뼈아픈 후회도 했을 테고 말이다. 실제 한 번 정도 이런 경험을 해본 아이들은 고등학교 가서 좀 더 충실하게 생활기록부를 챙기는 경향이 그렇지 못한 아이들보다 두드러졌고, 제일 중요한 대입에서는 성과를 확실하게 내는 경향이 있었다. 밑지더라도 본전보다 훨씬 더 나은 상황이니, 아이가 어느 정도 공부에 소질이 있다면 특목고 입시를 준비해 보는 걸 개인적으론 상당히 추천하고 싶다. 가고 싶은 학교의 입학 설명회를 아이와 함께 다녀오는 것도 좋은 견학이고 말이다.

한편 특목고와 자사고 진학을 희망하는 학생들이 많이 생기면서, 우리 학원에서는 아이들을 돕기 위해 가장 먼저 독서

3 읽기와 쓰기, 이대로 코칭하면 효과 만점

특강을 기획해 지난 한 해 동안 운영했다. 왜 하필 독서 특강이었을까? 사실상 특목고, 자사고 입시에서 지원자의 지적 수준을 보여 줄 수 있는 유일한 통로가 독서 목록 하나밖에 없게 되었기 때문이다. 잘 모르는 학원에서는 특목고, 자사고를 가기 위해 중학교 내신을 잘 챙겨야 한다며 지필고사 95점 이상을 무조건 받아야 한다는 이야기를 늘어놓는 걸 보았는데 사실 내신보다도 더 중요한 게 있다. 독서 목록을 늦어도 중학교 1학년 말부터는 제대로 구성하는 일이다. 고입에서는 내신의 비중이 거의 미미하다고 봐도 무방하다. 오히려 내신 '올백'을 여러 차례 받는 것보다도 독서 목록을 제대로 짜고, 학급 임원이나 특색 있는 동아리 활동(오케스트라 류의 협동이 필요한 활동이나 학술적인 관심을 보여 줄 수 있는 활동이 이상적)을 한두 번 하고, 교내 탐구대회에서 수상하여 생활기록부에 실어 두는 편이 자사고 입학에는 훨씬 효과적이다.

왜 그런지 설명해 보도록 하겠다. 국제고, 외고, 광역 단위 자사고, 과학고, 영재학교 등 특목고의 종류가 상당히 많지만 여기서 나는 설명의 편의상 전국 단위 자사고 17개교 중에서도 선호도가 높은 10개 학교만을 가지고 독서 목록 구성이 왜 중요한지 설명해 보도록 하겠다.

과학고, 영재학교에 보내기 전 고민해 보세요

여기서 나는 영재학교나 과학고 입시에 대해서는 자세히 다루지 않으려 한다. 영재학교나 과학고는 수능으로 가는 대입과는 굉장히 다른 루트로 준비해야 하는 곳이라 이 책의 포커스와는 매우 다르기 때문이다. 일단 영재학교나 과학고는 조기 졸업을 통해 카이스트나 서울대 이과를 가려는 학생들이 가는 곳이며 수능을 보지 않는 학생이 대부분이다 보니, 국어와 영어 공부 비중이 많이 줄어든다. (대신 과학고, 영재학교에 가서 내신을 아주 잘 챙겨야 하므로 국어, 영어를 완전히 놓을 수는 없으나 과학고, 영재학교 내신과 수능 문제는 또 유형이 매우 다르다.) 하지만 독서 목록이 중요한 건 두 유형 학교 입시에도 마찬가지다. 그렇다고 해도 그쪽은 전국 단위 자사고만큼 독서 목록이 중요하지는 않다. 영재학교와 과학고는 서류를 통과한 뒤 2단계에서 면접 전형이 상당히 심층적으로 이뤄진다. 따라서 독서 목록을 꾸리는 것도 필요하지만 무엇보다도 면접을 잘 보는 편이 입학에 훨씬 더 유리하다.

한편 영재학교나 과학고 입시 준비는 정말로 신중을 기해야 한다. 수학, 과학을 남들보다 뛰어나게 잘하는 게 아니라 그저 '조금' 더 잘하는 수준으로 준비를 시작한 학생들 중에서 영재학교, 과학고를 떨어지고 마지막으로 상산고 입학도 실패해 일반고를 간 경우가 있다. 이러면 오히려 국어, 영어가 다른 아이들보다 공부가 미리 되어 있지 않아 일반고에서도 내신 3등급을 받은 경우도 봤다. (내신 3등급도 등수로 치면 요즘 학년당 아이들 인원수가 적다 보니 그렇게 심하게 낮은 등수는 아니다.) 이 아이가 특별히 못한 케이스가 아니다. 학부모들 중에서 과학고나 영재학교 아이들에 대한 환상을 가지고 있는 경우가 꽤 있는데, 그 친구들이 모든 과목을 다 잘하는 게 아니다. 국어나 영어는 못할 때가 굉장히 많다. 해서 수학이나 과학은 수능 수준에 맞지 않게 너무 과하게 공부했는데(그렇다고 수능 유형이랑 과학고 입시 유형이 비슷한 것도 아니라서 둘이 호환이 잘 되지도 않는다. 물론 공부를 안 한 것보다야 낫겠지만 말이다) 국어나 영어는 공부량이 절대적으로 부족해서, 막상 과학고나 영재학교 입시에 떨어지고 일반고에 가서도 전 과목 내신을 완벽하게 1등급으로 맞춰 오는 아이는 생각보다 드물다.

또한 (전국 단위 자사고도 사실 그렇지만) 영재학교나 과학고는 들어가서도 '꾸준히' '잘'해야 하는 학교다. 수능을 치르지 않기 때문에 내신에 목숨 걸어야 서울대나 카이스트 원서를 낼 수 있는 판이기 때문이다. (그나마 카이스트는 전체 인원의 75% 정도까지는 받아 주지만 서울대는 내신에서 쭉 1등을 해야 조기 졸업으로 2학년 때 갈 수 있다.) 해서 영재학교나 과학고에 입학하는 것, 물론 어렵지만 내 아이가 들어가서 그 학교들에 적응을 잘할 수 있는 깜냥인지도 냉정하게 평가해야 한다. 가서 적응을 못하면 또 갈 대학이 없어지기 때문에(수능을 치를 예정이라면 과학고 내신 따로, 수능 따로 준비해야 한다. 배우는 내용이 아예 다르다) 고생은 고생대로 하고 손에 쥐는 결실이 없을 수도 있다. 그러니 애매하게 수학과 과학을 좀 더 잘하고 국어, 영어 과목에서 단어 외우는 게 싫다는 이유만으로 영재학교나 과학고 입학을 준비하는 건 너무 위험한 발상이다. 준비하다가 안 되어도 문제, 운 좋게 입시에 성공했어도 가서가 문제이기 때문이다. 그리고 과학고나 영재학교에서도 국어나 영어 내신은 상당히 어렵다. 우리 아이가 모든 영역에 특출난데, 그중에서도 수학과 과학은 정말 빼어나게 잘하는 듯 보이고 아이도 연구자의 길을 더 걷고 싶어 한다는 확신이 들었을 때 준비시키길 바란다.

전국 단위 자사고는 어떤 학생을 뽑는가?

아래 간략하게 만든 표를 한번 살펴보자. 지난 2023학년도 전국 단위 자사고가 단계별로 어떻게 학생들을 선발했는지 배점을 보여 주는 표다.

No	학교명	선발인원 (일반/전체)	2023 경쟁률 (사회통합 전형 제외)	1단계(배점) 교과	출결	1단계 선발	2단계(배점) 면접	서류	체력	총점
1	외대부고	196/350	3.26	40	감점	2배수	60			100
2	하나고	200	2.75	40	감점	2배수	40	20	심의	100
3	상산고	239/336	1.95	300	감점	2배수	창의 60 인성독서 40			400
4	민사고	143/160	2.05	100	0	300명 이내	종합평가	종합평가	200m 왕복달리기	종합평가
5	포항제철고	90/300	1.61	160	10	2배수	30			200
6	북일고	136/360	1.49	160	감점	1.5배수	40			200
7	김천고	96/240	1.32	240	10	2배수	60			310
8	현대청운고	154/180 이공계 우수 10	1.77	200	감점	2배수	70	30		300
9	광양제철고	70/240	1.12	160	감점	2배수	40			200
10	인천하늘고	25/225	2.07	240	감점	2배수	자기주도 60 인성 20			320

2023학년도 전국 단위 자사고 각 전형 단계별 학생 선발 인원 현황

3 읽기와 쓰기, 이대로 코칭하면 효과 만점

언뜻 보아서는 교과 점수가 차지하는 비중이 상당하다고 느낄지 모르겠다. 그러나 보통 전국 단위 자사고를 쓰는 친구들은 교과에서 그렇게 큰 감점을 당하지 않는 편이다. 전국 단위 자사고를 비롯, 특목고에서 반영하는 교과 점수 산출 방식이 생각보다 굉장히 너그러운 편이기 때문이다. 아래 자료를 함께 보자. 고입 과정에서는 생활기록부를 출력해 입학처에 제출하게끔 되어 있는데, 작년(2024년)에는 아래 가이드에 따라 출력하도록 했다.

◎ **2024학년도 학교생활기록부 출력 방법**

① **외고·국제고**

학교생활기록부Ⅱ(학교생활세부사항기록부) 출력 옵션 중 '외고·국제고 입시용' 탭을 선택하여 다음 사항들이 반영되도록 출력한다.

- 수상경력(3번) 제외

- 교과학습발달상황(5번) 중 영어, 국어, 사회(또는 역사) 과목의 원점수, 과목 평균(표준 편차) 제외하고 성취도(수강자 수)만 포함

- 교과학습발달상황(5번) 중 세부 능력 및 특기 사항 제외

- 3학년의 행동특성 및 종합의견(8번) 제외

② **광역 단위 자사고**(서울 방식 자율형 사립고)

학교생활기록부Ⅱ(학교생활세부사항기록부) 출력 옵션 중 '서울 방식

자사고 입시용' 탭을 선택하여 다음 사항들이 반영되도록 출력한다.

- 수상경력(3번) 제외

- 교과학습발달상황(5번) 제외

- 3학년의 행동특성 및 종합의견(8번) 제외

③ 전국 단위 자사고(서울 이외 방식 자율형 사립고)

학교생활기록부 II (학교생활세부사항기록부) 출력 옵션 중 '서울 이외 방식 자사고·일반고 입시용' 탭을 선택하여 다음 사항들이 반영되도록 출력한다.

- 수상경력(4번) 제외

- 교과학습발달상황(7번) 중 원점수, 과목 평균(표준 편차) 제외하고 성취도(수강자 수)만 포함

- 3학년의 교과학습발달상황(7번) 중 3학년의 세부 능력 및 특기 사항, 행동특성 및 종합의견(10번) 제외

◎ **영재학교와 과학고는 각 학교마다 생기부 출력법 상이**

수상 경력을 제외하는 과학고가 가끔 있으니 반드시 확인해야 함

교과학습발달상황에서 원래는 표준편차가 표시되었으나 2022년부터 바뀌어서 성취도만 포함

생활기록부 출력법을 꼼꼼하게 읽어 보았다면 고개를 갸웃

할 것이다. 그렇다. 원점수와 과목 평균 및 표준 편차는 모든 고등 입시에서, 특히 무조건 수학·과학 수재를 뽑고 싶어 하는(그러니까 학과 공부를 잘하는 학생을 우선 선발하고자 하는) 과학고와 영재학교에서조차 22년부터는 반영이 되지 않는다. 전국 단위 자사고에서 그나마 꼼꼼하게 교과를 반영하는 편인데, 여기서도 수강자 수만 표시된 생활기록부를 받는 수준이다. 그리고 수상 경력, 외부 활동(영재학급 등)을 전혀 표시할 수 없게 되어 있다. 올림피아드 등을 나가서 수상했다 하더라도 가려는 고등학교에 직접적으로 어필할 수 있는 방법이 없다. (이럴 때는 자기소개서의 자기 주도 학습 영역에 녹여서 써야 한다.) 알다시피, 중학교 내신은 ABCDE 절대평가로 등급이 나뉜다. 즉 수행평가와 지필고사를 합쳐서 90점만 넘으면 A다. 전국 단위 자사고 입시를 준비한다는 학생치고 국어, 영어, 수학, 사회, 과학 등 주요 과목에서 B를 받는 경우는 거의 없다고 보면 된다. 그리고 국제고나 외고 같은 경우는 국어와 영어, 역사(사회) 3개 과목에서만 A를 유지하면 되는 수준이다. 그렇다. 교과를 만점으로 만들기가 그렇게 어렵지 않다는 얘기다. 뒤집어 말하자면, 학교 입장에서는 지원자들의 교과 점수가 '개나 소나 만점'이라 누가 진짜 옥석인지를 가리기가 힘들다는 얘기이기도 하다.

게다가 영재학급을 다녔는지, 올림피아드를 수상했는지, 영어 점수가 어떻게 되는지, 교내 탐구대회 등등에서 수상했는지도 알 길이 없다. 수상 경력이 제외되기 때문이다. (다만 이런 모든 내용은 전부 자기소개서에서 우회적으로 녹여 쓰는 방법을 취할 수는 있다.) 그럼 이 아이의 지적 수준을 무엇으로 판단하겠는 가? 결국 독서 하나 말고는 답이 없다. 그래서 독서록을 관리하고 독서 목록을 체계적으로 짜서 운용해야 특목고를 갈 때 유리하다는 것이다.

실제로 이 부분을 쓰고 있을 때 이번 학년(2024학년도)에 상산고 입시를 준비했다가 실패한 친구가 전해 온 말이 안타까웠다. "이렇게 독서 목록이 중요하다는 걸 중1 때부터 알았으면 좀 더 시간 내서 비교과를 관리했을 텐데, 중3부터 급하게 관리해서는 안 되더라구요. 생각보다 독서가 중요하다는 걸 너무 늦게 알아서 아쉬워요." 이 친구는 수학 선행도 참 꼼꼼하게 잘했고, 국어도 어느 정도 점수가 좋아서 상산고에 붙기만 했더라면 가서 적응도 잘했을 것 같은데 솔직히 나도 좀 아쉬웠다. 중1-2 시절이 물론 이런저런 선행학습을 하느라 눈코 뜰 새 없이 바쁜 줄은 알지만 최소 1학기당 다섯 권 정도는 신경 써서 독서록을 제출해 둔다면 기회가 훨씬 많아진다는 점을 잊지 않았으면 한다. 특목고 준비를 하려는 학생들에게 당부하고 싶은 비교과 영역 관리법을 아래 공유한다.

특목고, 자사고에서 요구하는 자기소개서는 보통 (1)지원

동기 (2)자기 주도 학습 과정 (3)인성을 보여 줄 수 있는 활동 사례로 1,200자~1,500자 사이로 쓰게 된다. 글을 잘 써야 자기소개서를 잘 쓸 수 있다고 착각할 수 있는데, 그게 아니다. 생활기록부에 쓸 만한 게 있어야 자기소개서가 잘 뽑힌다. 중학교 3학년 여름방학 때 대치동에 돈 싸 들고 찾아가 컨설팅 받고, 컨설턴트 도움으로 자기소개서 쓰면 그만인 줄 아는 학부모들도 간혹 보는데, 고입 컨설팅을 하는 사람들 중에는 소위 말해 '사짜'도 너무 많고(모두가 다 그렇다는 게 절대 아니다. 고입이 대입에 비해 비교적 간단하므로 저 일을 시작하려는 초짜 선생들을 고입 포지션에 두고 경력이 오래됐다는 식으로 광고하는 학원이 정말 발에 채게 많다) 우습게도 가격이 정말, 너무너무 비싸다. 저 돈을 내고 합격이 되면 또 모르겠는데 사짜가 왜 사짜겠는가? 합격을 못 시키니까 사짜지. 어쩌다가 컨설팅 같은 건 하나도 안 받았어도 합격할 수 있었던 한두 명의 사례를 본인이 손대서 합격시킨 거라 광고하는 사람들이 너무 많다 보니, 나는 되도록 고입 컨설팅은 대형 학원보다는 컨설팅 전문으로 쭉 해 온 소규모 학원에서 받거나 아니면 아예 받지 않고 스스로 준비하는 쪽을 추천한다. 한편으로 열심히 찾아낸 실력 있는 고입 컨설턴트가 제아무리 교묘하게 꾸며 주려고 해도 생활기록부에 정말 아무것도 없으면 자기소개서로 학생 본인의 개성을 전혀 보여 줄 수 없다. 합격이 되는 자기소개서를 쓰려면 아래와 같은 요소들이 필요하니 참고해서 중1 때부터 차곡차곡 준비해 두어야 한다.

특목고 진학을 위한 자기소개서 쓰기

지원 동기는 본인의 꿈과 학교의 커리큘럼을 이어서 100-150자 내외로 간략하게 끊으면 되니 굳이 여기서 자세히 논하지 않고 자기 주도 학습(이 안에 독서가 들어간다)과 인성 부분 활동만 싣는다.

① 자기 주도 학습 : 스스로 학습 계획을 세우고 학습해 온 과정

• **시나리오 1** : 생활기록부를 훑어보았을 때 자기소개서에 쓸 만한 게 정말 아무것도 없다면 내신 시험을 준비하는 과정에서 학습 계획을 세우고 학습해 온 과정이라도 쓰는 편을 추천한다. 이때는 구체적인 점수를 쓰면 안 된다. 원점수를 밝히면 불이익이 있을 수 있다. "수학이 다른 과목에 비해 훨씬 낮은 점수라서 이러저러한 계획을 통해 어찌저찌 공부했더니 그다음에는 다른 과목들과 얼추 비슷한 수준으로 올라서게 되었다."와 같이 점수를 빼고 서술하기를 추천한다. 그렇지만 이 시나리오 1처럼 쓴 자기 주도 학습 파트는 정말 최후의 방안이라되도록 쓰지 않길 바란다.

• **시나리오 2** : 탐구 활동 계획을 세우고 실천한 경험이 있다면 좀 더 풍성하게 쓸 수 있는 방안이다. 동아리나 모둠 수업, 탐구대회 준비 과정 등에서 특정 주제를 정하고 그것을 증명하는 실험과 탐구 과정이 들어가면 금상첨화다. 이러한 활동을 통해 교과 수준 이상의 학습 경험을 할 수 있기 마련인데 그러한 경험을 자기소개서나 면접에서 풀면 된다. 이때 유의해야 할 점은 대회에서 수상한 경력을 쓰면 안 되고 그 대회 자체를 준비했던 경험으로 돌려서 써야 한다는 점이다. 수상 경력을 밝히면 불이익이 있을 수 있기 때문이다. 아이들을 지도해 보면 시나리오 2와 같은 자기 주도 학습 부분이 있을 때 자기소개서도 정말 풍부하게 써지고 면접에서도 할 말이 많아서 합격이 잘되는 경향이 있었다.

• **시나리오 3** : 학습 부장이나 반장 같은 학급 임원을 하면서 같은 반 친구들이나 학급 전체를 위해 자신이 학습적으로 노력한 경험이 있다면 써 볼 수 있는 방법이다. 이때 "친구들을 위해 노력했다.", "면학 분위기를 만들었다."처럼 추상적인 기억이나 경험보다는 "직접 만든 개념 정리를 복사해서 다른 친구들에게 나누어 주었다."라거나 "예상 문제를 만들어 친구들에게 풀어 보게 하고 설명해 주었더니 반 평균이 올랐다."와 같은 경험을 쓰는 게 좋다. 다만 이때도 유의해야 할 점은 역시 구체적인 점수는 쓰면 안 된다는 점이다. 원점수를 밝히면 불이익

이 있기 때문이다. 리더십을 보여 줄 수 있다는 점에서 좋긴 한데 시나리오 2에 비하자면 지적인 수준을 보여 주기에는 역부족이라는 점이 좀 아쉬운 방법이다. 그럴 때는 독서 활동 경험으로 보완하면 된다.

② 독서 활동 경험(★★★★★)

아까 앞에서 말했듯, 독서 활동이야말로 고입에서 사교육 입김이 유의미하게 닿을 수 있는 거의 유일한 부분이다. 자기주도 학습 영역에 실제 학과 공부 외에 지원자의 지적인 수준을 다채롭게 보여 주어 아이의 개성을 드러낼 수 있는 수단이기도 하다. 고입을 체계적으로 공부하지 않은 학부모 및 학원장들은 쉽게 간과하는 부분이기도 하고 말이다. 뒤집어 보면, 이 독서 목록을 얼마나 신경 써서 관리했느냐에 따라 고입의 난도가 굉장히 달라진다는 뜻이기도 하다.

김 선생 한마디

아이가 자사고와 특목고에서 적응을 잘할 아이인가요?
전국 단위 자사고 및 특목고 입학을 하는 게 끝이 아니라 오히려 시작에 가깝다는 점을 유의해야 한다. 수준이 높은 학교일수록 입학한 뒤 적응을 잘하려면 적절한 선행학습 및 학과 공부가 훨씬 중요하다. 애매하게 독서 활동과 비교과를 챙긴답시고 임원이나 동아리 활동을 하느라 주요 과목(국어, 영어, 수학)을 공부할 시간이 현저히 줄어든다면, 과감하게 특목고 입학을 포기하고 선행에 집중하는 편이 대입에는 훨씬 효과적이다. 아이의 그릇을 냉정하게 평가해 보라. 시간 관리를 효율적으로 못 하는 아이라면 특목고 입학을 준비시키느라 선행을 놓치지 않게끔, 전략적인 선택으로 인원수가 많은 집 근처 일반고를 보내는 편을 추천한다.

인성과 관련된 경험이나 활동 실적 준비하기

전국 단위 자사고를 비롯한 특목고는 기숙사 생활을 하는 경우가 많으므로 이 친구가 단체 생활에서 얼마나 적응을 잘할 수 있는지를 알고 싶어 한다. 각종 고입 설명회를 다녀 보면 항상 1순위로 '우리 학교에 와서 적응을 잘할 수 있는 학생'을 뽑고 싶다고들 하는데, 이는 '적당히 이타적이면서' '적극적'이며 '규칙을 준수하는' 미덕이 지원자에게 있는지를 근거 있는 활동을 통해 보여 달라는 얘기다.

그러므로 인성 영역이라고 해서 3년 내내 봉사 활동만 할 생각은 해서는 안 되며 임원 경력이나 또래 멘토링 활동, 동아리 활동, 교내 대회 준비, 모둠 활동 등을 포괄하는 의미로 생각해야 한다. 가능하다면 혼자 하는 활동보다 여럿이 함께 하는 활동이 바람직하며, 활동에 그치기보다 구체적인 결과물을 만들거나 결과가 나오는 활동을 좀 더 우선해서 하는 편을 추천한다. 이 역시 양보다는 질이라는 점을 명심해야 한다. 3년 내내 자잘하고 특색 없는 봉사 활동 몇 개로 시간을 뺏기느니, 1학년 1학기 때 오케스트라나 임원 활동을 한 번 해 봤다든가 아니면 탐구 토론 대회를 준비하는 과정에서 팀장을 맡는 식이 더 효과적이다. 하지만 이 역시도 성적이 좋지 않으면 아무리 비교과가 우수해도 특목고, 자사고 입학이 일단 어렵고(이제는 경쟁이 더 치열해질 전망이므로 주요 교과에서 B가 하나 뜨면 복구가 쉽지 않다는 중론이다) 들어간다고 한들 선행학습이 잘된 친구들에게 밀려서 학교 생활이 어려울 수 있기에, 임팩트 있는 단체 활동 1~2개 정도를 이미 했다면 매 학년마다 단체 활동을 할 필요까지는 없다고 생각한다. 대체로 '갈등이 있었을 때', '어떤 구체적 행동을 취해서', '무슨 긍정적인 결과가 있었으며', '나는 이 과정과 결과를 통해 무엇을 배웠고', '어떻게 성장했는지'를 서술할 수 있는 활동을 하면 기억에 남는 자기소개서를 작성하는 데 큰 도움이 된다.

한편 여기서 명심해야 할 점이 있다면, 리더 역할을 맡아야 하는 활동을 생활기록부에 억지로 집어넣을 필요는 없다는 점이다. 이 점이 참 중요한데, 컨설팅을 하는 선생님들도 가끔 무시하는 경향이 있다. 성공적인 단체 생활을 위해서는 리더로서 팀을 잘 이끄는 능력도 물론 중요하지만, 리더가 정해 둔 규칙을 잘 따르는 한편 갈등이 발생했던 상황에서 중재를 잘 해서

3 읽기와 쓰기, 이대로 코칭하면 효과 만점

팀이 와해되지 않게끔 약을 발라 주는 능력도 정말 중요하다. 한데 고입 컨설팅을 계속 맡다 보면 죄다 본인이 리더십 있다고 어필하기 바쁘다. 겉으로는 꽤나 내성적인 성격으로 보여 단체 생활에서 리더 포지션을 많이 맡았을 것 같지는 않은데, 생활기록부만 보면 스스럼없이 친구를 사귀고 (약간은) 독불장군 스타일로 카리스마 있게 단체를 조직하고 운영하는 것처럼 서술된 아이도 있었다. 이렇게 서류로 본 이미지와 막상 만나 보았을 때의 이미지가 다르면 면접에서 딱히 좋은 점수를 받기는 또 어렵다. 꾸미더라도 좀 자연스럽게, 아이의 성격대로 개성을 살려서 자기소개서를 쓰도록 하자.

학년별로 추천하는 특목고 진학 대비 활동표

자기소개서에 무엇을 담아야 하는지는 위에서 자세히 설명했다. 이에 맞춰서 중학교 1학년 때부터 3학년 2학기에 실제 고입을 치르기 전까지 준비할 수 있는 비교과 활동들을 표로 정리해 보았다. 이 모든 활동을 쭉 준비하면서 한 학기당 다섯 권 이상의 독서 목록까지 챙겨 두어야 자기소개서와 면접에서 쓸 만한 내용이 풍성해진다는 점을 고려해서 특목고 입시를 준비했으면 하는 바람이다.

1학년	2학년	3학년
교내 활동을 중심으로 임원, 동아리, 봉사, 대회 참가 등 계획을 잡을 것 • 리더십을 드러낼 수 있는 임원 활동은 가능하면 이 시기에 해 두면 좋고, 동아리 활동에 유의 (진로와 관련된 동아리 활동이면 좋음) • 봉사 활동은 시간과 노력이 많이 투자되므로 이 시기 활동 실적을 만들어 두는 편을 권장 • 학업적 우수성, 인성적 측면을 드러낼 수 있다면 교내 대회도 출전해 보기를 추천하며 함께할 만한 팀원을 물색하는 작업 필요	특목고 준비가 본격적으로 시작되는 시기 (비교과/교과 관리 핵심 학년) • 모든 특목, 자사고에서 내신 성적을 반영하는 학년이므로 무엇보다도 내신 관리가 중요. 지원하는 학교에서 반영하는 교과목을 확인한 뒤 내신 성적을 관리하기 바람 ※ 국영수사과 주요 과목이 A 이하로 성적이 떨어지면 거의 모든 전국 단위 자사고와 과학고, 영재학교는 못 쓴다고 봐야 함 (외고, 국제고는 국어 영어 사회에서 B가 하나 이상 있으면 어려움) • 교내 활동을 중심으로 자기만의 서사(이야기)를 만들어야 함 수상보다도 "자신의 꿈과 관련된 활동이나 탐구 주제"를 선정하고 "목표를 달성하기 위해 노력한 결과물과 경험"들을 만들어야 함 • 학생회 활동처럼 학교 전체에 이익이 되는 활동을 전개할 필요도 있음	2학년 내신 성적을 바탕으로 진학할 학교를 세부적으로 정할 것 예) 전국 단위 자사고 : 전 과목에서 고른 A 혹은 자연·공학 계열 희망자 예) 외고, 국제고 : 수학에서 B가 있었을 경우 예) 광역 단위 자사고 : 주요 과목에서 B가 2개 이상 나왔지만 일반고는 여러 이유로 가기 싫을 때 • 생활기록부 점검 필요 (3월 초) : 지금껏 본인이 한 활동이나 실적에서 기억에 남는 에피소드가 없다면 모의 자기소개서, 면접을 통해 3학년 1학기에 보완해야 할 사항들을 점검해야 함 ⇨ 아주 늦더라도 여름부터 본격적인 서류 준비와 면접 대비 들어가야 함 • 자기소개서만큼 중요한 것이 면접 준비 : 갈수록 서류가 상향 평준화되는 추세라 면접 비중이 매우 강화되는 추세

1학년 시기

앞의 표에서도 적었듯 임원 활동이나 교내 대회, 동아리 활동을 미리 해 두기 최적인 시기다. 시험도 거의 안 보고 상대적으로 여유 시간이 있기 때문이다. 일부 학부모들은 가족 여행으로 이 귀한 시기를 소진해 버리곤 한다. 정말 전국 단위 자사고를 비롯, 특목고를 보내고 싶다면 이 시기 분초를 아껴 선행학습을 하고 생활기록부를 채울 수 있는 활동을 해 두어야 한다. 보통 과학고를 가려는 아이들은 중학교 1학년 말까지 중학 수준 과학과 수학을 전부 마치고 심화 과정을 들어간다. 한편 하나고나 상산고, 민사고 등 독서가 중요한 학교들은 중학교 1학년 때부터 독서 목록을 제대로 관리했는지 눈여겨보다 보니, 1학기부터 꾸준히 독서 목록을 신경 써야 한다.

2학년 시기

이 시기가 사실상 특목고 입시에 있어서 제일 중요한 때다. 이때는 내신 관리에 안간힘을 써야 한다. 명심해야 할 점은, 특목고가 1순위로 선호하는 학생은 어찌 됐든 공부를 잘하는 학생이라는 점이다. 내신 성적이 제대로 나오지 않고, 선행학습도 적절히 이뤄지지 않았다면 차라리 학업에 더 집중하되 일반고에 진학할 마음을 먹는 편이 낫다. 한편 이 시기에는 진로를 탐색한 흔적이 드러나야 자기소개서 쓰기가 좋다. 독서 목록으로도 보여 주면 좋지만 교내 대회 참여나 동아리 활동을 통해 자기만의 서사가 담긴 결과물을 만들어 두는 편이 좀 더 구체적이고 생동감 있는 방향이다.

3학년 시기

3학년에 올라가서 3월 초가 되면 나이스(NEIS)를 통해 지금까지의 중학교 생활기록부를 떼어 볼 수 있다. 그리고 이것을 토대로 모의 자기소개서를 작성해 보면서 3학년 1학기 때 다소 부족했던 비교과 활동들을 채워 넣으면 된다. 이를테면 수학에 관심 있다고 독서 목록은 수학 책들로 많이 채워 두었는데 탐구 토론 대회를 바빠서 한 번도 못 나가 봤다 하면 3학년 1학기 때에는 수학 관련 대회나 외부 교육 프로그램에 적극적으로 참여해 보는 것이다. 만약 이렇게 체계적으로 준비하지 못했다고 하면 늦더라도 여름방학 때부터는 사교육 도움을 받아 서류와 면접 준비를 해야 한다. 이때는 대형 학원보다는 오히려 소규모로 꾸준히 살아남아 온 중소 규모 컨설팅 학원을 선택하는 편을 추천한다. 초대형 고입 컨설팅 학원에는 내부 교육을 체계적으로 받지도 않은 상태로 엉겁결에 자기소개서를 맡은 뜨내기 컨설턴트들이 있을 가능성이 크다. 무엇보다 개성을 중요시하는 분위기로 점점 바뀌는 추세고 면접이 강화되는 분위기이므로, 생활기록부에서 차별화할 수 있는 포인트를 찾아 주는 업체를 골라야 입시에서 성과를 낼 수 있는데, 대형보다는 아무래도 중소 규모 학원이 이 부분은 더 잘 만드는 것 같다.

독서 목록
구성 비기

3

독서 목록을 효과적으로 구성하는 법을 설명하기 전에, 이 점을 확실하게 말해 두고 싶다. 바로 독서 목록은 양보다 질이 중요하다는 것이다.

몇 년 전 "우리 애는 책을 많이 읽었고 독서 목록 관리를 열심히 했다."라고 해서 기대를 잔뜩 안고 생활기록부를 펼쳐 보니, 거기 적힌 도서 목록이 《양반전》, 《허생전》, 《춘향전》, 《심청전》 등등으로 백여 권 이상이 적혀 있어서 표정 관리를 하는 데 애를 먹었던 기억이 있다. 거짓말 같아 보이겠지만 진짜다 (나도 이게 거짓말이었으면 좋겠다). 당시는 하나고 정도를 가려면 무조건 100권이 넘어야 한다는 근거 없는 낭설이 널리 퍼져 있을 때여서, 저렇게 영혼까지 끌어모은 스타일로 단편소설까지 집어넣은 생활기록부를 심심찮게 볼 수 있었다. 하지만 저렇게 독서 목록을 구성하면 당연히(?) 평가하는 사람에게 좋은 인상을 줄 수가 없다. 독서 목록을 제2의 자기소개서라고 생각하고 꾸려야 맞다. "What you eat shows who you are."라는 말이 있다. "당신이 무엇을 먹느냐가 당신을 말해 준다."라는 얘긴데 여기서는 "What you read shows who you are."라고 바꿔서 말해도 된다. 아이가 읽는 책이 아이의 관심사와 지적 수준을 바로 말해 준다 생각하고, 신중하게 고른 책들로 다섯 권씩을 중3 1학기까지 채우려고 노력하자.

질적으로 뛰어난 독서 목록 구성 비법

1학기까지 다섯 권이라고 말했는데, 그렇다고 해서 엄청나게 어려운 '서울대 추천 도서 100권' 같은 것들로 다섯 권을 채우길 권하는 게 아니다. 생활기록부를 받아 보는 선생님들도 바보가 아닌 이상, 중학생이 아무리 뛰어나 봤자 《이기적 유전자》, 《총 균 쇠》 같은 어려운 책들을 아이가 한 학기에 다섯 권을 연달아 사교육 도움 없이 읽을 수는 없다는 것을 너무 잘 알고 있다. 하지만 저렇게 어려운 책을 1년에 한 권도 읽지 않았다면 이 아이가 남들보다 지적으로 상당한 호기심이 있고 그걸 계속 발전시켜 왔다고 어필하기는 또 어렵다. 해서 나는 아이들을 지도할 때에, 그래도 본인이 학교에서 배우고 있는 내신 공부 내용과 엮인 어려운 수준 책을 한 학기당 한 권 정도는 넣어 보길 권하고 있다. 그리고 그 책을 읽기 위해 전 단계로 읽어 둘 만한 쉬운 책들 두세 권 정도를 그 학기에 함께 넣는 방향이 효과적이다.

예를 들어 해당 학기 과학 시간에 유전자에 대해 배웠다 치자. 그러면 유전자와 관련해 관심 영역을 확장했다는 것을 독서로 보여 줄 수 있다. 관련 분야에서 '끝판왕'으로 어려운 책은 진화 생물학 관련 저서 중 가장 유명하고도 어려운 리처드 도킨스의《이기적 유전자》라고 볼 수 있다. 이 한 권을 읽기 위해 필요한 책으로 김응빈의《생물학의 쓸모》라든가, 사마키 다케오의《일상 속 숨어 있는 생물학 이야기》,《다윈 지능》을 비롯한 최재천 박사의 과학 에세이 저작들이 있을 수 있다.《이기적 유전자》만큼은 아니지만 그래도 좀 난도가 있으면서 한편으로 특목고 진학을 바라는 청소년 수준이면 그렇게까지 읽어 내기 힘든 수준은 아닌 책들이다. 여기서 두 권 정도를 고르고《이기적 유전자》로 정점을 찍어 주면 "아, 이번 학기에 이 친구는 진화 생물학을 비롯한 생물학 전반에 관심을 두기 시작했구나." 라는 인상을 줄 수 있는 셈이다.

그리고 나중에 읽어 보면 알겠지만《이기적 유전자》의 맨

3 읽기와 쓰기, 이대로 코칭하면 효과 만점

마지막 장에서 밈(meme, 사회적 유전자)에 대한 부분이 나오는데, 이 부분에 대한 문제의식을 확장해서 논한 책이 그 유명한 《총 균 쇠》다. 생각보다 잘 알려지지 않았지만 이 책의 저자인 재레드 다이아몬드는 진화 생물학자다.《총 균 쇠》는 인류의 문명을 자연선택적 진화론의 시각에서 바라본 책이니만큼, 이 책까지 해당 학기에 한꺼번에 넣어 줄 수 있으면 정말 훌륭하겠으나, 현실적으로 아이가 1학기에 이 책까지 다 읽기는 정말 어렵기 때문에《총 균 쇠》를 다음 학기로 넘겨서 2학기에 넣으면 서사가 완성된다. "아, 이 친구가 한 권으로 딱 끝이 나는 독서가 아니라 '호기심을 가지고' 주체적으로 다른 책으로 옮겨 가 지적인 저변을 넓히는 독서를 했구나."라는 인상도 줄 수 있고 말이다. 그럼 또《총 균 쇠》에서 끝나면 될까? 아니다. 이 책과 관련해 유발 하라리(《사피엔스》의 저자)의 저서로까지 확장해서 몇 권을 읽을 수 있다면 금상첨화다.《총 균 쇠》와 비슷한 문제의식을 가지고 쓴 책이지만 유발 하라리는 인간이 이룩한 문명보다도 인간 자체에 대한 관심이 좀 더 있는 사람이므로 이제 '사람'에 대한 질문이 들어오는 독서가 되어야 한다. 그의 책을 읽고 관심 영역을 더 확장할 수 있다면 "AI가 인간을 뛰어넘을지 모르는 시대, 우리 인간 종(種)은 어떻게 살아야 하는가?" 이런 문제에 대한 관심사를 보여 줄 수 있는 독서로까지 나아간다는 점을 드러내면 좋다. "다른 동물과 구별되는 인간 고유의

존엄성은 무엇일까?"라는 물음에 대해 깊이 있는 독서를 한다
치면, 실존주의 철학을 다룬 헤르만 헤세의 작품을 같이 볼 수
도 있을 것이고, 빅터 프랭클의 《죽음의 수용소에서》와 같이 삶
의 의미를 근본적으로 묻는 작품을 추가해서 읽을 수도 있다.

그렇다면 위 독서 목록에서 느껴지는 개성이 무엇일까?
"아, 얘가 중학생 때 이미 인간이 어디서 와서 어디로 가는가에
대해 존재론적인 고민을 좀 했나 보군." 같은 느낌이 오지 않는
가? 그리고 여기에 본인의 진로에 대해 좀 더 특이점을 보여 줄
수 있는 책을 한두 권 더 읽어주면 "그 고민 끝에 이런저런 진
로를 생각하게 됐구나."라는 인상을 받게 해 줄 수 있다는 것이
다. 이건 내가 설명을 하기 위해 지금 글을 쓰는 도중에 즉석으
로 짜 본 독서 목록을 구성하는 비법이니 여기 쓰인 구체적인
책들을 또 그대로 따라서 읽히지 말고, 아이가 배워 나가는 교
과 과정에 따라 아이의 개성을 보여 줄 수 있는 독서 목록으로
구성해 보길 바란다. 면접 질문을 수준 높게 유도할 수 있는 거
의 유일한 도구이니 아이가 희망하는 미래의 진로와 관련된 책
이면 좋고, 교과 과정을 배우면서 나온 개념이 확장된 책이면
매우 매우 좋다. 전국 단위 자사고들 중에서도 특히 하나고와
상산고는 독서 관련 면접이 몹시 어렵게 나오는 편이므로 독서
목록을 신경 써서 구성해야 한다는 점을 명심해야 할 것이다.

독서 목록을 작성하는 방법을 다음처럼 정리하겠다

3 읽기와 쓰기, 이대로 코칭하면 효과 만점

1. 현재 배우고 있는 교과 과정과 관련된 가장 어렵고도 유명한 책을 한 권 정한다. (서울대 추천 도서 목록 안에서 고르면 된다.)

2. 그 책과 관련된 분야에서 청소년이 읽어도 그렇게 엄청나게 어렵지 않을 만한 책을 두세 권 정도 엄선해 먼저 읽고 독후감을 쓴다.

3. 2번을 하는 중간 중간에 1번에서 골라 둔 책을 읽는다. 이때 너무 어려운 부분은 건너뛰고 어찌 됐든 1회독을 한다. 인상 깊었던 부분을 골라 2번에서 읽은 내용을 바탕으로 한 감상평을 군데군데 남겨 둔다. 그리고 한 번을 다 읽은 뒤 인상 깊었던 부분을 구체적인 일상과 엮어서 독후감을 쓴다.

4. 한편 너무 지식적인 면에 치우치기보다 인성적 측면을 보여 줄 수 있는 책을 1년에 한 권 정도 끼워 두면 좋다. 여기서 인성적 측면을 보여 줄 수 있는 책이란《죽음의 수용소에서》,《왜 세계의 절반은 굶주리는가》와 같이 삶에 대한 근본적인 고민이나 불평등에 대한 고찰 등을 보여 줄 수 있는 책들을 뜻한다. 이 책은 따로 정해져 있는 게 아니다. 아이의 관심 분야에 따라 천차만별로 달라질 수 있다.

독서록은 반드시 복사해서 보관하라

의외로 아이들이 많이들 깜빡하는 부분인데, 특목고 입시를 준비한다고 하면 기본 중 기본이다. 독서록을 학교에만 제출하고 자기에게는 남아 있지 않은 경우, 나중에 입시 준비를 하며 자기소개서를 쓰고 면접 대비를 하는 시즌이 오면 읽은 책에 대해 묻는 질문에는 하나도 답을 할 수 없는 경우가 생긴다. 처음부터 끝까지 책을 다 읽은 경우라 해도 그 책에 대해서 기억이 잘 나지 않을 때가 많다 보니, 학교에 독서록을 제출하기 전에 그 독서록을 복사해서 반드시 따로 파일에 모아 두어야 한다. 면접 준비를 할 때 정말로 큰 도움이 된다. 그리고 이 독서록들을 고스란히 고교 생활기록부에 쓸 수 있기 때문에 더더욱 챙겨 두길 바란다.

김 선생 한마디

학원에서 들은 독서 특강 하나로 눈속임은 어려워요!
대치, 목동 등 서울 교육 특구 지역의 학부모 및 학생들에게 특히 건네고 싶은 충고다. 이런 곳일수록 독서 특강을 찾기가 쉽고 독서 토론 학원도 많이 보낼 수 있지만, 유의해야 할 점이 있다면 아이 본인이 실제로 책을 읽지도 않고 그저 강사가 요약한 프린트물만을 읽고 책을 읽었다고 독서록을 제출하는 경우가 체감상 거의 80% 이상이다. 나도 이런 강의를 많이 꾸려 봤고 지금도 독서 특강은 내가 요약한 프린트물로 진행한다. (온라인으로도 이런 강의를 팔고 있다.) 하지만 정말 솔직하게, 강사의 강의만 듣고 강사가 작성하라는 방식대로만 글을 써서 독서록을 제출하면 훌륭한 독서록도 나오고 학교 선생님들은 그냥 의심 없이 독서 기록을 해 주겠지만 거기서 끝이다. 전국 단위 자사고 면접위원들은 이 부분을 상당히 집요하게 물어보는 편이다. 구조화 면접이라고 혹시 들어 봤는지 모르겠다. 질문을 한 번 하고 끝나는 수준이 아니라 여러 번 꼬리에 꼬리를 무는 질문을 하는 편이라서, 어려운 책 한 권을 읽지도 않고 읽었다고 쓰면 면접 때 다 들통나 망신당하고 그 자리에서 면접이 종료되기도 한다(여러 번 봤다). 해서 차라리 이해가 안될 것 같으면 수준을 좀 더 낮춰서, 아주 유명하지만 굉장히 어려운 책 한 권은 빼고 그 자리를 그 아래 정도 수준의 책으로 채워도 합격에는 전혀 지장이 없다. 그러니까 너무 과하게 아이 수준에 맞지 않는 독서 목록을 욕심내서 구성하면 반드시 티가 나게 되어 있으니 정말로 아이가 처음부터 끝까지 읽고 이해할 수 있을 만한 책으로 독서 목록을 구성해서 '정말로 끝까지 다 읽힌 뒤'에 독서록을 작성해 둘 수 있게 관리해 주길 바란다.

인생을
윤택하게 해 줄
글쓰기 틀

: 효과적인 독서록과 논술문 쓰기

5

이 책은 국어 공부법에 관한 내용을 주로 다루려 기획했기에 글쓰기를 본격적으로 심도 있게 다루기는 어렵다. 다만 학업을 이어 가는 데 있어서 익혀 두면 상당한 도움이 될 만한 글쓰기 틀을 여기 공유하려고 한다. 바로 독서록(독후감)과 논술문이다. 독서록(독후감)은 중학교뿐만 아니라 고등학교에서도 학생부 종합 전형을 준비하는 데에 있어 매우 중요한 도구다. 한편 논술문을 잘 쓸 수 있는 능력은 한국 대학 입시까지는 딱히 중요하지 않지만, 대학에 입학한 직후부터 어마어마한 전투력을 발휘할 수 있게 해 주는 힘이다. 전문직으로 가는 거의 모든 관문에 논술 쓰기가 있고, 다들 선망해 마지 않는 유수 공기업, 고등고시에서도 논술을 입사 문제로 출제한다. 한편 좋은 직장에 들어가면 또 끝이 아니라, 그 직장 안에서도 승진을 좌우하는 능력은 '논리적인 보고서를 얼마나 깔끔하고 가독성 있게 쓰느냐'에 달려 있다. 해서 간략하게나마 이 두 가지 유형의 글을 효과적으로 쓸 수 있는 구조를 공유하려고 이 코너를 마련했다.

가뿐히 중박은 치는 독서록(독후감)의 구조

독서록(독후감)은 그렇게 어려운 글이 아니다. 진짜 어려운 글은 '주장하는 글', 즉 논술이다. 해서 독서록 쓰는 법은 간략하게 정리하고, 아이들 인생에 있어 좀 더 도움될 만한 글은 논술(주장하는 글)이므로 바로 뒤에서 더 자세히 다루도록 하겠다. 독서록은 크게 세 가지 부분으로 나뉜다. 처음-중간-끝으로 나눠 설명해 보겠다.

처음 : 간단히 줄거리를 요약하거나(소설인 경우), 배경지식을 언급하며 그 책이 인류 역사에 끼친 영향을 짚거나(사상서인 경우), 혹은 구체적 일화(과학, 수학 책에 관해 이야기할 때는 해당하는 원리와 관련한 일상 속 에피소드와 함께 시작)를 말하면 좋다. 정 쓸 만한 내용이 마땅치 않다면 이 책을 읽기 전 가지고 있었

던 생각, 아직 깨우치지 못했던 내용을 적는 것도 추천한다. (전체 글의 20% 비중)

중간 : 중간 부분에서는 책을 읽으며 특히 감명 깊었던 부분을 발췌, 인용해서 쓰길 권한다. 그리고 그 부분이 대체 왜 본인에게 감명이 깊었는지에 대해 구체적으로 적으면 된다. 이 부분이 개인적이고, 구체적일수록 읽는 사람에게 큰 재미를 줄 수 있다. 그러니 책을 읽어 나가는 과정에서 군데군데 메모를 꼭 남겨 두라는 것이다. 이 중간 부분을 최대한 구체적으로 비중을 실어 적을 수 있다면 감상문이 훨씬 풍성하게 느껴진다. (전체 글의 40-50% 비중)

끝 : 마무리는 그래서 이 책을 읽고 난 후 내 삶에 구체적으로 적용할 만한 점, 깨닫게 된 점, 알게 된 내용이 있었다면 무엇인지에 대해 언급하면 된다. (전체 글의 30-40% 비중)

가뿐히 중박은 치는 논술문의 글쓰기 구조

옆 페이지의 그림은 뉴욕에 거주하며 세법 전문가로 일하시는 분의 초등학생 자녀가 현지 학교에서 배운다고 하는 글쓰기 틀이다. 보면서 깜짝 놀랐다. 내가 십수 년간 시행착오를 겪으며 깨달은 글쓰기 법칙이 바로 이 그림 한 장에 깔끔히 담겨 있었기 때문이다. 이런 틀을 어릴 때부터 공교육에서 알려 줬더라면

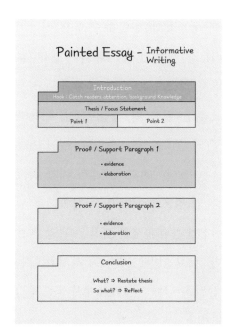

(해석)정보를 다루는 글 구조

도입 : 배경지식을 언급하거나 다른 사람들의 관심을 환기할 수 있을 만한 눈길을 끄는 문구로 시작하기. 명확한 주장 하나를 하면서 그 주장을 뒷받침하는 논거 1, 논거 2를 언급

중간 1 : 논거 1과 관련한 문단, 논거 1 내용을 좀 더 정교하게 만드는 문장들의 모음

중간 2 : 논거 2와 관련한 문단, 논거 2 내용을 좀 더 정교하게 만드는 문장들의 모음

결론 : 다시 한번 도입부의 주장을 언급하면서, 이 주장을 현실 속 어느 지점에 반영해 어떻게 활용할 것인지로 마무리

논술 공부를 할 때든 언론사 입사 준비를 할 때든 초기에 큰 도움이 되었으리라는 생각이 들었다. 이 틀에 따라 글을 쓰면 매우 잘 썼다는 이야기는 못 들을지 몰라도 '깔끔하게 썼다', '일목요연하다.'라는 평을 들을 수 있다. 소위, 중박은 칠 수 있다는 말이다. 해서 이 틀을 통해 이렇게 명쾌한 글을 쓰는 방법을 자세히 소개해 보겠다.

결론부터 먼저 정하기

한 편의 글을 쓰기 앞서, 특히 주장하는 글이나 정보를 전달하는 글을 쓸 때는 "그래서 독자에게 전달하고 싶은 이야기가 무엇인가?"에 대해 한마디로 간결하게 정리해 봐야 한다. 보통은 이 단계에서 정리가 되지 않으므로 글이 난삽하고 적을 내용이 없는 거다. 내가 하고 싶은 말을 한 문장으로 정확하게 전달할 수 없다면 더 긴 한 편의 글로도 쓸 수 없다. 해서 아이들에게 글쓰기를 가르칠 때 나는 가장 먼저 "그래서 내가 하고 싶은 말이 무엇인가?"에 대해 입 밖으로 내뱉어서 한마디로 말해 보도록 지도한다. 그것 하나가 정확해지면 다음은 정말 빠르게 진행될 수 있다. 예를 들어 '갑질'이라는 단어를 가지고 글을 쓴다고 해 보자. 단순하게 "갑질은 나쁘다."라는 메시지로 주장하는 글을 쓴다고 해 보는 것이다.

결론과 관련한 논거를 딱 2개만 정할 것

이제 이 주장을 뒷받침하는 논거를 정해야 할 차례다. 여기서 논거라 함은 주장을 뒷받침해 줄 수 있는 논리적인(쉽게 말해 말이 되는) 근거를 말한다. 그렇다면 갑질이 대체 왜 나쁜지에 대해서 생각을 해 봐야 한다. 왜 나는 갑질이 나쁘다고 생각했나? 그냥? 아니다. 일단 갑질은 (1) 사회의 발전을 막으니까 나쁘다. 이걸로 글을 쓸 수는 없다. 구체적이지 않기 때문이다. 여기서 멈춰서 생각해야 한다. 사회의 발전을 과연 '어떻게' 막길래 나쁜가?

3 읽기와 쓰기, 이대로 코칭하면 효과 만점

① 강한 자, 가진 자가 시장을 지배하므로 공정하고 자유로운 경쟁이 어렵다.

⇒ 여기서 '갑질' 하면 으레 떠오르는 대기업의 중소기업 하청 업체에 대한 갑질이 생각났다. 숫자로 보여 줄 수 있는 구체적인 사례를 찾는다.

② 공정하고 자유로운 경쟁이 어렵다 보니 양극화가 심해지고, 양극화가 심해지면 사회가 불안해진다. (지렁이도 밟으면 꿈틀하기 때문에)

⇒ 여기서 ②번 논거는 ①번 논거와 관련해 논리적으로 더 앞으로 나아간 논거여야 좀 더 엄밀한 느낌이 든다.

결론은 항상 해결책을 제시하며 긍정적으로

이렇게 논거를 정해 구체적인 사례를 들어 글을 썼다면, 내 주장(갑질은 나쁘다)에 대한 해결책은 무엇인지에 대해 현실에 적용할 수 있는 방안을 제시하면서 마무리해야 한다. 해결책이 없는 비판은 공허한 울림에 불과하기 때문이다. 현실적으로 더 공정하고 자유로운 경쟁을 만들어 줄 수 있는 주체는 정부 말고는 없다. 해서 정부가 대기업 갑질을 막아서 공정한 경쟁을 보장해야 한다는 취지로 결론을 마무리하기로 했다.

도입부는? 맨 마지막에 결론과 관련을 지어서 생각할 것

앞서 소개한 글쓰기 틀에서 도입부에 적힌 후킹(hooking) 메시지는 곧 글의 시작 단계에서는 사람의 시선을 끌어당겨 단번에 주의를 집중하게 만들어야 한다는 말이다. 정말 잘 쓴 글은 읽어 보면 도입부에서 했던 이야기가 결론에서 절묘하게 이어지면서 한 번 더 글의 주장을 어필하고 끝나는 구조를 취하고 있다. 문학에서는 수미상관이라고 하는 양식이다. 즉 서두에서 했던 이야기를 말미에서 한 번 더 쳐 줘서 인상 깊게 만드는 구조다. 어떻게 해야 이런 글을 쓸 수 있을까?

비결은 맨 마지막에 도입부를 쓰는 것이다. 다들 글을 쓸 때도 읽을 때랑 똑같이 순서대로 써야 한다고 생각한다. 서론 먼저, 본론 다음, 결론을 맨 나중에 쓰는 식으로 말이다. 그러니까 글이 정돈되지 않고 중언부언하는 느낌을 줄 수밖에 없다. 앞서 말했듯 결론부터 먼저 생각한다. 그리고 그 결론을 뒷받침하는 논거 2개와 그 논거를 보여 주는 구체적 사례나 수치를 본론에 집어넣는다. 마지막으로 서론은 결론과 관련된 배경지식, 사상가의 명언, 혹은 최근에 벌어진 일화를 활용해 맨 마지막에 구성하여 쓰는 것이다. 이렇게 써야만 읽는 사람 입장에서는 서론에서 살짝 내비친 이야기를 결론에서 진하게 마무리한다는 느낌을 받을 수 있고 전체적으로 통일성과 안정감을 갖춘 글 한 편을 읽었다는 생각이 들게 된다.

3 읽기와 쓰기, 이대로 코칭하면 효과 만점

자, 나는 앞서 갑질과 관련해 '공정한 경쟁'이 이뤄지는 사회를 만들어야 한다는 취지로 결론을 맺었다. 그럼 서론에는 '공정한 경쟁'과 관련된 아주 유명한 경제학자, 밀턴 프리드먼의 촌철살인 한마디가 딱이다. "시장은 검은 손이 만든 빵과 하얀 손이 만든 빵을 차별하지 않는다." 즉 완전히 자유로운 경쟁이 시장을 풍요롭게 만든다는 말이다. 이걸 못하게 만드는 게 갑질이니 좀 고치자, 라는 내용으로 마무리하기에 딱인 도입부다.

그럼 이렇게 구성한 이야기로 어떤 글을 썼는지 아래 소개한다. 사실 이 논설문은 내가 조선일보 공채 기자 시험에 응시했던 2015년, 일자리를 가져다준 글이다. 시험장에서 썼던 글을 바로 나오자마자 복기하여 간직해 온 원고인데 여기 공개하니 참고하기 바란다.

갑질

신자유주의 경제학파의 대가 밀턴 프리드먼은 시장은 검은 손이 만든 빵과 흰 손이 만든 빵을 차별하지 않는다고 말했다. 완전한 자유경쟁 시장에서는 공정한 기회가 보장되므로 오히려 노력한 만큼 대가가 돌아간다는 점을 지적한 것이다. 그러나 갑질은 시장을 왜곡해서 정의로운 경쟁을 불가능하게 만든다.

최근 스와로브스키 매장에서 점원들을 무릎 꿇린 여인의 무리한 갑질은 우리 경제 영역에서 유독 심한 갑을 구도를 떠올리게 한다. 남양유업 사태를 비롯해서 암암리에 저질러지고 있는 대기업의 중소기업에 대한 가격 후려치기와 같은 갑질 관행은 사회 양극화를 심화시키고, 계급 결정화(crystalization)를 가져온다는 점에서 큰 문제가 된다.

단적으로, 대기업과 중소기업의 일자리 질 양극화가 그 예다. 대기업이 일감 몰아주기나 가격 후려치기를 통해 중소기업에게 갑질을 하면, 그 부담은 고스란히 중소기업에게로 돌아간다. 그러면 중소기업의 임금노동자들은 잔업과 저임금에 시달릴 수밖에 없다. 문제는 대기업에 고용된 임금노동자는 전체 임금노동자의 5%에 불과한 선택받은 소수에 불과하다는 점이다. 대다수의 임금노동자는 중소기업에 고용된 노동자들이다. 전체 임금노동자 2000만 명 중에 900만 명이 월 200만 원 미만으로 생활하고 있는 실상은 이러한 배경에서 나온다.

갑질이 계속되면, 중소기업은 대기업으로 커 나갈 가능성이 희박해진다. 고용의 질이 떨어진다. 이때 중소기업은 인건비를 절감하는 차원에서 계속 비정규직을 쓸 수밖에 없다. 비정규직으로 시작한 임금노동자 중에 5년 뒤에도 비정규직인 비율이

30% 이상에 달하는 이유가 여기에 있다. 이처럼 열심히 일해도 절대 갑의 위치로 올라설 수 없다는 점을 깨닫게 되면, 을의 위치에 선 사람들이 사회에 극단적인 반감을 가질 수밖에 없다. 이때가 폭력적인 시위와 혁명이 촉발되는 시점이다. 사회는 불안해질 수밖에 없다. 갑질의 위험한 점이다.

경쟁은 좋다. 사회 발전의 동력이 된다. 그러나 전제가 있다. 강자에 의해 왜곡되지 않은 시장이라는 신뢰가 있을 때에 한해서다. 이 신뢰를 위해서, 공정한 룰을 정부가 나서서 마련해 주어야 할 필요가 있다. 강자가 갑질을 하려고 들면 제동을 걸고, 약자에게는 최소한의 보호를 해 주어야 한다. 갑이 만든 빵과 을이 만든 빵을 차별하지 않는 시장이 오려면, 먼저 갑'질'이 없어져야만 할 것이다.

개요 쓰기의 중요성

앞에서는 내가 글 한 편을 쓸 때 어떠한 사고방식을 통해 뼈대를 세우는지를 보여 주었다. 그런데 뼈대만 세우고 바로 원고지로 돌진하는 게 아니다. 위 글의 완성도를 보시면 아시겠지만 아무런 준비 과정 없이 바로 글을 저 수준으로 원고지 빈칸에 쏟아 내기란 불가능하다. 비결은 매우 꼼꼼한 개요 쓰기에 달려 있다. 아이들을 지도하다 보면 개요를 쓰라고 했을 때 십중팔구 서론, 본론, 결론에 무엇을 쓸지만 대충 써 놓고 급한 마음에 바로 원고지에 글을 쓰러 달려든다. 이 조급함은 오히려 정해진 시험 시간 안에 글 한 편을 써낼 수 없게 만든다.

　시험 시간으로 1시간이 주어져 있다면 거의 45분은 개요를 작성하는 데 써야 맞다. 1,500자 논술 기준으로 10분이면 완성된 개요를 원고지에 깔끔하게 옮겨 쓸 수 있기 때문이다. 다음 페이지에 이어지는 개요 예시는 내가 초등학교 5학년 학생들과 함께한 글쓰기 과정에서 남겨 둔 것이다. 아이들과 성선설, 성악설, 성무선악설을 가지고 주장하는 글쓰기를 해 봤는데, 이 과정에서 개요의 틀을 미리 주었다. 그런 다음 틀 속 흐름에 맞는 내용들을 그날 배운 배경지식과 문학 작품 속 내용들을 활용해 빈칸에 채우게끔 했다. 아이들 나름대로 근거들을 찾아 적어 둔 게 보일 것이다. 우리가 생각하는 개요와 사뭇 다르지 않은가? 그렇다. 사실상 완성된 글 한 편에서 조사와 어미만 빼고 모든 걸 자세히 써 두는 것을 바로 개요라고 불러야 맞다. 개요를 이 정도(어미, 조사만 빼고 거의 완성된 글의 형태)로 미리 촘촘하게 작성하지 않으면 완성도 있는 글 한 편으로 원고지에 깔끔하게 옮기는 일은 불가능하기 때문이다.

　3 읽기와 쓰기, 이대로 코칭하면 효과 만점

작품 관련 배경지식

① 1930년 때 일제강점기 의 화폐 단위와 물가

(1) 당시의 화폐 단위와 물가
1910년 국권 피탈 뒤 1953년 통화 개혁 이전까지 우리나라의 화폐 단위는 '원'이었다. 1원 100전이다. 다음은 '국가통계포털(KOSIS)'에서 제공하는 1939년 자료다.

> ← 한국은행

> **1939년 물가와 월급**
> 쌀 1되 (1.6kg) ⇒ 27전
> 계란 10개 ⇒ 53전
> 두부 장수 월 평균 소득 ⇒ 10원

문기는 고깃간에서 9원이 넘는 돈을 거슬러 받는데 당시의 물가를 고려할 때 이 돈이 얼마나 큰 돈인지 생각해보자.
→ 약 3개월치 밥 값

(2) 현재와 비교

> **2019년 물가와 월급**
> 쌀 1kg ⇒ 2469원 (CJ 제시 기준)
> 계란 10개 ⇒ 3089원 (시선 트란 기준)
> *당시 10원의 가치를 2018년과 비교하면
> 현재는 84,762원에 달하는 가격 (한국은행 통계 기준)

현재 기준으로도 문기가 받은 10원에 달하는 돈은 2019년 최저임금(8,350)원으로 계산하면 약 10시간 내내 일해야 벌 수 있는 큰 돈이다.

지금부터 익히는 논술 배경지식

사람은 원래 착하다! 본성 착할

- **성선설** (性善說) → 말함

→ 일제에 내 눈에 어째를 보면 누구나 달려 나간다.

맹자는 본래 선한 본성이 인간에게 선천적으로 갖추어져 있다는 성선설을 주장했다. 그는 인간이 순수하고 선한 성품을 가지고 태어나며, 그렇기에 도덕적인 행동을 할 수 있는 잠재적인 능력을 이미 갖고 있다고 봤다.

인간은 원래 나쁘!
- **성악설** (性惡說) → 한내사의 선생님 → 법을 너무 무시무시하게 적용함.
→ 진샌범의 선생님

순자가 주장한 성악설은 성선설과 달리 인간의 본성(本性)이 악(惡)하다고 봤다. 사람은 태어나면서부터 이익을 좋아하는 성질이 있기 때문에 자연히 남과 다투게 된다고 봤다. 그래서 인간이 본성을 따르게 되면 반드시 서로 싸우고 빼앗는 일이 생기고 분별력이 없어져 난폭한 세상이 된다고 봤다.

- **성무선악설** (性無善惡說) 《 법을 잘 지키게하고 교육을 통해 》 인간을 통제하는데 중점을 둠. ✕

고자가 주장한 성무선악설은 성선설이나 성악설과 달리 인간은 선하지도 않고 악하지도 않다고 봤다. 그래서 그는 교육을 강조했다. 사람이 자라면서 마주친 환경과 받아온 교육에 따라 그가 어떻게 선택하고 판단하느냐가 정해지며, 그 결과로 선함과 악함이 비로소 정해지는 것이라고 봤다.

- **악의 평범성** (Banality of evil)

독일의 여성 정치철학자 한나 아렌트는 예루살렘에서 있었던 독일 나치 전범 아이히만에 대한 재판을 지켜본 뒤 《예루살렘의 아이히만(1963)》이라는 저서를 남긴다. 이 책에서 한나는 악의 평범성(Banality of evil)이라는 단어를 사용해 보통 사람의 악함에 대해 설명했다. 그는 유대인 학살(홀로코스트)과 같은 특별한 역사 속 악행은 광신자나 반사회성 인격장애자와 같은 독특한 사람들이 아니라 국가에 순응하며 자기의 행동을 당연하다고 여기는 평범한 사람들에 의해 벌어지게 된다고 주장했다.

→ 아이히만 : 히틀러의 명령 (유대인 학살) 빠르고 효율적으로 실천
"나는 성실한 공무원으로서 빠르고 효율적으로 업무 처리했다." 변명 → 계획범

비판적 말하기와 쓰기 기본

> ─〈 논 제 〉─
>
> 작품을 참고해 인간 본성은 선한지, 악한지, 혹 인간 본성에 대한 자기만의 주장이 있다면 서술해보자. 그런 뒤 예를 1개씩 들어 주장을 강화해보라. (띄어쓰기 포함 400자 1문단)

> ─〈 개 요 〉─
>
> 주장: 인간의 본성은 선하다.
>
> 뒷받침 문장: 맹자의 주장에 따르면   인간은 순수하게 태어났으며
> 그렇기에 도덕적인 행동을 할 수 있는 잠재적인 능력을 이미 갖고 있다고 봤다.
>
> ⊕ 비판적 사례) 추은써김 (한 판으로 시작)
>
> 예를 들면
>
> ① 주인곱 문기가 점순이의 울음소리를 듣고 밤을 뜬 눈으로 새운 것.
> ② 이튿 날 수신 시간에 거짓이라는 것이 얼마나 악한 것이고 정직이라는 것이 얼마나 귀하고 좋한 것인가를 말하여 선생님의 얼굴이 문기에게 머물렀을 때 마다 문기의 가슴이 뜨끔뜨끔한 것.
>
> 결론: 따라서 인간 본성은 선하다고 볼 수 있다.

> ─〈 개 요 〉─
>
> 주장: 인간의 본성은 악하다.
>
> 뒷받침 문장: 순자의 주장에 따르면
> 사람은 태어나서부터 이익을
> 좋아하는 성질이 있기 때문에 자연히 남과 다툰다.
>
> 예를 들면   한데
> ① 문기가 처음에 고깃간 주인   지전 아홉장과 은전 몇 닢을 받았을 때 말하지 않고 그냥 있었던 것.
>
> 결론: 따라서 인간 본성은 선하다고 볼 수 있다.

> ─〈 개 요 〉─
>
> 주장: 인간의 본성은 악하지도 선하지도 않다.
>
> 뒷받침 문장: 고자나 한나 아렌트의 주장에 따르면
> 평범한 사람이라도
> 얼마든지 환경·조건에 따라 악해지거나 선해질 수 있다.
>
> 예를 들면
> ① 문기 아빠는 노름·도박 함
>   이였음에도 불구하고
>   착하고 도덕적인 외삼촌·외숙모에게 자라서
>   문기는 양심있고 수신제가라는 도
>
> 결론: 따라서 인간 본성은 선하다고 볼 수 있다.

→ "자신의 행동이 일으 공동체에 까친 영향에 대해 생각하지 않은 것"

-살인 가게 : 가
-시신의 금니 등을

앞 페이지는 간단한 400자짜리 논술문의 개요이지만 아이들은 개요도 거의 400자에 버금가게 자세히 쓴다. 여기서는 짧은 논술문이므로 각기 다른 주장에 대한 근거들을 모두 찾아다 적어 볼 수 있도록 지도했지만, 1,200자를 넘어가는 논술문일 경우에는 하나의 주장에 대한 개요만을 작성하면 된다.

이 친구는 본인이 제일 자신 있게 자세히 쓴 첫 번째 개요로 논설문을 쓰기로 정했다. 이미 개요를 글 한 편에 준하게끔 자세히 쓴 직후이므로 원고지에 깔끔하게 옮기는 일이 가능하다.

다음 페이지의 사진은 주장을 담아 글을 한 편 옮겨 본 원고다. 초등학교 5학년이 쓴 것치고는 상당히 수준 있는 초고를 완성했다. 그럼에도 완벽한 원고라고 보기는 어려워 첨삭을 해주었다. 왜 이 부분을 고쳤는지에 대한 상세한 설명을 덧붙여서 말이다. 그래서 논술 학원을 보낼 때는 첨삭을 꼼꼼하게 해

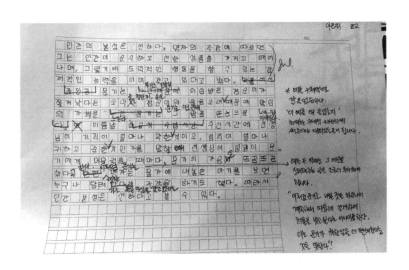

주는지 확인해서 보내길 권한다. 여기서 첨삭은 맞춤법 고치는 것에서 끝나는 게 아니라 글의 전체적인 맥락과 논리의 흐름을 고려해 빼고 더하는 과정을 도와주는 것을 뜻한다. 나는 오히려 맞춤법(특히 띄어쓰기)에는 너무 과하게 집중하지 않고 먼저 내용의 흐름을 좀 더 신경 써서 배열할 수 있게끔 지도하는 편이다. 맞춤법과 띄어쓰기는 글을 많이 쓰다 보면 자연스럽게 고쳐지며, 대입 논술에서도 너무 과하게 많이 틀리지만 않으면 그렇게 크게 감점 요소가 되지도 않는다. 첨삭을 받을 때 맞춤법이나 띄어쓰기를 교정받지 말라는 게 아니다. 저런 형식적인 요소만 교정하고 내용과 논리에 대한 첨삭이 하나도 없으면 안 된다는 뜻이다. 담는 그릇도 중요하지만 사실 뚝배기보다 장맛이기 때문에, 글 자체가 신선하고 논리적으로 완결성이 있으면 무조건 뽑힌다. 해서 몇 번 첨삭을 받았는데도 학원에서 내용에 대한 피드백이 없다면 돈을 버리고 있는 셈이다.

곧이어 초고를 고친 부분까지를 반영해 글 한 편을 아래 사진처럼 다시 옮겨 적게 했다.

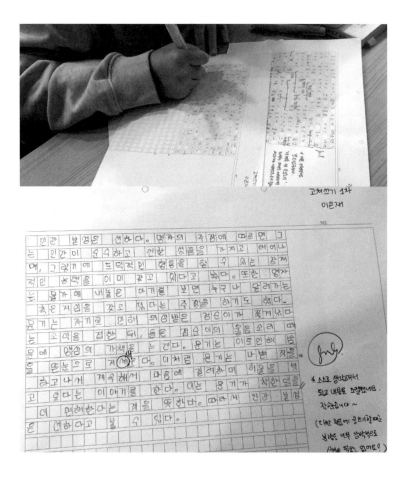

3 읽기와 쓰기, 이대로 코칭하면 효과 만점

이렇게 본인이 쓴 글을 고쳐 본 뒤 개요와 비교하면서 아이 스스로 감을 잡아 나가야 한다. 이 정도로 개요를 자세히 썼어도 생각보다 초고에 옮기는 일 자체가 만만치 않다는 점, 그리고 문장을 길게 쓸수록 내용이 흐려진다는 점, 마지막으로 예를 얼마큼 구체적으로 들 수 있느냐에 따라 글의 내용이 풍성해진다는 점 등을 본인 스스로 글을 써 보고 고치는 과정에서 깨달아야만 천편일률적으로 공장에서 찍어 낸 글이 아니라 본연의 문체가 살아 있는 자기만의 글을 쓸 수 있다.

많이 쓰기 vs. 같은 글을 여러 번 고쳐 쓰기

글을 잘 쓰려면 초기에 가장 먼저 필요한 건 일단 많이 써 보는 것이다. 필사가 효과적이라는 견해도 있긴 하다. 내가 조선일보에 입사해서 가장 먼저 받은 숙제도 선배들의 잘 쓴 스트레이트 기사를 베껴 쓰며 틀을 익히는 것이기도 했다. 그렇지만 베껴 쓰기 한 편을 하느니 끙끙대며 머리를 써서 내 나름의 논증을 펼친 글 한 편을 써 보는 편이 압도적으로 효율적이라는 생각이다. 베껴 쓰기는 오히려 가장 초창기에는 추천하지 않고 어느 정도 실력이 올라온 뒤에 '더 잘 쓰기 위해' 제일 잘 쓴 글을 참고하는 수준으로 해 보는 편이 나 스스로는 효과적이었다고 생각한다. (나는 필사를 해 본 적이 거의 없다.)

그리고 많이 쓰기보다도 훨씬 중요한 것이 바로 쓴 글을 다시 고쳐서 써 보는 것이다. 이때는 피드백이 참 중요하다. 맨 처음에 쓴 초고에서 나 스스로는 발견하지 못하는 글의 문제점을 지적하고 더 발전적으로 쓸 수 있게 고쳐 주는 고수를 만나야 글쓰기 실력이 발전할 수 있다. 글쓰기에 관한 책을 좀 찾아서 읽게 하는 것도 좋지만, 빨리 효과를 보고 싶다면 '첨삭'을 잘 해 주면서 숙제로, 첨삭한 글을 퇴고한 원고를 써 오게끔 지도하는 학원을 찾길 권한다. 여기서 첨삭은 앞서 말한 바와 같이 맞춤법이나 띄어쓰기처럼 지엽적인 것만 슬슬 고치는 게 아니다. 특히 대형 학원에서 첨삭을 지도할 때 강사가 그 많은 인원을 다 관리할 수 없다 보니 대학생 아르바이트를 써서 그런 하나 마나 한 첨삭을 해서 보내는 경우가 있는데, 제아무리 유명한 강사의 강의라도 이런 식이면 듣는 학생은 글쓰기 실력이 절대 늘 수 없다. 그 강의를 듣고 합격했다면, 사실 그 강의를 듣지 않았어도 합격할 수 있는 실력을 이미 갖췄을 경우일 테다.

명심해야 한다. 글쓰기는 '강의'를 들어서, 또 누군가의 '팁'을 들어서 절대 늘지 않는다. 일단 아이가 시간을 재면서 원고지에 글을 써야 늘고, 글을 다 쓴 다음에는 '내용'과 '맥락'과 '논리'에 관한 첨삭을 받고 깨달아야만 는다. 나 같은 경우는 신문사 입사 대비 논술 시험을 준비할 때 글을 잘 쓴다고 소문난 사람들과 함께 스터디를 꾸려서 현장에서 펜으로 글을 쓴 뒤, 상호 첨삭을 했다. 이어 그 첨삭을 반영해 타이핑해서 스터디 당일 저녁까지 카페에 글을 올렸다. 이미 한 번의 첨삭이 반영된 글이 올라간 셈이다. 이렇게 고쳐서 올린 글을 다 읽어 보고 아래에 댓글로 다시 한번 서로 첨삭을 하도록 했다. 첨삭을 두 번 거쳤으니 끝일까? 그렇지 않다. 댓글에 있는 피드백까지 반영하여 또 쓴 글을 최종적으로 올려 서로 또 한 번의 피드백을 더 했다. 그렇다. 이렇게 세 번씩 고친 글도 나중에 실력이 쌓이고 한 번 더 보면 또 고칠 것투성이였다. 하나의 주제를 가지고 이토록 여러 번을 고치고 또 고치는 과정이 있어야 주장을 간결하면서 일관되게 밀고 나가는 힘이 생긴다.

사실 나는 앞으로 논술이 대입 과정에서 가장 사교육비를 많이 들게 할 영역이라고 생각하는데, 이유는 단순하다. 다른 시험 유형은 인터넷 강의로 수업을 대체할 수 있고 영특한 학생은 독학을 할 수도 있는데, 글쓰기만큼은 독학도 어렵고 인터넷 강의로도 글쓰기 팁을 얻는 수준 이상으로는 배우고 익히기가 어렵다. 한편 첨삭을 잘 해 주는 선생이나 멘토를 만나기가 로또에 당첨되는 것만큼이나 힘들기도 하다. 안타까운 점은 첨삭 잘 해 주는 선생님과 멘토를 구하는 게 글쓰기 실력을 기르는 데 있어서 알파요 오메가라는 점이다. 아무래도 지방보다는 수도권에 그런 선생님이나 멘토가 있을 수밖에 없지 않을까 싶다. 나 역시도 글쓰기의 기본은 지방에서 배워 서울에 입성했을 지언정, 고려대를 다니면서 교수님들과 친구들의 첨삭을 통해 갈고닦은 덕에 이만치 글 쓰는 실력이 성장했다고 봐야 맞다. 상당히 높은 비용이 들었던 셈이다.

이런 현실 속에서 만약 논술을 준비한다고 하면, ① 인원 수가 너무 많아 첨삭을 받기 어렵다거나 ② 기출문제만 풀라고 하며 해설도 자세히 해 주지 않고 그냥 예시 답안만 주거나 ③ 퇴고에 대한 규칙이 없는 학원(숙제로 언제까지 퇴고본을 올려야 한다거나 하는 강제성이 없다면)은 피해서 등록하되, 본인보다 글을 좀 더 잘 쓰는 친구들과 스터디를 꾸려서 매주 한 편이라도 쓰고 다시 쓰기를 두 번 이상 같은 글로 할 수 있도록 강제하는 방식으로 공부 그룹을 만들어야 한다. 아마 앞으로 또 2028년 대입 과정에서 서술형 시험이 늘게 된다면(이 글을 쓰는 2025년 초반 기준으로 아직 정확하게 발표된 건 내신에서 서술형을 확대하자는 취지 하나뿐이다) 글쓰기 관련 학원이나 사교육이 많이 생길 듯한데 위와 같은 기준으로 학원을 걸러 보면 보낼 만한 학원은 극소수로 추려지리라 생각한다.

국어 학원,
언제
어떤 학원에
보내야
하나?

4

한자 공부를 안 했다면
바로 지금부터라도,
제발!

1

3부까지는 주로 어떤 방식으로 수험 국어, 독서, 글쓰기에 접근해야 하는지를 말했다면, 4부부터는 공부를 하는 데 필요한 연장, 도구들을 설명해 보도록 하겠다. 학원(오프라인)과 문제집, 인터넷 강의를 고르는 법 및 개인적으로 지금의 나를 있게 했던 자기 주도 학습법, 각종 시험을 효율적으로 준비하는 방법에 대해 이야기할 예정이니 지금부터 더 집중해서 읽어 주길 바란다.

앞에서도 한자의 중요성에 대해 계속해서 언급했는데, 여기서 또 한 번 언급하는 이유는 해가 가면 갈수록 한자를 전혀 모르는 아이들 비중이 점점 늘고 있기 때문이다. 그 수준이 그냥 고급 한자를 못 읽는 수준이 아니다. 중학교 3학년을 올라간다는 아이가 사이 간(間), 날 출(出)을 못 읽는 수준인 경우도 수두룩하다. 아무래도 초등학교에서 지필고사가 전부 사라져서인 듯하다. 사립 초등학교를 졸업한 아이들은 학교에서도 시험을 자주 보고 한자가 교육과정 안에 들어 있는 경우가 많아 그런지 좀 덜한데 일반 공립 초등학교를 다닌 아이들의 경우, 특별히 신경 써 주지 않으면 정말 한자를 하나도 모르는 까막눈 상태로 중학교에 오게 된다. 문제는 이렇게 교육과정을 바꿔 놓고 정작 수능 국어는 더 어려워졌다는 점이다. 그냥 간단히 말해 기초한자를 모르고서는 지문을 제대로 이해할 수 없게 나온다. 다음 페이지의 지문은 23학년도 9월 평가원 모의고사 기출 지문 중 일부다.

지문에서 아이들이 모를 만한 한자어가 정말 많은데도 아래에 주석을 하나도 달아 주지 않았다. 그렇다. 여기 나온 한자어 수준 정도는 이미 다 배웠다는 전제 아래 문제를 출제하는 것이다. 그런데도 아까 말한 것처럼 중3 올라가는 평범한 아이가 사이 간(間), 날 출(出), 효도 효(孝)같은 쉬운 한자조차도 못 읽는 경우를 현장에서 정말 자주 본다. 이번 겨울방학 때는 참다 못해 한자 특강도 열었는데 차마 여기에 다 실을 수 없을 만큼 아이들 한자 실력이 가관이었다.

(가)

이 중에 시름없으니 **어부(漁父)**의 생애로다
일엽편주를 만경파(萬頃波)에 띄워 두고
인세(人世)를 다 잊었거니 날 가는 줄을 아는가 〈제1수〉

굽어보면 천심 녹수 돌아보니 만첩 청산
십장 홍진(十丈紅塵)이 얼마나 가렸는가   [A]
강호에 월백(月白)하거든 더욱 무심(無心)하여라
                                        〈제2수〉

청하(靑荷)에 밥을 싸고 **녹류(綠柳)에 고기 꿰어**
노적 화총(蘆荻花叢)에 배 매어 두고
일반 청의미(一般淸意味)를 어느 분이 아실까   〈제3수〉

㉠ 산두(山頭)에 한운(閑雲) 일고 수중(水中)에 백구(白鷗) 난다
무심코 다정한 것 이 두 것이로다
㉡ 일생에 시름을 잊고 너를 좇아 놀리라   〈제4수〉
                                        - 이현보, 「어부단가」-

지문을 찬찬히 살펴보면 알 수 있겠지만, 한자를 전혀 읽지 못하는 아이들을 데리고 곧바로 이런 고전문학 수업을 할 수는 없다. 그렇다고 현대 문학이나 비문학 공부를 무턱대고 시키기도 어려운 게, 이런 아이들에게 "교과서에서 하는 말을 얼마나 알아들을 수 있었느냐?"라고 물으면 절반 정도에 불과하다고

답하기 마련이다. 초등학교 교과서까지는 한자어를 다 풀어서 적어 주는 상황인데, 중학교 2학년 교과서부터는 한자어를 전혀 풀어서 설명해 주지 않는다. 고차원적인 지식을 다루려면 한자어를 쓰지 않고 교과서를 서술할 수 없다. 그렇다고 해도, 고교 모의고사 수준에 비하면 여전히 중학교 교과서는 너무 쉽다. 그런데 이 정도 교과서도 제대로 못 읽는 아이들에게 문학, 문법을 무슨 수로 가르치겠는가. 해 보았자 효과도 없고 아이들은 힘들고 부모는 학원에 피 같은 돈만 갖다 바치는 꼴이 된다.

해서 이렇게 한자를 모르는 경우에는 한자 학습지를 활용하든가, 너무 급하다면 아래 교재와 같이 한자를 쓰면서 공부할 수 있는 교재를 활용해서 하루에 30개씩 외우고 시험을 치를 수 있게 도와주면 좋다. 이런 유형의 교재들에는 시험지가 따로 있는 건 아니라서, 교재를 복사해서 한자의 한글 뜻과 음을 모조리 지우고 테스트하는 방식으로 확인하길 추천한다.

4 국어 학원, 언제 어떤 학원에 보내야 하나?

꼭 이런 책이 아니더라도 이렇게 순서대로 한자를 써서 한 번씩 익히게끔 하는 공부는 단기간 어휘력 향상을 위해 필요하다. 한글 뜻과 음만 듣고 한자 자체를 정확하게 쓸 수만 있다면 제일 좋겠지만, 현실적으로 아이들이 국어만 할 게 아니고 영어, 수학도 함께 공부해야 하는 상황이기 때문에 그렇게 공부를 시키는 건 비효율적이다. 아래 내가 만들어서 아이들과 함께 공부하는 한자 시험지 유형을 보면 감이 올 것이다. 저렇게 한자로 쓰인 한자어를 보고 음독(音讀)할 수 있는 수준이라도 되게 만들면 수능 지문을 이해하기에는 충분하다. 옆 페이지 사진처럼 한자를 따라서 쓸 수 있는 한자 교재들을 활용해 입으로 소리 내면서(대신할 대, 하고 읊조리면서 다섯 번을 쓰게끔 시키라는 말이다) 공부할 수 있도록 지도해 보라.

문제 3. 아래 제시된 한자어들의 음을 각각 적고, 각 한자의 뜻과 음을 적으시오.

代價(_____): (代) 뜻: _____ 음 : _____ / (價) 뜻: _____ 음 : _____
物價(_____): (物) 뜻: _____ 음 : _____ / (價) 뜻: _____ 음 : _____
原價(_____): (原) 뜻: _____ 음 : _____ / (價) 뜻: _____ 음 : _____

3-1. 다음 괄호 안에 들어갈 한자어를 고르시오.
· 열심히 일한 만큼 받은 노력의 (代價 物價 原價)는 달았다.
· 최근 (代價 物價 原價) 급등으로 인해 서민들의 생활이 어렵다.
· 이 제품의 (代價 物價 原價)는 10,000원이지만, 손해를 보고 8,000원에 할인 판매합니다.

━━ 김 선생이 추천하는 한자 쓰기 교재 ━━

초등학생을 위한 교과서 필수 초등한자 500자 쓰기 노트 | 시사정보연구원 저 | 시사패스 | 2021년 12월
한자를 알면 어휘가 보인다 - 기초한자 700 | 편집부 저 | 도서출판큰그림 | 2020년 04월

국어 학원을 보내면
효과를 보는
최적기

:   초등학교 6학년과
중학교 2학년 여름방학

국어 학원을 언제 어떻게 보내야 한다는 것을 논하기 전, 나는 철저히 수능에서 국어 1등급을 재수하지 않고 현역(고3) 때 바로 받을 수 있게 하려는 의도로 로드맵을 짜고 있다는 것을 확실히 하려고 한다. 가끔 "중학교 때 굳이 이 정도까지 국어 선행을 할 필요는 없다."라는 의견이 인터넷 댓글로 달릴 때가 있다. 이에 대한 내 대답은 단호히 "NO." 이 정도는 꼭 해야 상위권 대학을 갈 수 있다고 생각하는 만큼만을 이 책에서 계속 말해 왔다.

                                4 국어 학원, 언제 어떤 학원에 보내야 하나?

나는 강사 생활을 대치동에서 시작했고 소위 말하는 '비학군지'보다는 '학군지'에서 강의를 한 경력이 훨씬 길다. 즉, 공부에 특별히 관심이 있고 공부를 많이 하는 게 너무 당연한 동네에서 꾸준히 팔린 강의만을 해 왔던 셈이다. 해서 '효율적으로' 공부하되, 양을 '많이' 하는 건 기본값으로 생각하며 가르치고 있다. 절대적인 공부량을 줄이면서 1등급을 받게 할 방법은 어디에도 없다. 나는 선생일 뿐 마법사는 아니기 때문이다. 다만 비효율적으로 무작정 양만 늘리는 식의 공부를 가지치기 해 주려는 의도로 이 글을 쓰고 있다. 따라서 공부량이 어린 나이에 너무 많네, 이 정도까지 국어 공부를 하는 건 아동 학대네, 하고 비판하는 독자가 있다면 그 독자의 아이가 내 책의 타깃은 아닐 거라 맘 편히 생각하련다.

　　이 책은 '향상에 대한 욕망'이 있는 전국의 수험생 학부모를 위한 책이고, 특히 국어 학원 불모지에 가까운 비학군지나 지방에 거주하면서도 아이를 주요 대학에 어떻게든 보내고 싶은 학부모들이 교육 방향을 잡는 것을 도우려는 의도로 쓴 책이다. 그래서 내가 제시하는 로드맵은 쉬엄쉬엄 조금씩 공부시켜서 적당히 대학 보내려는 학부모에게는 맞지 않다. 애초에 그렇게 공부를 해 본 적이 없어서 나는 '재밌게' '흥미를 돋워' 공부하는 방법은 모른다. 다만 수능에서 현역이 국어 1등급을 너끈히 맞으려면 어느 수준까지 공부해야 하며 그러려면 어떻게 사교육을 이용하고 문제집이나 인터넷 강의 등을 골라야 할지를 제시하려 한다. "이 정도까지 해야 고등학교를 가서 덜 고생하는구나." 하고 이해해 주면 좋겠다.

국어 학원을 보내서 효과를 볼 수 있을 만한 최적 시기는 초등학교 6학년이며, 아무리 늦어도 중2 여름방학부터는 수능 유형을 대비해 커리큘럼이 짜인 학원을 보내야 한다. 이렇게 생각하는 이유를 아래 상세히 말해 보도록 하겠다.

왜 초등학교 6학년 때부터일까?

본격적으로 아이들이 배우는 교과서가 많이 어려워지기 전 그나마 여유가 좀 있을 때가 초등학교 6학년 때다. 일단 중학교에 입학하는 순간부터는 시간이 정말 없다. 누누이 말하지만 한국 입시 제도 아래선 하나만 잘해서는 대학을 잘 가기가 어렵다. 어디까지나 입시의 열쇠는 예나 지금이나 수학에 있고 영어도 제아무리 절대평가라 하더라도 허투루 공부해선 1등급을 유지하기가 쉬운 건 아니다. 해서 중학교 3년 동안은 균형을 잘 유지하면서 공부를 시켜야 하는데, 수능 비중으로 보면 수학이 제일 우선이고 국어가 다음, 그리고 영어 단어를 계속 암기시키는 식으로 공부를 시켜야 점수가 좋게 나올 가능성이 크다. 즉 수학과 국어가 쌍두마차처럼 끌어 주고 영어에서 감점이 나올 수준은 아니어야 탐구과목 공부를 시간 내서 할 수 있다는 걸 꼭 알아 두기 바란다. 그래야 상위권 대학 수시에서 고르게 최저 등급을 맞춰 원하는 학과에 붙을 수 있다. 지금과 같은 탐구과목 체제 수능 아래서 수시 최저 등급합은 메디컬 계열을 기준으로 보통 4합 5등급인데, 즉 4개 과목 등급을 합쳐서 5를 넘지 않아야 한다. 국어, 수학, 영어, 탐구과목 1개를 기준으로 한 개만 2등급이 나오고 나머지는 다 1등급 받아야 한다는 이야기다. 생각보다 굉장히 높은 점수를 요구하는 셈이다. 해서 수시로 대학을 간다 해도 어쨌든 수능 점수가 좋아야 한다는 점은 변하지 않는다고 보면 된다. 아마 이 기조는 09년생들부터 바뀌는 고교 내신 5등급제와 통합형 수능 체제(국어, 수학, 과학탐구, 사회탐구에서 선택과목이 모두 폐지되고 과학탐구와 사회탐구는 통합과학, 통합사회가 된다)로 입시가 개편되면 더 심해지리라 생각한다. 최악의 경우는 국어, 수학, 영어, 통합사회, 통합과학 5개 과목 합 5등급 이내일 수도 있다. 통합과학이든 통합사회든 심화 내용이 아닌 고1까지 배우는 내용만을 가지고 출제하도록 돼 있어서 최상위권의 학습 능력을 변별하기가 생각보다 쉽지 않을 수 있기 때문이다. 그럴 때는 최저 등급 기준을 더 이상 높일 수 없을 때까지 높여 버리면 간단하게 이 문제가 해결되니 모두가 가고 싶어 하는 상위권 대학 입장에선 굳이 최저 등급을 낮춰서 아이들을 받을 필요가 없다.

이처럼 수시 최저 등급 기준이 높아질수록 손해를 보는 건 교육 인프라가 매우 부족한 지방 학생들이다. 좋은 대학을 농어촌 전형이나 지역 인재 전형 등으로 1차 합격을 해 놓고도 수시 최저 기준을 만족하지 못해 최종에서 떨어지는 지방 출신 학생들을 많이 보았다. 이제라도 서울대 지역 균형 전형에서 수시 최저 등급 기준이 폐지되어 다행이긴 하지만, 다른 대학에서는 아직도 최저 등급 기준이 상당히 높다. 항상 안타까운 마음이다. 특히 국어나 수학은 정말 단기간에 점수를 만들 수 없는 과목이라 늦어도 중학교 2학년 때부터는 반드시 선행을 해 두어야 1등급에 해당하는 점수를 받을 수 있다. 솔직히 그때부터 해도 1등급이 안 나오는 경우가 더 많다. 다만 국어는 무조건 빠르게 시작할수록 효과가 좋다. 되도록 일찍 시작해서 독해력을 올려 놓은 뒤 다른 과목을 공부하게 하면 좀 더 공부 속도가 빨라질 수 있다는 어마어마한 장점도 있다. 초등학교 6학년 때 한자부터 시작해 문법, 문학을 차근차근 공부하게끔 도와주면 일단 중학교 내신 공부도 훨씬 쉬워지니 근처에 국어 학원이 있다면 이 시기부터 보내 주면 좋겠다.

하지만 보통은 초등학생들을 대상으로 한 국어 학원이 많지 않을 텐데(대치동이나 목동 등 특별히 교육열이 있는 곳을 제외

4 국어 학원, 언제 어떤 학원에 보내야 하나?

하고는 초등학생에게 모의고사 지문을 가지고 수업을 해 주는 학원을 찾기는 쉽지 않을 것이다) 그럴 때는 '플라톤 논술, 리드인, 한우리독서논술, 이안서가' 등 기본적인 글쓰기와 최소한의 독서를 강제할 수 있는 학원을 보내면서 한자 학습지를 꾸준히 병행하는 방식을 추천한다. 이렇게 읽기를 강제하는 학원을 보내면 확실히 비문학을 이해하고 푸는 능력은 괜찮아진다. 주의할 점은, 논술 학원 하나만 딱 보내고 안심하면 안 된다는 점이다. 그렇게만 공부시킬 경우 한자를 하나도 모르는 경우가 상당했다. 한자 급수를 준비시키든 아니면 한자 학습지를 시키든 꼭 기초 한자 700자(한자 급수로는 5급 수준)를 보고 읽을 수 있는 수준으로는 시켜야 한다. 요즘 학교에서 한자, 한문은 중학교 3학년 때 아주 살짝 공부하는 정도에 그치므로 꼭 다른 형태로 공부를 시켜야 한다.

여기에 가능하다면 아이들을 데리고 집 근처 도서관을 정기적으로 주에 1회(격주에 한 번이라도)를 들러 책을 종일 읽을 수 있게 도와주면 정말 좋다. 어릴 때 도서관이 참 행복한 공간이었다고 기억에 남겨 주는 게 핵심이다. 나도 친한 친구 한 명과 함께 공립 도서관을 가서 주말에 하루는 거기서 쭉 보냈다. 엄마가 점심 먹으라고 주신 용돈으로 친구랑 라면도 사 먹고 책도 보고 어둑어둑해질 때쯤 돌아오던 기억은 지금까지도 참 행복했던 추억으로 남아 있다. 인생을 살아가면서 어려운 일이 있을 때마다 책을 읽으면서 이겨 냈는데 그럴 수 있었던 게 아무래도 도서관에서 쌓았던 좋은 기억 덕분이지 않았나 싶다. 그래서 중학교 들어가기 전에는 스마트폰을 아이에게 줘여 주지 않기를 추천한다. 이미 아이에게 스마트폰이 생긴 뒤라도 시간 제한 어플을 활용해서 아이의 집중력을 지켜 주면 좋겠다. 책이 주는 기쁨은 느리고 잔잔해서 한번 스마트폰을 접해 버리면 쉽사리 책을 통해서 기쁨을 얻기란 쉽지 않다.

김 선생 한마디

대치동 학생들은 스마트폰 관리를 이렇게 합니다

대치동에서 일하면서 다른 지역과 가장 특별하게 느낀 자녀 교육의 차이점이 있다면, 스마트폰 제한과 관련한 부분이었다. 나는 강사 생활 초반 3년은 대치동에서도 수업을 하고 주중에는 다른 지역(경기도 외곽에 있는 구도심)에도 출강했는데, 대치동은 중학생이어도 공신폰, 폴더폰을 가지고 다니는 아이들 비율이 높았다. 학년이 올라갈수록 아이 본인이 원해서 폴더폰으로 바꾸는 경우도 많았다. 그런데 다른 모 지역에서는 아이들이 거의 최신형 스마트폰을 쓰고 있었고, 쉬는 시간만 되면 스마트폰을 보기 바빴다. 실시간으로 비교되는 그 모습을 보며 마음 한 켠이 착잡했다. 되도록 아이가 스마트폰을 나중에 접할 수 있게 해 준다면 참 좋겠다. 물론 나도 아이들끼리 교우 관계가 중요하다는 것은 알지만 이 부분은 부모가 스스로 지침을 세워야 한다. 아이의 교우 관계와 학업 성취의 중요도를 따져서 균형을 잘 잡아 보라는 얘기다. 개인적으론 스마트폰이 없어서 친구들과 어울릴 수 없다는 초등학생, 중학생의 항변은 말이 되지 않는다고 생각한다. 아이가 또래 집단 안에서 매너를 제대로 익혔고 성격이 원만하고 입성이 깨끗하다면, 충분히 공신폰, 폴더폰만 가지고도 교우 관계를 잘 형성하는 걸 아주 많이 보았다.

이때 그럼 무슨 책을 읽히면 효과적이냐? 아이가 좋아하는 분야의 가장 쉬운 책부터 시작하면 된다. 그러다가 아이가 어느 정도 독서를 즐겨 하게 되고 독서에 흥미를 붙이게 된다면 초등학교 고학년 때, 중학교 교과서에 실린 한국 현대소설 독서부터 도와주면 좋다. 하고많은 청소년 권장 도서 중에 왜 중학 교과서 수록 현대소설인지 궁금할 것이다. 대한민국 사교육 1번지 대치동이라고 해서 아이들 문해력이 특별하게 뛰어나지 않다. 보통은 스스로 독서하는 습관이 없고 영어, 수학 문제 풀이에 조금 더 주의를 기울여 공부를 해 왔다 보니 초등학교 고학년쯤 되어 맨 처음 아이들이 나를 찾아왔을 때는 딱딱한 정보를 담은 긴 글은 거의 읽지 못하는 상태다. 하지만 서사(이야기)가 있으면 다르다. 주인공이 있고 그 주인공을 둘러싼 각종 사건 사고가 일어나고, 그런 사건 사고를 겪은 뒤 이전과는 굉장히 달라진 주인공을 보면서 아이들은 무의식적으로 "만약 나에게 이런 일이 생긴다면?"이라는 생각을 하게 된다. 그러면서 "나라면 이렇게 안 했을 텐데.", "나라면 이때 이 감정보다는 다른 감정을 느꼈을 텐데."라고 자연스럽게 사고를 확장해 나가는 모습을 보인다. 사실 이게 독서의 묘미이기도 하다. 그리고 교과서에 수록된 현대소설부터 읽어 가게 되면(중학교 소설을 다 읽었으면 고등학교 교과서 수록 소설로 넘어가면 된다) 내신은 물론이고 나중에 수능 문학 지문을 공부할 때 굉장히 유리하다. 소설 읽던 습관으로 등장인물들의 성격을 금방 눈치챌 수 있으니 맥락이 빨리 파악되고, 그럼으로써 문제를 풀어 나가기가 수월해지기 때문이다. 한데 이때 의외의 복병이 있다. 바로 한국사다.

한국사 지식이 부족하면 문학도 못한다

개인적으론 최근 들어 한자와 함께 엄청나게 축소된 교과가 한국사와 근현대사라고 생각한다. 내가 대입을 준비하던 2000년대 중반에만 하더라도 한국사를 중학교 2학년 때부터 집중적으로 공부했고 고등학교 시절에 서울대학교에 지원하려면 사탐 4과목 중에서 한국사를 필수적으로 선택해 치러야 했다. 그러다 보니 한국사가 아주 지엽적으로 나오는 경향이 있었다. 전국의 뛰어난 문과 수험생들은 죄다 한국사를 선택해서 공부했으니 말이다. 또한 당시는 근현대사도 굉장히 어렵게 출제가 되었다. 월별로 일어난 사건들을 암기하고 있었어야 할 수준이라고 보면 된다. 요즘은 사정이 매우 다르다. 수능에서 한국사를 보기는 보는데, PASS/FAIL 같은 느낌으로 3등급 이상만 받으면 대학에 진학하는 데 걸림돌이 되지 않는 수준으로 너무 쉽게 출제된다. 그러다 보니 아이들 태반이 한국사를 잘 모른다.

가르치는 입장에선 너무 당연하게 알고 있어야 할 지식들을 하나도 모르다 보니 문학을 본격적으로 가르치기 전에 대략 1시간 30분 정도를 투자해서 내가 문학과 관련한 한국사와 근현대사를 설명해야 할 정도다.

문학은 해당 시대를 살았던 사람들의 애환이 고스란히 녹아 있는 예술 분야다. 그렇기에 민족혼은 역사와 언어에 담긴다고 하는 것이다. 러시아-우크라이나 전쟁에서도 러시아군이 우크라이나에 쳐들어가 제일 먼저 했던 일은 우크라이나어와 우크라이나 역사를 가르치는 선생님들을 잡아 죽이는 일이었다. 그렇게 해야 민족혼을 말살할 수 있기 때문이다. 딴 나라까지 갈 것도 없다. 일제가 우리에게 저질렀던 만행 중에서도 가장 잔인하고 악랄했던 건 1930년대 말에서 1940년대 초반까지 자행한 민족말살정책이었다. 조선어와 조선사를 배우는 대신 그 수업 시수를 전부 '국어', '국사'로 바꾸어 일본어와 일본사를 배우게 했던 바로 그 정책 말이다. 그런데 우리 아이들은 지금 일제가 그런 일을 우리에게 저질렀다는 것도 잘 모른다. 중고등학교에서 심도 있게 가르치지 않기 때문이다.

특히나 아이들이 모르는 분야는 한국사보다도 근현대사다.

한데 근현대사를 모르면 현대소설을 제대로 읽어 나갈 수가 없다. 일제의 토지조사사업으로 인해 하루아침에 땅도 집도 빼앗겨 나돌게 된 기막힌 역사를 모르는데, 무슨 수로 제시된 시와 소설만 보고 그게 사실은 고향을 잃어버린 사람들의 슬픔을 표현한 것이라는 걸 알아차리겠는가? 군사정권이 언제부터 들어서서 어떤 방식으로 민주주의를 압제했는지 잘 알지 못하면서 어떻게 《우리들의 일그러진 영웅》이나 〈타는 목마름으로〉와 같은 작품들이 전하려는 메시지를 알겠는가. 알 길이 없다.

내가 청소년 시기를 보냈던 20여 년 전처럼 백제 왕의 관 뚜껑이 어떤 소나무로 만들어졌는지까지는 굳이 알 필요 없다. 그러나 최소한 임진왜란이 언제 일어났고 그 전후로 사회, 경제 전반에 무슨 일이 생겼는지, 황진이가 대체 누군지, 일제 강점기에 시대별로 대략 무슨 일이 있었는지, 이런 수준은 알고 있어야만 문학 작품을 봐도 작품이 쓰인 상황에 대해 깊은 이해를 할 수 있다. 윤동주가 임진왜란 때 사람이냐, 황진이는 트로트 가수 이름이냐 하는 중2들도 실제로 많이 봤다. "에이, 설마." 할 수 있는데 넋 놓고 있다가는 애들이 그렇게 될 수밖에 없는 환경이다. 해서 한자 교육을 시킬 때, 한국사 학습지도 함께 시키든지 역사 만화라도 여러 번 읽히든지 하는 방식으로 어떻게든 한국사와 근현대사 흐름을 중학교 1학년 때까지 공부할 수 있게 도와주면 정말 좋겠다. (늦어도 고1 입학 전엔 한 번 정도는 한국사 공부를 마칠 수 있게 하면 된다.)

독서 논술은 중학교 1학년 1학기 때까지만

이 글을 쓰는 2025년 초를 기준으로 아직 2028학년도 대입 개편안과 관련해 수시, 정시 비율이라든가 수시 전형에 대한 상세 설명은 예고된 게 하나도 없다. 다만 논술이나 구술 면접은 부활시키지 않겠다는 교육부 입장 표명이 있었을 따름이다. 대신 학교 내신에서 서술형 문제 비중을 늘리겠다고 한다. 서술형 대비법은 논술 시험과 매우 다르다. 단순 글쓰기 실력을 늘리는 것과는 하나도 관련이 없다. 이와 관련한 사항은 시험 유형별로 대비하는 방법 부분에서 자세히 설명해 두겠다.

여기서 나는 철저히 수시 전형에서 논술이나 구술 면접 비중이 지금과 동일한 비중으로 유지된다고 전제하고 조언의 방향을 잡았다. 만에 하나 갑자기 대입 수시에서 논술 전형이 우후죽순 생겨 버린다면 논술 학원을 초등학교, 늦어도 고학년 때부터는 보내며 논증하는 글쓰기를 꾸준히 연습하는 편을 추천하겠다. 그러나 지금과 같이 수시에서 논술 비중이 딱히 높지 않은 대입 체계에서는 중학교 1학년 1학기까지 논술 학원을 다니는 건 국어 학원의 대안으로는 좋지만, 1학년 2학기부터는 논술 학원 보내는 건 딱 잘라, '낭비'다. 수능 국어는 사실상 세 분야로 이뤄진 과목이다. 문법과 문학, 비문학. 논술 학원이 여기서 커버해 줄 수 있는 영역은 사실상 비문학 중에서도 아주 일부다. 심지어 수능 비문학에서는 인문, 사회, 철학, 예술 영역보다 경제나 과학, 기술, 법학 지문이 상당히 어렵게 출제된다. 즉, 논술 학원에서 주로 다루는 부분과 수능 비문학은 직접적 관련이 없다. 초등 고학년까지 논술을 공부해서 기본적 글쓰기 실력을 늘리는 건 아이의 인생을 위해서는 정말 추천할 만한 일이다. 그러나 중학교 1학년 2학기 때부터는 맹렬하게 문법과 문학 및 비문학 독해에 대한 기초 체력을 기르는 훈련을 해 나가야만 어려운 수능 국어 1교시에서 좋은 점수를 받고 멘탈을 유지할 수 있다. 국어 과목에 쏟기에 너무 긴 시간 아니냐고 혹자는 말할 수 있겠으나, 임상적으로 보면 정말 아무런 기본이 갖춰지지 않은 아이라고 했을 때 대략 2년 반 정도를 투자하는 것이 성적 향상에 반드시 필요했다. 왜냐하면 중학교 3년 동안 한 과목만 선행할 수 있는 상황이 아니기 때문이다. 맨 앞에서 제시했듯 상위권 대학을 보내기 위해서는 수학도 수학 상, 하까지는 어떤 문제를 갖다 놓아도 제대로 문제를 풀어낼 수 있는 실력까지는 선행학습이 필요하고 영어도 고3 모의고사(고3이 맞다)를 풀게 했을 때 1등급대 점수(90점)가 나와야 한다. 이 정도 수준까지 공부하는 건 결코 쉽지 않다. 이 와중에 국어를 모의고사 1등급 컷에 가깝게 올려 두려면 적어도 2년 반에서 3

년은 꼬박 필요하다. (특히 대치동 일대에서) 몹시 어려운 서울대 추천 도서로 진행하는 논술 수업들은 지적인 호기심을 위해서는 들을 수도 있다고 생각하는데 한시가 급하고 바쁜 아이들에게 굳이 듣고 공부하게 할 필요가 있을까 싶다. 앞서 말한 바와 같이 특목고 입시를 준비한다면 듣는 편이 훨씬 좋다. 독서 목록을 구성할 때 도움이 되기 때문이다. 하지만 일반고 진학을 하려는 아이들에게 이렇게 어렵고 두꺼운 책을 읽고 글쓰기 하는 식의 수업은 냉정하게 말해, 시간 낭비다.

고등학교 수준 수능 국어는 늦어도 중2 여름방학부터

'문학 개념어'를 꾸준히 공부해 나가야 할 시기

문학은 원래 그렇게까지 어렵게 출제가 되던 분야는 아니었는데, 수능 시험 자체가 준킬러 문제를 여럿 두고 킬러 지문을 없애면서부터 출제 기조가 조금씩 변하고 있다. 예전에 문학을 상대적으로 못하는 친구들의 경우, 수능을 풀 때 문학 영역에서 시간은 다소 걸릴지언정 답은 다 맞힐 수 있었다면 이제는 '문학 개념어'를 정확하게 모른다면 결코 다 맞힐 수 없게끔 문제가 어렵게 나온다. 그래서 늦더라도 중학교 2학년 여름방학 때부터는 고등학교 모의고사에 맞춘 수능 국어를 준비해야 문학에서 애매한 느낌을 가지고 적당하게 푸는 습관을 교정할 수 있다.

문학 개념어 분야에서 가장 접근하기 쉽고 퀄리티도 좋은 강의는 EBS 윤혜정 선생님의 강의다. 특히 그중에서도 '개념의 나비효과 입문편'을 중학생 수준에서 가장 추천할 만하다. 윤혜정 선생님 강의는 국어 임용고시를 준비하는 수험생들조차도 들을 정도이며 나도 아이들을 좀 더 잘 가르쳐 보려고 개념을 좀 더 심층적으로 공부할 때 들었던 강의다. 문학 개념어 강의의 시초이자 해를 거듭할수록 꾸준히 좋은 강의라 적극 추천한다. 개념의 나비효과 입문편이 제대로 공부가 되었고 선생님과 합이 잘 맞는 것 같다면, 윤혜정 선생님이 꾸리는 커리큘럼이 총 3단계이니 중학생이라도 그 위로 점점 올라가 공부를 더 해 나가면 된다.

만약 고등학생이 되었는데 문학 공부를 해야 한다고 하면 입문편을 건너뛰고 2단계에 해당하는 '개념의 나비효과'를 들은 뒤 수능 출제 지문을 가지고 개념 도구를 적용해서 문제를 풀어 보는 3단계 '패턴의 나비효과'로 마무리하면 된다. 이 선생님도 글을 읽는 방법을 중점적으로 가르치는 분인 데다 공교육에 특별한 애정을 가지고 있으셔서, 사교육 업체에서 온 러브콜을 지속적으로 거절하신 걸로 알고 있다. 이 강의만 아이가 의지를 가지고 들어도 어지간한 국어 학원 다니는 것보다 결과가 더 나을 수 있다. 보통 아이들은 인터넷 강의를 듣기엔 너무 어리고 의지력이 없어서 중학생 때는 이런 콘텐츠를 이용하기 어렵다. 그러나 상대적으로 사교육 불모지인 지방에 있는 우수한 아이들 중에서 정보가 없어서 국어 공부가 어렵다고 느꼈던 친구가 있다면 EBS 윤혜정 선생님, 강용철 선생님을 통해서도 충분히 고등 국어 선행은 가능하다.

중2, 국어가 본격적으로 어려워지는 시기

한편, 하필이면 중2를 콕 집어 문학, 문법 공부하라고 하는 이유가 있다. 이 시기가 국어 내신이 갑자기 확 어려워지는 시기이기 때문이다. 중학교 1학년 때도 교과서가 결코 만만한 수준은 아닌데, 목동, 대치동 등 교육열이 강한 곳이 아니라면 어지간한 지역에서는 자유학기제로 중학교 1학년을 운영한다. 이렇게 되면 지필고사를 치르지 않기 때문에 국어 교과서 자체는 어려워졌을지언정 아이들 스스로는 국어 과목이 어려운지를 체감하기 어렵다. 시험이 없기 때문이다. 그러다가 중학교 2학년이 되면 중1 때와는 또 차원이 다른 수사법(말을 꾸미는 기법)과 온통 한자어인 문학 용어들에 기가 질려 버리게 된다. 보통 이 시기(중학교 2학년 3월~7월 사이)에 아이들이 국어 학원을 많이 찾아온다. 하지만 주변에 마땅한 학원이 없다면 이때 인터넷 강의를 활용하면 좋다.

앞서 제시한 윤혜정 선생님 강의를 듣거나 혹은 집 근처 국어 학원에서 문학 개념어를 빠삭하게 공부해 두면 중2부터 본격적으로 어려워지는 문학 교과서를 이해하는 데도 큰 도움이 된다. (그렇다고 집 근처 학원이 또 다 문학 개념어를 꼼꼼하게 가르치고 암기시킨다는 보장은 없으니 커리큘럼을 잘 살펴보면 좋겠다.) 그러므로 이르면 중2 올라가는 겨울방학 시기부터, 혹은 늦더라도 중2 여름방학부터는 문학 공부를 시작하게 하자. 수능을 슬슬 대비하기 시작하면서 어려운 내신 문제도 잡을 수 있어 일타쌍피다. 아이 입장에서도 다른 친구들보다 훨씬 문학 작품 이해가 쉬워지니 국어 공부에 대한 전반적 자신감이 생긴다. 이렇게 쌓은 긍정적 경험들이 나중에 고교에 진학해 국어가 어려워져도 수능 날 아침까지 꾸준히 공부량을 가져가는 데 큰 도움이 된다.

김 선생 한마디

지금 당장 내신 성적을 올리려면?

중학교 국어 내신 점수가 너무 좋지 않은 상황이라면 수능 문학 개념어가 눈에 잘 안 들어올 수도 있다. 지금 당장 발등에 불이 떨어진 상태인데 장기적으로 멀리 보고 느긋이 준비하기 쉽지 않기 때문이다. 이럴 때는 '엠베스트'라는 사이트에서 본인에게 잘 맞는 선생님을 찾아 본인 학교 교과서 범위에 맞춰 듣는 방법도 추천한다. 메가스터디에서 만든 중학생용 인터넷 강의 사이트인데 업계 매출 1위인 데다 선생님들도 정말 치열하게 준비하는 분들이 모여 있다. 대치동이나 목동처럼 교육열이 과열된 학군이 아닌 다른 학군들에서는 엠베스트 같은 사이트에서 강의를 한 번 들은 뒤, 학교 선생님이 수업 시간에 해 주신 필기나 나눠 주신 학습 자료를 잘 보고 '족보닷컴'이라는 사이트에서 구할 수 있는 최상위 문제들만 다 풀고 오답 정리하는 식으로 공부해도 100점은 수월히 받을 수 있다. 여기서 간략하게 말하긴 했으나 내신을 준비하는 방법에 대해서는 공부법을 따로 다루는 뒷부분에서 자세하게 설명하도록 하겠다.

문법 공부도 중2부터

문법도 중2부터 시작하면 효과를 매우 크게 볼 수 있다. 앞에서 나는 적어도 고등학교 입학 전 '고등학교 국어 문법'을 두 번 정도 회독하길 권했다. 국어 문법은 막상 공부를 한 번 마치고 나면 효자 과목이 되는데, 한 번을 확실하게 끝내는 데에 시간도 오래 걸리는 데다 첫 회독을 할 당시에는 아이들에게 너무 어렵게 느껴지는 경향이 있어서 일단 처음부터 끝까지 아이들의 관심을 잡아 두기가 정말 힘들다. 그래서 여유가 된다면 문법만큼은 오프라인 국어 학원에서 열리는 방학 특강(아마 어지간한 국어 학원은 여름방학이나 겨울방학을 이용해 문법 특강은 기본적으로 열 것이다)을 활용해 수강할 수 있게 해 주는 편을 추천한다. 그럼에도 주변에서 좋은 학원을 찾기 어렵다면 접근성이 좋은 인터넷 강의도 6부에서 추천할 예정이니 참고하길 바란다. 내가 처음에 배우는 국어 문법만큼은 꼭 오프라인에서 공부시키라는 이유는 다음과 같다.

문법은 가르치는 사람이나 배우는 학생이나 정말 지루하다. 문학은 그나마 서사나 메시지가 있어서 좀 덜 지루한데, 문법은 무슨 수를 쓰든 지루하고 어려울 수밖에 없다. 그냥 '자주 틀리는 맞춤법' 정도로 재밌게 끝난다면 얼마나 좋겠는가? 그러나 '용언(用言)', '수식언(修飾言)', '명사형(名詞形) 접미사(接尾辭)', '전성어미(轉成語尾)' 등등 한자어의 향연에 아이들이 한 번 정신을 얻어맞고, 조금만 주의를 잃어도 앞에 있는 선생님이 무슨 말을 하는지 아득히 모를 지경이 되어 버리는 게 바로 국어 문법이다. 그나마 앞에서 살아 움직이는 선생님이 팔딱대며 수업을 하고 있으면 조금이라도 집중력이 좋아지니 한 번에 3시간씩 6회 이상 수업을 하여 마무리하는 학원을 한번 알아보면 좋겠다. 중학생 기준으로 고등 수준의 문법을 (중세국어를 제외하고) 익히려면 최소 18시간 이상이 필요하다. 대치동이나 목동 등에서는 한 단원만 가지고도(이를테면 단어의 품사, 음운의 변동, 단어의 형성 등) 9시간씩 강의하는 특강도 있다. 그런데 앞서 나는 단어의 품사부터 아이들이 단단히 배우는 편이 좋다고 강조했다. 그래서 이런 특강들도 '단어의 품사'를 주제로 한 강의가 아닌 이상, 안 듣느니만 못하다고 생각한다. 강사

4 국어 학원, 언제 어떤 학원에 보내야 하나?

들은 입을 모아, 아예 아무것도 모르는 학생이 차라리 가르치기 제일 편하다고 말한다. 오히려 가르치기 너무 힘든 아이들은 여기저기서 각기 다른 선생에게 조각조각 다른 단원들을 배워 와서 머릿속에 개념이 뒤죽박죽 얽히고설킨 아이들이다. 국어 문법을 가르쳐 줄 선생님을 선택했다면, 그 선생님에게서 처음부터 끝까지 아이가 한 번을 통째로 끝까지 배울 수 있도록 해야 한다. 그렇게 한 번 개념을 익히고 나서, 바로 뒤에 추천할 인터넷 강의를 통해 한 번을 더 공부하게 하면 개념이 정말 탄탄하게 잡힐 것이다.

김 선생 한마디

아이를 학원에 보낼 때 가져야 할 마음

"선택할 때는 신중히, 한번 선택했다면 완전히 믿고 2년 이상 꾸준히."
국어뿐만 아니라 다른 과목 학원을 보낼 때에도 꼭 기억해야 할 점이다. 학원을 선택할 때는 신중하게 상담도 받고 손품, 발품도 팔아 보면서 정보를 취합해 내 아이에게 제일 맞는 학원을 골라야 한다. 다만 진짜 아이를 보내기로 마음을 먹었다면 그 다음부턴 최소 6개월에서 2년은 꾸준하게 보내야 효과를 본다. 대치동이나 목동처럼 학원이 치킨집보다 많은 지역에서는 굳이 이 학원이 아니라 저 학원을 보낼 수도 있다. 그러다 보니 메뚜기처럼 이 학원이 조금만 거슬리면 바로 다른 학원으로 옮기는 학생들을 아주 자주 만나게 되는데, 보통 그런 아이들은 성적이 아무리 좋아 봐야 중위권이다. 사실 대치동, 목동 정도의 지역에서 실력 없는 강사는 없다. 한번 아이를 보내기로 생각했다면 그 학원 선생을 강력하게 믿고, 아이 앞에서 강사 흉도 되도록 보지 말았으면 좋겠다. 아이가 강사를 신뢰하지 않는 순간 학습 효율은 절반 이하로 떨어지고 만다. 아이가 선생님의 권위를 인정하고 과제를 제대로 해 갈 수 있도록 만들어 주는 방법은 일단 학부모가 본인의 선택을 신뢰하고, 학원 가는 날에는 학원 수업 참여를 최우선 순위로 하여 아이로 하여금 '우리 엄마, 아빠가 이 수업을 정말 중요하게 생각하는구나. 이 과목 성적에 정말 신경 쓰시고 있구나.' 하는 생각을 은연중에 심어 주는 것이다.

문법도 하필 왜 중학교 2학년이냐 묻는다면, 역시 이 무렵 교과서에 수록된 문법이 너무 어렵기 때문이다. 이 글을 쓰는 2025년 초에는 아직 2022 개정 교육과정 교과서가 중학교 2학년, 3학년에게는 적용되지 않았기 때문에 기존 2015 개정 교육과정 교과서를 기준으로 말하도록 하겠다. 2015 개정 교육과정에서는 중학교 1학년 때 '품사의 종류'와 '언어의 본질'에 대해서 배운 뒤, 중학교 2학년 때 '한글의 창제 원리'와 '단어의 정확한 발음과 표기'에 대해 배운다. 이어 중학교 3학년에 이르러 '음운의 체계와 그 특성', '문장의 짜임과 양상'을 다룬다. 아이들을 수년간 가르치면서 이 순서는 참 문제가 있다고 느꼈는데, 중학교 2학년 때 배우는 '단어의 정확한 발음과 표기(한글맞춤법과 표준발음법)' 부분이 중학교 3학년 때 배우는 '음운의 체계와 그 특성'을 모르고서는 전혀 이해되지 않는 단원이라는 점

4 국어 학원, 언제 어떤 학원에 보내야 하나?

때문이었다. 여기서 전문적인 이야기를 하면 너무 지루해질 테니 간단히 설명하면, 중학교 2학년 때 배우는 문법이 오히려 제일 어려운 부분이고 국어 문법에 대한 전반적인 이해가 없이는 응용 문제를 절대 풀 수 없을 만큼 결코 만만치 않다. 그냥 이해가 안 되니 통째로 단어들의 발음을 전부 암기하는 아이들도 있는데, 점수가 좋게 나올 리 없다.

해서 국어 강사들 사이에서는 중학교 2학년 교과서가 3학년 교과서보다 훨씬 어렵고, 애들 가르치기도 번거롭다는 게 정설이었다. 한 개념을 이해시키기 위해서 기본적으로 설명해야 할 제반 사항이 너무 많았기 때문이다. 그래서 중학교 1학년에서 2학년으로 올라가는 겨울방학 즈음에 오프라인 특강이든, 인터넷 강의든 국어 문법에 대한 강의를 아이가 듣고 기초적인 문제까지 풀게끔 지도하면 큰 효과를 볼 수 있으리라 장담한다.

김 선생 한마디

김 선생 PICK 인터넷 강의

EBS 중등 프리미엄에 있는 '강용철' 선생님 강의는 음운부터 차례대로 가르쳐 주는 순서로 진행되는 인터넷 강의인데도 문법 개념이 정말 잘 설명되어 있다. 강의 수가 상당히 많기는 하지만 한번 공부해 두면 수능 수준 문법 강의도 무난하게 이해할 실력을 쌓을 수 있다. 게다가 선생님이 상당히 유머러스하신 분이라 중학생 아이들을 가르치기 전 필수적으로 들어 봐야 할 강의로 중등 국어 강사들 사이에도 유명했다. 한편이 강의를 다 들은 뒤 심화해서 수능 국어 문법 강의를 들어 보고 싶다면 메가스터디의 '전형태' 선생님을 추천한다. 소수 매니아층 수험생들을 제외하고는 그렇게 유명하지는 않은 분인데, 개인적으로 고등 국어 문법만큼은 그 어느 1타 선생님들보다 이분이 훨씬 잘 가르치신다고 생각한다. 국어 문법을 한 번의 인터넷 강의 수강을 통해 심층적으로 이해할 수 있게끔 체계를 잘 잡아 주시는 분으로, 고등학생들에게까지 정말 추천하고 싶다.

첫 모의고사 시험을 치러 봐야 하는 시기 : 늦어도 중3 1학기 기말고사 직전(대략 5-6월)

사실 이전에 위에서 제시한 방법에 따라 1년 이상 문법이나 문학에 대한 학습을 미리 하지 않았다면, 고1 모의고사로 시험을 쳐 봤자 그저 점수로 충격을 받아 볼 수 있을 따름(와, 내가 이렇게 국어 실력이 부족하구나)일 뿐, 큰 의미가 없다. 그럼에도 불구하고, 아주 늦더라도 중3 1학기 기말고사 직전(즉 5-6월)에 한 번 80분 시간을 정확하게 재면서 45문제를 풀게 해 보기를 강력히 권한다. 바로 저 '충격을 받는 기회'로 딱이기 때문이다. 보통 아무런 선행을 하지 않았다는 전제하에 앞서 말했듯, 제아무리 학교 내신이 95점 이상이 꾸준히 나오던 모범생이라 하더라도 60점대 중반쯤의 점수가 나온다. (1등급 컷이 87-92점 사이인 평균적 난도의 고1 모의고사라고 가정했을 때 말이다.)

생전 처음 보는 점수에 아이들이 놀랄 텐데, 그때부터 예비 고1 과정을 운영하는 학원을 보내도 학교 내신에서 꾸준히 지필고사를 95점 이상을 받아 왔던 모범생, 우등생들은 금방 점수가 오르기도 한다. 문제 풀이 스킬을 제대로 익히고 여러 차례 모의고사를 보면 요령이 금방 잡히기 때문이다. 만약 아이가 그렇게 모범생까지는 아니고 내신 국어에서도 85점을 못 넘기고 지지부진하고 있다면(혹은 아이를 자사고에 보낼 생각이라 좀 더 빨리 데이터가 필요하다면) 내가 제시한 방법에 따라 1년 반 이상 문법과 문학 공부를 먼저 시킨 뒤 중학교 2학년에서 3학년 올라가는 겨울방학 즈음해서 한번 고1 모의고사를 풀게 하면 좋겠다. 보통 1년 반에서 2년 정도 먼저 공부를 시킨 아이들은 아주 불성실하지 않다는 전제하에, 평균 77점에서 82점이 나오는 편이다. 참고로 내가 가르치는 아이들의 경우, 중2~중3으로 넘어가는 겨울방학에 고등학교 1학년 국어 모의고사를 보게 했을 때 원점수 90점 이상을 받은 아이들이 재적 인원의 30% 이상을 차지했다. 그래서 확신할 수 있는 것이다. 일찍 시작할수록 아이들이 덜 고생하더라는 점을. 보통 70점대 후반부터 시작하면 아주 무난하게 고1 모의고사 정도는 고등학교 입학 전까지 원점수 90점 이상을 만들어 보낼 수 있다. 60점대가 나온대도 점수는 오를 수 있는데, 그 과정에서 남들이 2년 동안 했던 것을 따라잡으려다 보니 고생도 더 많이 하고 아이 스스로도 처음 보는 점수에 힘들어하는 경우를 자주 봤다. 아직 내게 아이는 없지만 만약 내가 자식을 낳아 기르는 상황에 수능 국어의 난도를 알고 있다면, 초등학교 5-6학년 때부터 슬슬 글쓰기 및 한자 교육을 신경 써 놓으면서 중학교 1학년 들어가기 직전부터는 차근차근 수능 국어를 중심으로 가르치는 국어 학원에 보내 문법을 탄탄히 다질 것 같다. 이어 문학 개념어에 입각한 문학 수업(혹은 인터넷 강의)을 중학교 2학년 때 공부시키면서 내신을 챙기고, 중학교 3학년 올라가는 겨울방학부터는 고1 모의고사 역대 기출을 다 풀어 보게끔 할 거다. 이게 내가 자식만큼 아끼는 학생들에게 현재 제공하고 있는 중등 국어 커리큘럼의 기본 골자이다.

대치동 학생은 국어를 중3부터 시작한다고?

"굳이 중2부터 국어 학원 보낼 필요 있어요? 대치동에서조차 중3 여름방학부터 보내던데?" 학부모들이 인터넷에서 가장 많이 하는 질문 1위다. 대치동의 생리를 잘 모르니까 천진하게 할 수 있는 질문이라고 생각한다. 대치동에서 중3 여름방학부터 보내는 예비 고1 국어 수업은 보통 고등학교 국어를 가르치던 수능 전문 강사들이 중등까지 내려와서 수업을 개설한 경우다. 이 수업은 아무런 국어 선행학습이 되어 있지 않은 중학생들 수준에는 많이 어려운 경우가 대부분이다. 이 수업을 듣는 아이들의 대부분은 이미 초등학교 5학년 때부터 대형 국어 학원에서 어마어마한 양의 숙제를 꾸준히 해 가며 추가로 내신은 중간고사, 기말고사 철마다 유명한 국어 학원들(안*라 학원, 신*지 학원 등)에서 계속 공부를 한 아이들이다. 즉, 평소에도 국어 학원을 두 개씩 다니면서 공부를 했던 경우의 아이들이다. 한편 대치동에 있는 중학교의 국어 내신 시험지를 한번 구해서 풀어 보면 느낌이 오겠지만(구하기 쉽지는 않다) 그 지역 선생님들도 아이들 수준 변별을 하기 위해서, 상당히 어려운 내용을 자체 제작해 거기서 문제를 출제하므로 엄청 어렵다. 그러니 대치동에 있는 아이들은 중학교 3년 동안 본인이 원하든 원하지 않든 여러 루트로 미리 국어 선행학습이 된 것으로 알아야 한다. 이런 아이들에게 기초부터 차근차근 가르치겠는가? 당연히 아니다.

대치동 아이들이 중3 여름방학부터 예비 고1 국어 수업을 듣는다는 건 중3 여름방학부터 대형 학원 강의(인원 30명 이상)를 듣는다는 의미다. 그 전에 팀 과외든 소규모 학원이든 대형 중등 국어 학원이든 이미 국어 학원을 다녀 본 경험이 있는 아이들이 듣는 수업이므로 소위 '노베(노 베이스, 아무런 학습이 안 된 천둥벌거숭이 상태)'로 그때부터 수업을 듣는다는 의미가 아니다. 그러니 대치동처럼 특수한 상황에서 흘러나오는 말들을 액면 그대로 믿고 다른 지역에서도 중3 시기에 느지막이 시작하면 되겠다고 기준을 잡으면 우리 애는 피를 볼 수 있다.

국어 학원을 두 개 보내면 어떨까?

아이가 국어가 많이 약한데 학원을 하나 더 보내면 어떨지, 그럼 더 효과가 있을지 물어보는 학부모들도 많다. 대치동 대형학원에 있을 때 내 수업을 들어서 국어 성적을 많이 올렸던 A 학생이 있었다. A는 무척 영민했던 아이라 결국 민사고에 합격했는데, 어머님이 상당히 만족스러우셨던지 손아래 동서에게 내 수업을 추천해 주셔서 그 친구의 사촌 동생 B도 내 국어 수업을 듣게 됐다. 하필 그 즈음 내가 여의도로 수업을 전부 일원화하면서 도곡동에 살고 있었던 B가 내 수업을 듣기엔 거리가 상당히 멀어지게 됐다. 그래서 이 친구에게 굳이 이렇게 멀리까지 와서 수업을 들을 필요는 없다고 했는데, 아무래도 사촌 언니 A가 효과를 크게 봤다니 수업을 꼭 듣고 싶었던 모양인지 B는 무려 꼬박 1년을 매주 토요일 혼자 전철을 타고 와 수업을 듣고 갔다. B가 중3 올라가는 겨울방학, 맨 처음 고등학교 모의고사를 치러 보았을 때는 40점대 후반이었다. 아이는 상당히 성실한 편이었는데 수학 공부하느라 국어 선행학습을 할 시기를 놓치는 바람에 모르는 어휘도 너무 많았고 문법도 잘 모르는 상태였다. 그래서 B의 어머님께 바로, B는 문법은 따로 공

4 국어 학원, 언제 어떤 학원에 보내야 하나?

부를 좀 더 해야 할 것 같다 피드백했다. 나는 따로 문법 인강 하나 정도를 듣는 수준으로 말씀드렸던 건데 아무래도 대치동에서 아이를 교육하시는 만큼 교육비에 지출하시는 데 큰 거리낌이 없으셨던지 바로 대치동에서 소규모 국어 학원을 하나 더 보내 문법만 따로 공부를 시키셨다. 어쨌든 이 아이는 기본적으로 본인이 왜 공부를 잘해야 하는지에 대해서 납득이 되어 있는 상태(집안 사람들 거의 전부가 학벌이 상당히 좋았고, 학부모님이 아이에게 공부를 강요하는 가정 분위기는 전혀 아니었지만 아이 스스로 가족들과 같은 수준의 학벌을 누리고 싶어 하는 마음이 상당히 강했다)였으며 무섭도록 성실했다. 특히 나는 과제 단톡방을 운영하며 중3들의 경우 일일 교재 숙제한 것을 매일 찍어 올리게 했었는데, B 혼자서만 마감 시간에 단 한 번도 늦지 않았고 오답 정리를 굉장히 꼼꼼하게 해서 올렸다. 지금 생각해 보면 다른 국어 학원 숙제도 있었을 텐데 참 힘들었을 것 같다. 그 결과, B는 2월에 40점대로 시작해서 7월부터는 80점대를 드디어 넘기 시작하더니 11월에 졸업할 때는 90점을 안정적으로 받았다. 결국 B는 서울에 있는 모 외고에 합격해 성공적으로 학업을 이어 가고 있다.

이렇게 성실하고 독하게 학업을 이어 갈 재질이 아니라면, 그냥 있는 학원 하나라도 충실히 따라가면서 인터넷 강의로 부족한 영역을 보완하는 수준으로 공부하기를 추천한다. 하지만 재력도 충분하고, 아이도 왜 공부해야 하는지 목적이 뚜렷하다면 의미가 없지는 않은 방법이라고 생각한다. 이 글을 읽는 대치 학군 학부모가 있다면, 아이 성향에 따라 잘 고려해서 하나는 모의고사 위주 수업으로, 다른 하나는 아이가 특히 힘들어하는 약한 영역 위주의 수업으로 두 군데 학원을 보내는 편도 나쁘지 않아 보인다. '아이가 잘 버텨 주기만 한다면' 아주 빠르게 성적을 올릴 수 있는 방법이긴 하다. 보통은 중학생 때 이만한 독기가 있기는 좀 어렵긴 하지만 말이다.

국어 선행, 결국 이 정도는 해야 한다

위에서 말한 바를 종합해서, 여태껏 아이들을 지도하면서 나름의 데이터를 통해 세워 본 선행 정도는 아래와 같다. 서울 안 주요 상위권 대학을 보내고 싶다면, 고등학교를 진학하기 전에 최소 이 정도는 선행을 했으면 하는 양이다.

① 고1 국어 모의고사 교육청 기출문제집(3개년, 12회)을 풀고 오답 정리까지 전부 완료
② 고등학교 국어 문법 범위를 2회독하여 이론을 숙지한 뒤 문법 문제집 1권 풀이
③ 문학 개념어 학습 1회 - 윤혜정 '개념의 나비효과' 등을 활용할 것

4 국어 학원, 언제 어떤 학원에 보내야 하나?

⇒ 문학은 기출문제집을 따로 더 풀기보다는 ①에서 작품 정리 꼼꼼하게 하는 수준으로도 충분하다. (학부모들 사이에서 유명한 《매3문》이라는 문제집이 있는데 그 문제집도 결국 교육청 모의고사 출제 지문을 활용해 편집한 문제집이다.)

고등학교에 진학하기 전 상위권 아이들은 교육청 고1 모의고사 기준으로 원점수 88-92점이 평균적으로 나온다. 한술 더 떠 유명한 전국 단위 자사고에 진학한 아이들은 고2 수준 모의고사를 봐도 88점 이상이 안정적으로 나온다. 아이가 공부에 싹수가 좀 있다면 수학이나 영어 선행에만 열 올리기보다 중학교 시절 이만큼만 국어를 꼭 끼워서 꾸준히 공부시켜 주면 고등학교에 진학해서 국어 성적 때문에 피눈물 흘릴 일은 많이 줄어들 것이다.

바로 이런 학원이
좋은 국어 학원

3

사실 뭐니 뭐니 해도 이미 성공적으로 입시를 치른 선배 엄마가 보내 봐서 성과가 잘 나온 학원이 과목 불문 최고인 건 만고불변의 진리다. 오랫동안 학부모들 사이에서 입소문으로 유명한 학원은 다 나름의 이유가 있다. 그러나 이런 류 '꿀 정보'는 누가 잘 가르쳐 주지도 않는 데다 내향형 학부모일 경우 휴민트(사람을 통해 얻는 정보)를 활용할 길이 상당히 요원하다. 그래서 그런 학부모들을 위해 학원 선택 기준을 정리했다. 전국에 있는 중학생을 내가 다 가르칠 수 있다면 참 좋겠지만 (호호) 물리적으로 그럴 수 없으니 10여 년 가까이 학원 밥 먹으며 온갖 볼 꼴 못 볼 꼴 다 본 사람으로서 괜찮은 국어 학원의 기준을 한번 세워 봤다. 대략 이 기준을 잘 참고해서 학원을 골라 보내면 시간과 돈 낭비했다는 느낌은 들지 않을 것이다.

좋은 국어 학원을 판단하는 기준

부정적 피드백을 더 자주 해 주는 학원

뭐니 뭐니 해도 1순위로 꼽히는 좋은 학원의 중요한 특징이다. 특히 대치동에서 아이를 기른다면 이 점을 1순위로 봐 주면 좋겠다. 학원은 칭찬 받으려고 보내는 곳이 아니어야 한다. 오히려 잘하는 애들이 너무 많아 자존감이 깎인다는 느낌이 매 순간 들어야 좋은 학원이다. 우리 애가 받아 오는 점수가 매번 100점에 그 반 1등이고 듣는 피드백이라고는 칭찬뿐이면, 그 학원과 그 수업은 우리 애가 듣기엔 너무 쉽고 실력 향상에 도움이 되지 않는다고 여겨야 맞다.

솔직히 대치동에서 수업하면서 제일 힘들었던 때가 언제냐면, 성적이 겨우 몇 점 왔다 갔다 하는 걸 가지고 이번엔 왜 떨어졌냐며 학부모한테 들들 볶일 때였다. 아이들은 기계가 아니니까 배워 가는 단계에서는 점수가 몇십 점씩도 오르내릴 수 있다. 어느 궤도에 이르기 전까지는 이게 정상이다. 그런데 이렇게 몇 점 가지고 선생을 못살게 구는 학부모들을 자꾸 만나다 보면 선생 입장에서도 부정적 피드백을 가감 없이 주는 일 자체가 너무 피로하게 느껴진다. 해서 좀 더 쉬운 길을 걷게 되는 것이다. 애들한테도 적은 양을 더 쉽게 가르치고 시험도 더 쉽게 내서, 대다수 학부모가 지금 당장 듣기에 달콤하고 마음이 안정되는 말을 해 줄 수 있도록 한다는 말이다. 그러면 부모도 컴플레인이 없고, 선생도 상담으로 진을 빼지 않아도 되니 정신과 몸이 편해진다. 그러나 아이 입장에서는 너무나 잘못된 길을 가고 있는 거다. 그러니 무슨 학원을 보내든(과목을 불문하고) 부정적인 피드백(아이가 숙제를 안 해 왔다, 점수가 많이 떨어졌다, 요즘 정신이 딴 데 가 있는 거 같다, 이 수업이 아이 수준에는 너무 어려운 것 같으니 다른 학원 보내라 등등)을 확실하게 주는 학원이 정말 용기 있고 양심 있게 운영하는 좋은 학원이다. 내 자식 부족하다는 말이니 들을 땐 기분 나쁠 수밖에 없더라도 쓴소리해 주는 학원을 일부러 찾아 보내려고 노력하라. 그리고 아이에 관한 피드백이 칭찬밖에 없다면 냉정하게 우리 애가 정말 그 정도까지 되는 아이인지 가슴에 손을 얹고 생각해 보자. 아무래도 부족한 게 많은 아이라면 학원을 옮기는 방안을 고민하길 추천한다.

아이 입에서 너무 힘들다, 가기 싫다, 선생님 무섭다, 숙제 많다는 소리가 나오는 학원

위에서 언급한 좋은 학원 특징으로부터 파생된 특징이다. 재밌고 즐겁기만 한 학원도 역시 좋은 학원은 아니다. 학원은 학교에서든 가정에서든 못 해 주는 서비스를 제공하려고 만들어진 사교육 기관이다. 학교가 형평성 문제로 인해 섣불리 지도해 주지 못하는 어려운 난도의 수업을 꾸리면서, 동시에 가정에서 부모 혼자서는 꾸준히 관리해 주기 힘들 만큼 상당한 학습량을 아이에게 꾸준히 가르쳐 나가야 교습비를 내는 의미가 있다. 해서 아이 입에서 한 번이라도 위와 같은 말이 나와야 돈값을 제대로 하고 있다는 의미로 봐야 한다. 물론 양이 많고 어려우면서도 재밌고 즐거울 수 있다. 선생님의 티칭 스킬이 뛰어난 경우다. 그렇다 하더라도 숙제 양이 많다는 소리는 나올 수밖에 없다. 아이가 학원 가기를 좋아하고 재밌어한대서 무조건 좋은 학원으로 보기는 어렵다. 명심하라. 학원은 안 다닐 때가 제일 편하고 즐겁고 재밌다. 바꿔 말하면 다니면서 그저 편하고 즐겁고 재밌기만 했다면 아이가 학원을 다닐 때나 안 다닐 때나 그닥 생활의 변화가 없었다는 말일 수도 있다.

주중에 클리닉이 따로 있는 학원

보통 국어 학원은 주말에 하루, 3시간 정도로 수업이 꾸려진다. 실은 영어나 수학처럼 주에 2회는 수업을 넣어야 과목 중요도에는 맞는 시수 구성이지만, 아직 학부모들 생각에 국어는 영어나 수학만큼 중요하다는 인식이 널리 퍼져 있지 않은 상황이라 어쩔 수 없이 대다수 학원들은 일주일에 하루, 단 3시간을 넣어 수업을 꾸리고 있다. 이렇게 일주일에 하루 3시간 공부하는 것만으론 성적이 오를 수 없다. 당연히 숙제가 나가는데, 이 숙제를 제대로 한 번에 해 오는 아이들 비중이 얼마나 될까? 처음엔 거의 없다고 봐야 맞다. 특히나 중학생의 경우, 숙제를 제대로 해 오는 아이들 비중은 60%도 안 된다. 그러면 주중에 하루 정도는 남겨서 숙제를 제대로 할 때까지 검사해 주는 정성이 성적 향상을 위해서는 꼭 필요하다. 그래서 나는 수업을 토요일과 일요일에 쭉 깔고, 주중에 이틀(화요일, 목요일)은 클리닉 시간으로 잡아서 숙제를 안 해 오거나 어휘 테스트 성적이 부진한 아이들을 따로 불러 공부를 시켜 오고 있다. 이건 초보 강사들도 간과하는 부분인데, 아이들을 잘 가르친다는 의미는 사실 강의를 잘한다는 게 아니다. 강의력이 좀 부족하다 하더라도, 아이들이 숙제를 제대로 해 오면 그 강의는 정말 좋은 강의다. 하지만 강의력이 화려하고 몰입감 있다 하더라도 아이들이 숙제를 제대로 해 오지 않는 강의는 그저 비싼 쇼에 불과하다. 그래서 관리가 잘되는 학원으로 아이를 보내라는 거다. 국어 과목에 있어서 '관리'라는 건 클리닉 수업이 주중에 있느냐 여부로 확인하면 크게 틀리지 않는다. 아직 미성숙한 아이들이다 보니 주중에 몇 번이라도 불러서 잡아 두기 시작하면, 아이들 스스로 국어 숙제만큼은 제대로 안 해 가면 정말 꼼꼼하게 지적받는다는 생각을 하게 되고 울며 겨자먹기로라도 먼저 신경 써서 하게 되어 있다. 그리고 숙제를 해야만 성적이 오른다. 강의 하나로는 죽었다 깨어나도 성적이 오를 수 없다.

입학 시 레벨 테스트가 있는 학원

학부모들 사이에서 뜨거운 갑론을박이 있는 주제다. 레벨 테스트를 해서 잘하는 애들을 뽑는 학원에 대한 볼멘소리를 한두 번 들은 게 아니다. 그렇지만 확실히 해 두어야 하겠다. 레벨 테스트를 치르지 않고 모든 아이들을 두 팔 벌려 환영하는 학원은 찾아오는 누구라도 받아야 할 만큼 돈을 못 벌고 있다는 뜻으로 봐야 한다는 점을. 물론 레벨 테스트를 통해 잘하는 아이들만 받는 학원들이 있다는 것을 모르는 건 아니다. 그러나 대다수의 학원들이 레벨 테스트를 치르는 이유는, 기존에 수업을 듣던 아이들과 현재 들어오려는 아이의 수준이 얼마만큼 차이가 나는지, 그래서 이 친구와 기존에 수강하던 친구들 모두에게 시너지가 날 수 있을지를 가늠해 보려는 동시에 신규생이 어디에 약점과 강점이 있는지를 파악하기 위해서다. 나는 레벨 테스트를 치르지 않고 학생을 받는다는 게 과연 가능한가 싶은 생각이 든다. 대치동 대형 학원에서는 학생들을 테스트 없이 받기도 한다. 그런데 이렇게 아이들을 받아도 내부에서는 테스트를 치러서 암묵적으로 우열을 가른 뒤, 나중에 시간표를 나누는 한이 있더라도 따로 반 편성을 한다. 그래야 맞고 말이다. 해서 처음에 들어갈 때 레벨 테스트가 없는 학원이라는 건 아이들 레벨을 나눌 만큼 원생이 모집되지 않은 학원이라고 봐도 무방하다. 그렇게 검증되지 않은 학원에 아이를 굳이 보내겠다면 말리지 않겠으나 내가 부모라면 레벨 테스트와 아이 수준에 대한 피드백이 없는 학원에 아이를 맡기지는 않을 것 같다.

매주 어휘 테스트를 치르는 학원

이건 기본이다. 국어 학원이어도 어휘 테스트는 매주 치러야 한다. 적어도 중1 기준으로 25~30개 이상의 사자성어, 속담 등 관용어 테스트를 봐야 한다. 50개씩도 외우게 해 보고 100개도 내 보고 했으나, 요즘 아이들의 어휘력 수준이 상당히 형편없는 수준이라 30개를 넘어가면 다 토해 내곤 해서 꾸준히 오래 시키려면 30개 정도가 최선이었다. 이 정도를 매주 암기 시키지 않는 학원은 없을 듯한데 예전에 다른 학원을 다니다 온 아이에게서 어휘 테스트를 본 적이 없었다는 말을 들은 게 기억나서 노파심에 끼워 둔다. 영어 학원에서 영단어 시험 보는 게 너무 당연한 상식이듯 국어 학원도 국어 단어(한자어, 속담, 한자성어, 한자) 시험을 보는 건 상식이자 지극히 당연한 기본 중 기본이다.

중학생에게도 비문학 글 읽기를 비롯한 문제 푸는 방법을 가르쳐 주는 학원

대치동이 아니라면, 보통 국어 학원들은 중학생들에게 문학과 문법만 가르칠 것이다. 나도 대치동이나 목동 등 학군지에서 강의를 꾸려 왔다 보니 중학생들에게도 비문학을 가르치고 있지만, 보통은 아이들이 문학과 문법만 소화하기에도 벅차니 비문학을 가르치기가 쉽지 않은 형편인 듯싶다. 그런데 쭉 읽어 온 학부모라면 이제 잘 알겠지만, 비문학은 어느 순간 배워서 되는 영역이 아니다. 어릴 때부터 글 읽기 방법을 터득해서 꾸준히 연습을 거듭해야 체화할 수 있다. 그래서 집 근처 국어 학원에서 혹시 아이들에게 비문학을 제대로 강의해 주고 있는지를 꼭 체크해 보면 좋겠다. 아이들이 비문학 수업을 소화하기 어려운 상황이라 하더라도 수능 국어 수준을 알고 있는 강사들이라면, 어떻게든 비문학 글 읽기 시간을 수업 시간 안에 끼워 넣어서 구성하려고 노력하리라 생각한다. 한편, 문학과 문법만 가르친다고 해도 문학 작품을 하나하나 가르치는 방식보다는 교육청에서 출제된 모의고사 지문을 가져다가 '문제를 푸는 실전적인 방법'을 가르쳐 주는지를 꼭 교재를 통해 확인하길 바란다. 요즘은 수능에서 누구나 다 아는 작가의 작품들(이를테면 김소월의 〈진달래꽃〉, 정철의 〈관동별곡〉 기타 등등)은 거의 출제되지 않는다. 즉, 사전에 알고 있는 작품들이 출제되기보다는 익숙하고 유명한 작가라 하더라도 그 작가의 생소한 작품들이 출제되는 추세다. 해서 어떤 작품을 보든 그 자리에서 주어진 정보(〈보기〉 지문 등)를 통해 답을 어떻게 찾아내야 하는지, 그 문제 풀이 접근법을 가르쳐 주는 강의가 훨씬 더 도움이 된다. 물론 처음으로 문학을 배울 때는 문학 용어도 익혀야 하고, 정말 유명한 작품들은 작품 하나씩 따로 떼서 해석하는 방법도 필요하다. 그러나 어디까지나 중학교 2학년 1학기 때까지에 한해서다. 2학년 2학기 때부터는 교육청 모의고사 지문을 활용해서 문제를 어떻게 푸는지 그 스킬도 배우게끔 커리큘럼을 구성해야 아이에게 도움이 된다.

내신보다 수능 준비에 훨씬 더 포커스를 맞춰 수업하는 학원

위에서 말한 특징과 상통하는 부분이다. 중학교 국어 내신 시험에서 100점을 맞는 일보다 더 중요한 건 장기적 안목을 가지고 우직하게 수능과 직결된 학습(앞에서 말했듯 글 읽는 방법을 가르쳐 준다거나 아니면 문학 문제에 어떻게 접근해야 하는지를 알려 준다거나)을 꾸준히 하는 것이다. 하지만 학군지에 있으면서 현실적으로 내신 수업을 하지 않을 수는 없었고, 국어 내신은 기본적으로 양이 정말 많다. 그래서 중간고사, 기말고사를 앞두고는 최소 4주는 내신 수업에 어쩔 수 없이 잡아먹힌다. 하지만 대치동이나 목동을 제외한 지역들은 국어 내신이 그렇게까지 많은 시간이 소요될 만큼 어렵게 출제되지는 않는다. (간혹 선생님이 각성하고 자체 제작 프린트를 주는 학교들도 있기는 있지만 비율이 그리 높진 않다.) 해서 국어 내신을 준비하기 위해 4주 이상의 시간을 소요해서 오로지 중학교 교과서에 관련된 내용만을 다루는 커리큘럼을 가진 국어 학원은 되도록 보내지 않는 편이 낫다. 특히 내신을 먼저 준비하면 수월하다는 이유로 겨울방학이나 여름방학 때 교과서 안에 있는 문학 작품을 한 바퀴씩 전부 돌려 준다는 특강을 나도 예전에 어쩔 수 없이 학원이 요구하니까 했던 적이 있었는데, 준비하면서도 어차피 내신 기간이 되면 토 나오게 반복하게 될 작품들(거의 외우게 되다시피 할 것이다)을 굳이 방학 때 먼저 배울 필요가 있나 싶었던 적이 있다. 내신 준비에 드는 시간은 최소화하고, 수능과 직결된 모의고사 수업이 주가 되는 학원인지를 꼭 확인하자.

자체 제작 교재로 수업을 진행하는 학원

이에 대해서도 갑론을박이 상당하다. 시중 교재가 제일 좋은데 꼭 강사 자체 제작 교재가 필요하느냐는 의견인데, 이에 대한 내 생각은 확고하다. 자체 제작 교재를 만드는 강사와 만들지 않는 강사의 실력 차이는 분명히 있다. 만약 모종의 이유로 교재를 만들지 않고 그냥 시중 교재를 쓰는 강사라도 자기만의 프린트(그게 교재에 나온 내용을 확인하는 프린트든 아니면 따로 수업 내용을 정리하는 프린트든)는 아이들에게 꾸준히 제공하고 있어야 게으른 강사가 아니라고 할 수 있다. 시중 교재는 아무래도 그 교재 하나를 만들기 위해 많은 사람의 노력과 자본이 들어간 콘텐츠이기 때문에 강사 개인이 한 땀 한 땀 엉성하게 작업한 것보다 디자인이나 디테일이 월등하게 좋다는 장점은 있다. 그러나, 강사가 강의를 꾸준히 하다 보면 본인이 따로 특별히 강조하고 싶은 지점이라든가 강의를 했을 때 특별히 아이들이 받아들이기 어려워했던 아쉬운 점들이 반드시 생기기 마련이다. 그럴 때 수업의 순서를 나름대로 바꿔 보고 싶은 생각이 분명 든다. 시중 교재는 완벽하게 내 강의용으로 만들어진 교재들이 아니기 때문이다. 그럴 때 자기 강의에 열정이 있는 강사라면, 처음에는 짜깁기를 하는 한이 있더라도 강의에 맞게 교재를 재편하려는 시도를 하게 된다. 강사 개인의 브랜딩을 위해서도 필수이지만, 좀 더 효율적인 강의와 수강생의 편의를 위해서도 필요한 작업이다. 그래서 제대로 된 선생이라면 매일 키보드를 두드리며 교재를 편집하느라 몹시 바쁘다. 국어 학원에서 아이들을 위해 따로 만드는 교재나 프린트가 있는지를 살펴보라. 아무리 초짜 선생이라 하더라도 그 선생이 아이들에게 진심이고 가르치는 일에 성의가 있다면 하다못해 강사가 손으로 필기해서 만든 프린트라도 따로 챙겨 주고 있을 것이다. 이마저도 없는 학원이라면 강사가 게으르달 수밖에 없다.

어떤 선생님이 실력 있을까?

문제를 출제할 줄 알아야만 실력 있는 선생일까? NO!

어느 유튜브에서 고3 모의고사 수준의 문제 출제를 할 수 있는 강사가 실력 있고 좋은 선생이며 그런 선생이라야 고등 단과 수업을 할 수 있다는 내용을 봤는데, 반은 맞고 반은 틀리다. 최소한 국어 과목에 있어서만큼은 문제 출제를 할 수 있는 강사인가가 그렇게 중요하지 않다.

1. 문학 영역 : 전공자가 아니라도 어느 정도는 문제를 출제할 수 있는 영역이다. 애초에 문학은 많이 어렵게 내기가 좀 힘들다. 문제를 위해서 출제자가 따로 글을 쓰는 영역이 아니기 때문이다. (고전소설을 《창선감의록》같이 등장인물이 미친 듯이 많이 나오는 작품을 선택하여 일부러 틀리라고 출제한다면 또 이야기가 달라지긴 하지만 대체로 그러하다.)

2. 비문학 영역 : 출제자가 대학이나 대학원에서 전공한 학문에 관한 분야는 괜찮은 문제를 낼 수 있다. 나 같은 경우는 대학에서 사회학과 정치학을 전공했고, 경제학 수업을 다수 들었기

때문에 게임이론이나 경제학 지문, 투표 행태 이론, 마르크스나 헤겔의 이론과 관련한 문제들을 주로 출제해서 팔았던 적이 있다. '이감 모의고사' 같은 곳에 2020년까지 팔았고, 재수 종합학원인 '러셀'에 들어가는 국어 모의고사를 개발하던 초창기에 잠시 비문학팀으로 일한 경험이 있다. 비문학은 비전공자가 출제하기는 좀 어렵고, 특히 이과 쪽 기술, 공학, 과학 지문은 전공자가 아니고선 문제 리뷰 정도만 할 수 있을 뿐이다. 그러니 국어국문학만 전공한 선생님이 비문학 문제를 출제할 수 있다고 한다면 오히려 그 진위를 의심해 봐야 한다.

3. 문법 영역 : 문법은 국어국문학 중에서도 문법 관련 전공을 하는 석사 이상이 출제해야 오류가 없는 영역이다. 그래서 강사의 학부 전공이 국어국문학이라고 하면 문학과 문법 문제는 출제할 수 있을지 몰라도, 비문학 영역만큼은 남의 손을 빌려야 할 가능성이 높다. 한편 비문학은 전공자가 아니고선 오개념 없이 출제를 하기 결코 쉽지 않다. 그렇다고 비문학 문제를 잘 출제하는 사람이 문학과 문법을 출제할 수 있는 수준이 될까? 문학은 가능할지 모르겠으나 문법은 거의 어렵다고 본다.

그러니 본인 이름으로 된 모의고사를 제작하는 강사라고 하면 그 강사가 전 영역에 모두 손을 댄다기보다 본인이 모셔온 출제 팀이 있어서 강사가 잘하는 분야 외에 다른 영역을 손 봐 줄 출제자를 잘 구한 경우(대신 해설은 강사 본인이 마지막에 감수를 잘하는 게 중요하긴 하다)라고 봐야 맞다. 이는 돈이 아주 많이 드는 작업이다. 그래서 국어 과목에 한해서는 '모의고사 수준의 문제를 출제할 수 있는 선생이냐'와 '애들 성적을 궁극적으로 올려 줄 수 있는 선생이냐'는 상당히 별개다. 자기 콘텐츠에 개발 비용을 쓸 수 있는 여력과 의향이 있느냐 여부 정도로 보면 된다. 개인적으로는 무턱대고 문제 출제를 할 시간에 '이감 모의고사'를 애들한테 하나라도 더 풀이해 주는 국어 선생님이 실질적으로 아이들에게는 더 도움이 된다고 본다.

한편 국어 모의고사 제작의 맹점은 QC, 즉 퀄리티 컨트롤(균질한 품질 관리)이 매우 어렵다는 데 있다. 국어는 수학이나 과학, 사회탐구처럼 딱 떨어지는 답이 있는 과목이 아닌 데다 틀을 만들기도 체계화하기도 어려워서 출제자 한 명의 퍼포먼스에 기대야 할 때가 많다. 또 문제 제작을 할 때 시간이 상당히 오래 걸린다. 또한 예전에 냈던 지문과 섞어서 출제할 수 있는 게 아니다 보니(아 해 다르고 어 해 다르다 보니 조사나 어미 하나만 바꿔도 답이 달라지는 경우가 있다) 모든 문항을 아예 처음부터 다시 만들어야 한다. 김봉소라고 하는 강사가 이감 모의고사를 제작해 크게 성공한 뒤, 많은 사람들이 국어 모의고사를 제작하기 위해 열심히 시도했지만 이러한 문제로 인해 실제로 돈 버는 회사는 많지 않은 실정이다. 한편 이과 지문 제작자가 특히 귀한데 그 제작자를 키워 내는 것도 어렵고, 키워 냈을 때 꾸준히 버티기도 어려워서 사실상 제대로 된 이과 비문학 지문 제작자는 손에 꼽는다. 해서 그 강사가 모의고사 수준의 문제 출제를 할 수 있는 사람이냐와 이 강사가 진짜 실력 있는 국어 강사인지 사이에는 그닥 깊은 상관 관계는 없다.

국어 강사가 꼭 전공자여야 한다? 이것도 아니다

이 역시도 대치동 학부모들 사이에서 계속 도는 좋은 강사 고르기용 잣대인데, 사실 수능 비문학이 이렇게 어려워지기 전에는 국어 강사가 국어 교육을 전공한 게 의미가 있었을 것 같다. 그런데 요즘 수능은 문학보다도 비문학이 훨씬 어렵고 거기서 준킬러 문제들이 많이 나온다. 학부 때 국어 교육을 전공한 강사들은 문학과 문법은 발군으로 잘 가르칠지 모른다. 하지만 다양한 배경지식을 따로 공부하지 않았다면, 이 강사들은 다양한 제재를 섭렵해야 하는 비문학 지문 강의를 제대로 소화하지 못하는 경향이 있다. 해서 수능 판을 현재 주름잡고 있는 국어 선생들의 면면을 살펴보면 생각보다 국어를 전공한 사람들보다 쌩뚱맞은 컴퓨터 공학, 철학, 법학 등 다른 전공을 했던 사람들이 더 많다.

한편 중학생들한테는 전공자를 따지는 게 의미가 또 없다. 중학생에게 필요한 문학과 문법 지식은 전공자여야만 잘 가르칠 수 있는 수준이라기엔 너무 낮은 수준이다. 자꾸 전공자냐 아니냐를 따지는 학부모들이 상당한데, 그보다는 그 강사가 얼마나 밥벌이에 진심이며 돈 욕심이 있어 열심히 아이들을 돌보는 사람인가를 살펴보는 편이 훨씬 나을 것이다. 보통 돈에 대한 욕심이 있어서 수업도 이것저것 여러 개 하려고 하고 아이들을 학원에 자주 불러서 학습시키려는 의욕이 있는 비전공자 선생이, 국어 교육은 전공했지만 정해진 수업 외에 이렇다 할 관리나 특강 등이 거의 없는 선생보다 아이들을 더 잘 휘어잡고 성과를 낼 가능성이 높다.

좋은 대학 출신이어야 좋은가? 이것도 100%는 아니다

나는 SKY를 나왔는데도 중학생을 가르치는 좀 특별한 케이스다. 나는 단순하게 고등학생 때는 가르쳐 봤자 내가 원하는 성적(수능 1등급 이상)을 내기가 힘들고, 고등학교 국어 내신 시험을 준비하기가 싫어서(너무 억지인 문제들도 많이 나오고 내신의 비중이 너무나도 중요하다 보니 수능에 차분하게 집중할 시간이 정말 없다) 중학생만 가르치는 것으로 시장에서 자리매김을 했다. 보통 나 정도 학벌이 되는 선생님들은 고등학생을 가르치고 싶어 하는데, 그래서 학부모님들이 나를 더 많이 찾아 준 것도 있다. 실제 상담 오신 학부모님들 중 "선생님이 고려대를 나오셨으니까 아무래도 아이한테도 훨씬 더 도움될 거 같아 찾아왔어요." 하고 대놓고 말씀하신 경우도 있었다.

학벌 좋은 선생이 좋다고 하면 나 개인의 영업에는 상당한 도움이 되긴 했으나, 이 책은 공신력 있는 정보를 주기 위한 것이라 양심선언을 해야겠다. 좋은 학벌을 가진 강사가 꼭 잘 가르친다는 보장은 안타깝게도 없다. 잘 가르치는 선생이 어쩌다 보니 학벌이 좋았을 뿐 학벌이 좋다고 무조건 티칭 실력까지 좋다고 착각하면 안 된다. 본인이 공부를 잘하는 것과 남에게 지식을 잘 전달하는 건 상당히 별개이기 때문이다. 본인이 타고난 머리가 좋아 공부를 원래부터 잘했던 경우에는 오히려 남들이 얼마나 모르고 있는지를 파악하지 못하기도 한다. 해서 오히려 공부를 못했다가 성적을 올려 본 경험이 있는 사람들이 티칭을 잘하는 경우를 상당히 자주 봤다. 그럼 나는 뭐냐고? 나는 드물게도 본인이 공부도 잘했고 다른 사람도 잘 가르치는 선생이라고 해 두겠다(호호). 사실 나 같은 경우도 '중학생들이 이렇게까지 모른다고?'를 매일매일 경험하면서 티칭을 보강해 나가고 있다. 기자로 일했을 때 읽는 사람을 배려하며 글을 쉽게 쓰고 고치는 연습을 숨 쉬듯 했던 경험이 그나마 도움이 되었다고 해야 할까. 아무튼 강사 학벌을 너무 과하게 따질 필요는 없다. 학벌보다도 그 강사의 삶에 대한 열정, 아이 성적에 대한 집착(보통 강사의 돈 욕심과 상당히 연결되어 있다), 학부모들 사이의 평을 참고해서 학원을 골라 보길 권하고 싶다.

4 국어 학원, 언제 어떤 학원에 보내야 하나?

이런 국어 학원에는
되도록 보내지 말 것

4

좋은 학원의 요건을 아는 것도 중요하지만, 사실 좋지 않은 학원의 특징을 아는 편이 더 유용하다. "이런 남자/여자 만나라!" 보다는 "이런 사람은 만나지 않아야 한다!"가 훨씬 유용한 것처럼 말이다. 그래서 나름의 기준을 꼽아 보았다.

상담 전화가 너무 자주 오거나 설명회를 너무 자주 하는 학원

생각보다 많은 학부모들이 간과한다. 강사의 시간도 학부모나 아이의 시간과 마찬가지로 하루 24시간으로 한정돼 있다는 점을. 한편 강사의 에너지 역시 무한정이 아니다. 그런데 학원 선생이 학부모 응대로 시간을 과하게 낭비하고 있다? 아이들 지도나 수업 연구에는 그만한 시간을 들이고 있지 못한다는 뜻이다. 게다가 설명회를 휘황찬란하게 여러 번 하고 있다? 그 설명회만 믿고 수업을 들어갔을 때 사기당했다고 느낄 확률이 높다. 사람의 에너지와 시간과 자본은 무제한이 아니므로, 번지르르하게 겉을 꾸미다 보면 내부가 부실할 확률이 매우 높다.

특히 초중등 아이들을 가르치는 강사들 중 간혹 상담이나 설명회에만 매우 치중하는 선생들을 만날 때가 있다. 고등학생들은 지필고사도 매우 자주 치르는 데다 아이들 스스로도 학원을 오래 다녀 봤다 보니 강의 몇 번 들어 보고 성적이 좀 낮게 나오면 얄짤없이 학원을 옮기기에 이런 선생들이 살아남기 어렵다. 하지만 초중등 때는 아이들이 아직 어리고 지필고사도 치르지 않는 시기이니 상대적으로 학부모를 눈속임하기가 쉽다. 해서 수업 자체의 퀄리티를 올리려고 신경 쓰기보다 학부모에게 잘 보이면 장땡이라고 생각하는 선생들을 더러 본 적 있다. 선생님이 자주 연락을 주고 상담을 자세하게 해 준다고 무조건 좋아하지 말았으면 좋겠다. 오히려 학부모에게 연락할 시간과 에너지를 최대한 아껴 아이들을 위한 수업 연구, 자료 만들기에 쏟아붓는 선생님을 찾는 게 내 아이에게는 훨씬 내실 있는 선택일 수 있다.

아이들의 시간을 아껴 주지 못하는 학원

경기도 외곽의 모 지역에 출강을 하던 시절이었다. 그 지역에서 제일 잘나가는 학원이 바로 내가 출강하던 학원 옆에 있었다. 그 학원의 운영 방식은 내가 보기에 너무나 이상했다. 딱 봐도 어마어마한 양의 문제들을 인쇄해 주고 아이들을 주말 내내 잡아 두는데도 아이들이 너무 많았다. 거의 12시간씩 학부모 눈앞에서 아이들을 치워 주는 보육의 대가로 눈먼 돈을 쓸어 담고 있던 셈이었다. 저렇게 비효율적으로 공부를 시키는 학원이 그렇게 돈을 많이 번다는 게 믿기지 않았다. 좋은 학원, 양심 있는 강사라면 아이들이 내 과목만 듣는다고 생각하지 않아야 맞다. 아이들은 국어만 공부하는 게 아니라, 수학과 영어도 하면서 국어도 해야 하는 상황에 놓여 있다. 그럴 때 강사는 본인이 아이들보다 해당 과목을 먼저, 많이 연구해 본 끝에 얻어 낸 최적의 공부량과 최선의 루트를 제시해 어떻게든 최소 인풋으로 최대 아웃풋을 끌어내려고 노력해야 한다. 그 대가로 받는 돈이 교습비 아니겠는가. 이 강사가 아이들의 시간을 최대한 아껴 주기 위해 노력을 하고 있는지를 살펴보라. 물론 아이가 숙제를 너무 많이 안 해 왔다거나, 혹은 내신을 준비하기 위해 문제집 한 권을 전부 풀어 봐야 하는 상태라거나 하는 특수한 상황이 있을 수 있다. 그러나 아무리 그런 경우라 하더라도 아이의 시간을 아껴 주려고 노력한다면 몇천 문제를 무식하게 풀게 하는 방식을 섣불리 선택하지 않는다. 무조건 공부할 양을 많이 주고, 오래 아이를 앉혀 놓는 학원은 차라리 제끼는 편이 낫다. 다른 과목과의 밸런스를 고려하지 않고 커리큘럼을 짜는 학원은 결코 좋은 학원이랄 수 없기 때문이다. 대치동에도 거의 아동 학대 수준으로 심하게 많은 양을 공부시키는 모 학원이 있다. 학부모들 사이에서 그 학원을 안 보내면 안 될 것처럼 위기감이 조성되어 대기까지 해서 간절히 수강하곤 하는데, 같은 국어 강사가 봤을 때 솔직히 중학생 때 그렇게까지 스트레스받아 가면서 국어를 많이 공부할 필요는 없다. 차라리 그 시간에 수학을 더 공부하는 편이 아이에게 장기적으로 훨씬 도움이 된다. 어디서든 중용은 미덕이라는 것을 잊지 말기 바란다.

시중 교재로'만' 수업하는 학원

아까 좋은 학원의 요건으로 꼽았던 부분이지만 워낙 중요해서 한 번 더 언급한다. 오랫동안 수업을 하다 보면 내 스스로 구현하고 싶은 강의에 딱 들어맞는 수업 교재는 없다는 걸 강사라면 누구나 느끼게 된다. 그럴 때 시중 교재나 교육청 모의고사를 활용해 콘텐츠를 제작해야만 하는데 이 과정은 정말이지 고통스럽다. 교재 편집을 아무에게나 맡길 수가 없기 때문이다. 설령 편리를 위해서 시중 교재만을 선택했다 하더라도 그와 관련한 아무 자료조차 만들지 않았다면 게으른 학원으로 봐야

4 국어 학원, 언제 어떤 학원에 보내야 하나?

하지 않나 싶다. 나 같은 경우는 번거롭고 고되지만 매달 새 교재를 만들고 있으며, 매해 교재를 수정한다. 자체 제작 교재라 하더라도 매해 교재 내용을 바꾸고 있는지도 눈여겨보면 좋을 지점이다.

대학생 과외는 되도록(거의 무조건) 피해라

이건 상식이라고 생각했는데, 학부모들만 잘 모른다 싶었던 학원계 불문율이 있다. 바로 대학생 과외는 절대 하면 안 된다는 점이다. 그 학생이 서울대, 아니 서울대 할애비 학교를 다닌다고 할지라도 시키면 안 되는 게 대학생 과외라고 생각한다. 대학생이라 해도 본인이 스스로 자료를 만들어 아이들을 교육시키는 데 진심인 과외 선생도 아주 간혹 있다. 그렇지만 그럴 확률이 얼마나 되겠는가. 대학을 간 지 얼마 안 되었을수록 아직 미성숙해서 본인이 가르치는 아이들의 인생에 자기의 티칭이 얼마나 큰 영향을 주는지 인지하지 못하고 있을 확률이 높고, 그저 고수익 알바 중 하나로 여길 가능성이 높다. 게다가 아까 앞에서도 언급했지만 본인이 좋은 대학을 다니는 것과 다른 사람을 가르쳐 깨우치게 만드는 능력 사이에는 거의 아무런 상관관계가 없다. 정말 별개다. 대치동에 있는 스타벅스에 가면 가끔 대학생으로 보이는 아이가 고등학생을 티칭하고 있는 경우를 왕왕 본다. 옆에 앉아서 티칭하는 걸 듣고 있으면 가관이다. 제대로 가르치는 경우는 열에 한 번 있을까 말까다. 대부분 휴대폰을 보면서 문제를 풀라고만 하고 있거나, 풀다 못한 학생이 이 문제는 잘 모르겠다고 하면 면전에 대고 핀잔이나 구박을 주기도 한다. 정말 돈 아깝다는 생각을 많이 했었다. 그래서 되도록 대학생 과외는 매우 예외적인 경우(이미 다른 아이들을 많이 가르쳐서 성과를 냈다거나 하는 경우다. 나도 대학 다닐 때 논술, 영어 문법 과외로 아이들 대학을 잘 보내서 이미 10년도 더 전에 한 달에 300만 원씩 벌기도 했었다. 그런데도 대학생 과외는 어지간하면 시키지 말라는 거다. 내가 그때 그렇게나 많이 벌 수 있었던 건 나같이 성의껏 욕심과 양심을 가지고 가르치는 대학생 선생이 그만큼 흔치 않았다는 의미니까)가 아니라면 정말 피하라 권하고 싶다.

아이가 재미있고 쉽다는 얘기만 하는 학원

앞에서도 언급했던 바다. 학원은 재미만 있어선 안 된다. 아이 입에서 고통스럽고 힘들고 어렵다, 못하겠다는 소리가 간헐적으로라도 꾸준히 나와 주어야 좋은 학원이라고 봐야 한다. 우리가 운동 다 할 줄 아는데 퍼스널 트레이너를 고용하는 이유가 있지 않은가? 내가 죽도록 힘들어서 '한 개 더'를 도저히 못 하겠을 때 억지로라도 하나를 더 하게 만들어 주는 트레이너가 좋은 사람이듯, 그렇게 시켜 주는 학원을 찾아서 보내도록 하라. 맨날 회원이랑 노가리만 까고 운동을 안 시키는 트레이너

가 돈값을 한다고 하긴 어려운 것처럼, 학원도 마찬가지다. 힘
들지 않은 학원은 학원이랄 수 없다.

국어 전문 '대형'학원을 가도 되는 아이와 가면 안 되는 아이

대치동이나 목동에는 국어만 따로 전문으로 가르치는 대형 학원들이
있다. 또 중학교 3학년 여름방학이 되면 예비 고1 수업으로 각종 단과
수업들이 론칭되어 대규모로 학생을 모집한다. 적게는 30여 명에서 많
게는 100명씩도 한 타임에 욱여넣어 수업이 진행되는데, 이 수업으로
효과를 볼 수 있는 학생은 사실 정해져 있다.

보통 한 타임에 30명 넘는 규모의 강의를 대형 학원 강의라고 봐야 한
다. 학습자 입장에선 인터넷 강의와 크게 다를 바 없는 형태의 학습이
다. 현실적으로 한 반에 30명이 넘어가면 강사가 학생을 한 명 한 명 돌
보기 어려워진다. 따라서 본인 스케줄 관리나 자기 주도 학습이 안 되는
아이가 대형 학원 강의를 듣는다고 한들 성적이 오를 리가 없다. 물론
대형 강의를 하는 강사들은 보통 조교를 쓴다. 하지만 조교가 아이들을
관리해 봤자 단어 숙제 제대로 외웠나 보는 정도가 다다. 조교 한 명이
아이들마다 달라붙어서 비문학을 봐 준다거나 오답 정리를 제대로 했
는지 확인한다거나 하기가 현실적으로 상당히 어렵다. 강사들은 조교들
도 그런 걸 다 해 줄 수 있다고 설명회에서 말하고는 하지만, 사실 국어
라는 과목의 특성상 좀 어려운 측면이 있다. 수학에서는 현 모 강사, 사
회탐구에서는 이 모 강사, 영어는 누구누구. 이렇게 딱 갈리는 1타 강사
가 있는데 국어만큼은 이렇다 할 뚜렷한 1타가 없다는 생각을 해 보지
않았나? 국어는 그 어떤 과목보다도 '자료'가 우선인 과목이다. 대동소

이한 내용들을 얼마나 일목요연하게 아이들이 받아들일 수 있도록 정리했느냐가 우선이며, 그 다음으로는 학생 관리(제대로 비문학 숙제 하고 오답 정리 하게 했는지)가 중요하다. 해서 조교에게 자료 파일을 전부 맡기거나, 티칭 노하우를 모두 공유해 줬다가는 자칫 조교가 그 자료를 들고 본인 강의를 론칭해 버릴 위험성이 있다. 따라서 티칭 노하우를 전부 전수하는 데는 상당한 위험 부담이 따른다. 다른 과목 사정은 모르겠지만 그래서 국어 과목에서만큼은 조교는 단순 업무 위주로 뽑는다. 출결 관리나 프린트 나눠 주기, 영상 녹화 등 아르바이트를 단기로 구해 쓰는 것이다. 아이들에게 조교가 붙어서 관리를 한다고 하는 말은 그냥 어휘 암기 안 한 학생 남겨서 외우는 자리에 같이 앉아 있는 수준만 되어도 감지덕지라고 생각해야 편하다. 즉, 조교가 있다고 해도 그 조교에게 실질적인 티칭을 받을 가능성이 없는 것이다. 그래서 자기 스스로 통제가 잘 안되면서 인터넷 강의로 효과도 많이 못 본 중학생들은 (어차피 국어 대형 강의는 많지도 않겠으나) 대형 강의보다는 한 타임당 15명에서 20명이 최대 정원인 학원에서 조교 안 쓰고 선생님이 다 직접 관리하는 학원 형태가 학습에 가장 좋다. 다만 아이가 어느 정도 자기 관리도 잘되고, 학습에 대한 열의도 있고, 이미 고1 모의고사에서 80점 이상 원점수가 나오는 상태라면 더 많은 아이들과 경쟁하는 분위기를 조성한다는 차원에서 대형 학원에 가 보는 것도 추천한다. 대형 학원은 공부 못하는 학생보다는 공부를 어느 정도 잘하는 학생이 강호에 무림 고수가 얼마나 있는지 정찰하러 가는 곳이라고 봐야 맞다. 우리 아이가 지금 썩 공부가 완성된 상태도 아니고 각종 미디어 기기가 유혹하면 그대로 쓰러지는 유형이라면 가 보았자 전기세만 내 주고 올 가능성이 매우 크다.

국어 문제집과
인터넷 강의는
이렇게
고르자

⑤

남들이
좋다는 문제집
무조건 따라 사지 마라!

1

아마 이 파트에서 여러분은 내가 이 문제집, 이 인터넷 강의만 구매하면 최고라고 콕 찍어 주길 바랄지도 모르겠다. 그러나 그렇게 하지 않겠다. 왜냐면 아이마다 취약점이 다르고 취향도 다르기에 모든 아이에게 좋은 문제집과 인터넷 강의는 있을 수 없다고 생각하기 때문이다. 이 책만 하더라도 자녀 교육을 '빡세게' 시키고 싶은 학부모들에게는 좋은 내용이 담겼다는 말을 들을 수 있겠지만, 딱히 그럴 의도가 없는 부모들에게는 이렇게 시키다간 애 잡겠다는 인상을 줄 수도 있다. 해서 나는 5부에서 어떻게 하면 각자에게 맞는 학습 도구를 찾을 수 있는지 방법론 위주로 설명을 남기고 참고할 만한 문제집 유형을 한두 권씩 추천하려 한다.

이 글을 쓰기 전 미리 유명하다는 네이버 블로그나 카페를 통해 많이 추천받는 국어 문제집과 강의들이 무언지 살펴봤다. 다 좋은 문제집과 강의들이었다. 그런데 남들이 좋다는 그 책과 강의들을 당장 달려가 구매하기 전에 내 아이에게 정말 그 교보재들이 적합할지에 대해서는 깊이 고민해 봐야 한다. 해서 먼저 객관적으로 아이의 국어 실력을 파악하기 위한 방법들을 밑에 실었다.

아이의 객관적인 국어 실력을 파악하는 방법

아이의 객관적인 국어 실력을 파악하기 위해 가장 정확한 방법은 고1 모의고사를 80분 시간을 정확하게 재서 풀어 보게끔 하는 것이다. 그러나 중2 겨울방학 이전에 고1 모의고사를 치르게 해 봤자, 보통 아이들이 맞은 문제가 틀린 문제보다 훨씬 많을 것이므로 그때 친 국어 점수는 그다지 의미가 없다. 게다가 아이들은 80분이라는 긴 시간 동안 문제를 풀어 본 경험이 거의 없고 지필고사를 자주 치른 세대도 아니다 보니, 본인이 원래 가진 역량을 첫 시험에서 발휘하지 못하기도 한다. 해서 이 방법이 능사는 아니다.

이럴 때 각 학교 국어 내신을 가지고 평가를 해 달라는 어머님들도 있다. 그러나 학교 내신(특히 대치동이나 목동을 제외한 나머지 서울 권역이나 지방의 학교들)은 아이가 국어를 잘하는지 못하는지를 가늠할 수 있는 정확한 척도가 되지 못한다는 게 내 생각이다. 내신은 이미 주어진 범위 내에서 얼마나 자세하게 학교 선생님 필기를 외우고 외부 지문을 여러 번 봤는지에 대한 성실도를 평가할 수는 있어도, 모르는 영역에 관한 어려운 글이 나왔을 때 그 지문을 정확하게 읽어 낼 수 있는지를 알려 줄 수는 없기 때문이다. 그럼에도 불구하고 그나마 전국의 중학생들에겐 모두 있을 국어 시험과 관련한 기준은 내신 점수뿐이니 이를 기준으로 삼아 방법을 마련해 봤다.

① 95점에서 100점에 가까운 점수를 매번 받아 오는 아이

기본적으로 성실도는 증명된 셈이니 공부할 바탕은 됐고 엉덩이 힘도 있다고 할 수 있다. 이럴 때엔 고1 미니 모의고사 문제집을 매일 1회분씩 풀게 해 5회분의 점수를 살펴보길 바란다. 《마더텅 전국연합 학력평가 20분 미니 모의고사 24회 고1 국어 영역》 같은 책이 가장 대표적이다. 이런 미니 모의고사는 회당 13문제를 20분 안에 풀게끔 설계되었으며 화법, 작문, 문법, 문학, 비문학 전 영역을 골고루 담은 형태로 구성된다. 한

번으로는 부족하고 5회를 시켜 보면 아이가 꾸준히 틀리는 부분이 나올 것이다. 특별히 선행학습을 하지 않았으면 아이들은 보통 비문학과 문법 문제를 제일 많이 틀린다. 문법이야 배우면 맞힐 수 있으니 그렇다 치고, 비문학 문제는 시간이 없어서 못 푸는지 아니면 다 풀고 시간이 남았는데 부주의한 실수를 많이 해 틀리는 편인지를 면밀히 살펴봐야 한다. (문학을 많이 틀리는 경우도 있다. 역시 문학은 문법과 마찬가지로 문학 개념어 강의를 차근차근 들으면 해결하기 쉽다.) 혹은 단어들을 너무 많이 몰라서 문제 절반도 못 푸는 경우도 있을 것이다. 각각 아래 지침에 따라 문제집과 강의를 골라 보도록 하자.

시간이 부족해서 비문학을 다 못 푼 경우 : 오히려 이럴 때는 문학과 문법을 더 많이 공부시켜야 한다. 문학과 문법을 다 맞히고 비문학을 자꾸 틀린다면 더더욱 문학과 문법을 꼼꼼하게 공부시키는 편이 훨씬 점수가 잘 오른다. 그렇게 하면 문학과 문법 문제를 푸는 데 걸리는 시간이 단축되어 비문학에 할애할 수 있는 시간이 늘어난다. 그럼으로써 점수가 상당히 오르는 경우가 많다. 잘하는 것을 더 잘하게끔 만들어야 다소 약한 영역이 함께 끌려 올라온다는 점을 명심해야 한다. 보통 비문학이 약하다고 해서 나를 찾아오는 학생들을 면밀히 관찰하면, 비문학보다는 문학이나 문법 영역에 대한 개념이 부실해 정답을 빠르게 판단하는 데 애를 먹는 경우가 태반이었다. 문학, 문법에서 시간을 많이 벌어 주어야 비문학 점수가 올라간다는 점을 명심하고 아이가 문학 개념어 강의와 문법 강의를 통해 실력을 다지게 하자.

시간이 매번 남는데 실수가 잦아 전 영역에서 골고루 오답이 있을 때 : 꼼꼼하게 읽는 습관이 없는 경우다. 이럴 때는 문학 개념어나 문법 강의를 듣기보다 비문학 지문만 따로 모아 놓은 문제집을 매일 촘촘하게 메모하면서 풀고 오답 정리를 꾸준히 하게끔 지도한다. 문학 개념어나 문법 강의 수강보다 이게 더 먼저다. 이를 통해 국어 문제를 풀 때 조급하기보다 천천히 돌아가야 답을 오히려 더 빨리 찾을 수 있다는 것을 본인 스스로 체득하게끔 지도해야 한다. 그런 뒤에 문학이나 문법 강의를 듣게 해도 결코 늦지 않다.

너무 많은 문제를 풀지 못했을 때 : 이런 유형은 한자 어휘력이 문제다. 그 어떤 공부를 시킨다고 하더라도 어휘력으로 인해 점수가 잘 오르지 않을 가능성이 크기에, 한자 학습지를 병행하면서 초6-중1 수준의 비문학 독해 문제집을 먼저 차근차근 풀어야 한다. 이 아이가 몇 학년이든 상관없이 말이다. 이어 앞서 추천한 바 있는《국어 1등급 어휘력》(마더텅) 교재를 사서 영어 단어처럼 국어 어휘를 암기시켜야 한다. 이렇게 어휘도 암기시키면서 동시에 본인 수준보다 조금 더 쉬운 비문학을 풀게끔 해 자신감을 회복시키는 게 급선무다.

② 내신이 80점-85점대인 아이

이 유형부터는 오프라인 학원이 필요하다. 따로 모의고사를 풀 필요 없이, 한자 학습지부터 시키면서 비문학 문제집을 (중학교 2학년, 3학년 수준으로 나온 《빠작》과 같은 비문학 문제집을 추천한다) 꾸준히 앞서 2부에서 적어둔 학습법에 따라 밑줄을 긋고 메모하는 방법으로 매일 지문 1개씩 학습하게 해야 한다. 그리고 내신이 80점대 초중반이라면 인터넷 강의로 공부하면 안 된다. 생활 습관이나 학습법이 아직 몸에 익지 않았을 가능성이 높다. 해서 문학이나 문법은 집 근처 국어 학원에서 꾸준히 1년 이상 공부시키며 그 학원에서 가지고 있는 커리큘럼으로 공부시키면 된다. 중학교 2학년 1학기 중간고사에서 일단 80점대나 그 이하가 나왔다면 바로 근처 오프라인 국어 학원을 알아보길 추천한다. 아이가 고등학교에 가서 국어를 어려워할 가능성이 크다는 가장 정확한 징후다.

③ 내신이 80점 미만인 아이

솔직히 아이 국어 실력이 많이 심각한 상태다. 대치동 대형 학원에서 강의를 할 때, 대표님이 강사 세미나에서 "어차피 대치동 중학교 내신 기준으로 80점 미만이면 부모든 학생이든 수

5 국어 문제집과 인터넷 강의는 이렇게 고르자

능 공부에 투자를 안 할 가능성이 크니 그 아이들은 고객층에서 제외하고 커리큘럼을 짜라"는 지침을 줬던 기억이 난다. 대치동 국어 내신은 정말 어렵다. 그럼에도 불구하고 공부하면 80점은 나오게끔 시험이 설계돼 있다. 해서 국어 내신에서 80점도 맞아 오지 못했다면 지금은 무슨 문제집이며 강의를 갖다 붙인다고 해도 별 효과가 없다. 이럴 때는 개인 과외를 시켜야 맞다. 학원에 보내 보았자 단체로 나가는 커리큘럼을 소화하기 힘들 단계이기 때문이다. 그러나 개인 과외를 시키기가 힘든 상황이라면, 가정에서 반드시 기초한자 500자를 암기시키고 초등학교 4-5학년 수준에 해당하는 비문학 문제집을 골라 그것부터 차근차근 풀게 시켜야 한다. 아이가 자존심 상해 하면 표지를 찢어서라도 그렇게 해야 한다. 체면보다는 성적을 올리는 게 급선무다. 이 정도 점수대 아이는 한자를 하나도 모를 가능성이 높다. 특히 급수 한자를 아무리 뗐다고 하더라도 그 한자가 어떻게 쓰이는지를 잘 모를 가능성이 높다. 한자만 딱 외우게 하지 말고 그 한자가 무슨 단어로 쓰이는지까지 공부를 시켜 두자.

나름대로 국어 선행을 했다는 아이들이 맞는 뒤통수

레벨 테스트를 받으러 온 아이들에게 내가 제일 먼저 물어보는 게 "혹시 이전에 한자 급수를 준비했거나 논술을 다닌 적 있는지" 여부다. 그나마 논술 학원을 꾸준히 다녔거나 한자 급수 자격증 공부를 5급 정도까지 따 본 경험이 있다면 성적을 올리기가 그렇게 어렵지 않기 때문이다. 다만 둘 중 하나, 혹은 둘 다 했다 하더라도 골치 아픈 경우가 있다.

1. 논술 학원만 다니고 한자를 하나도 공부 안 한 아이 : 앞서 한 번 지적했듯 논술만 학원을 다니고 한자는 따로 공부하지 않았다면 고전 문학이나 고난도 비문학을 공부할 때 큰 애로 사항이 있다. 논술 학원을 보낸다 하더라도 중등교육 기초한자 900자는 따로 공부시켜야 한다.

2. 한자 급수 자격증은 있는데 예문으로 공부하지 않고 딱 한자'만' 암기한 아이 : 한자를 공부하라고 했더니 오로지 한자만 외우고 그 한자가 무슨 단어에서 어떤 맥락으로 쓰이는지에 대해서는 전혀 감이 없는 경우다. 이런 경우엔 제아무리 한자 급수를 5급까지 공부했다고 하더라도 한자어에 대한 감각이 하나도 없다는 게 레벨 테스트에서 바로 뽀록난다.

이 두 경우가 골치 아픈 이유는 하나다. 학부모님이나 학생 나름대로는 국어 선행을 하노라고 했는데 효과가 나지 않았다 보니 한자 공부해 봤자, 책 좀 읽어 봤자 의미 없다는 생각을 하게 된다. 그러다 보니 모든 국어 수업이 다 의미 없고 국어 과목이야말로 재능의 영역이라는 이상한 편견을 남들에게 전파하고 다닌다. 그렇지 않다. 방법이 틀렸기 때문에 성적이 오르지 못했던 거다. 글 읽기와 한자 암기는 항상 유기적인 맥락 안에서 이뤄져야 한다. 국어 단어를 암기시키기는 하지만 나는 항상 예문을 먼저 찾은 뒤에 어휘를 암기하게끔 지도한다고 앞에서 여러 번 언급했다. 공부를 꼭 그 방향 안에서 할 수 있게 흐름을 잡아야 한다.

그럼에도 불구하고, 각 영역별로 추천하는 문제집 모음

위에서 남들이 좋다는 거 무조건 고르지 말라고 했지만, 그래도 시중 교재를 제일 많이 접해 보는 국어 강사로서 문제집을 추려 주지 않으면 아쉬울 듯하여 추려 보았다. 일단 나는 문제집은 어떤 과목이든 해설이 얼마나 자세하게 잘되어 있는지를 기준으로 잡아서 골라야 맞다고 생각한다. 그래서 해설이 정확하고 풍부하고 자세한 교재들로만 선정했다.

다음으론, 아이 스스로 살펴봤을 때 디자인과 폰트가 마음에 드는 문제집이어야 한다. 정말 의외일지 모르겠다. 그런데 솔직히 시중 문제집 무엇을 집어들든 그걸 끝까지 푼다면 아이에게는 무조건 도움이 된다. 하지만 문제집 한 권을 끝까지 다 떼지 못하는 이유가 있다면 그건 바로 디자인과 폰트가 마음에 들지 않기 때문이다. 일단 아이와 오프라인 서점에 가서 내가 추천한 문제집이나 이론서 중에 본인 마음에 더 드는 걸로 고르게 하면 좋겠다.

공부하는 걸 좋아하는 중학생을 본 적 있는가? 나는 일단 없다. 공부로 일가견 있었고 지금도 공부로 먹고사는 나조차도 공부는 하기 싫다. 안 그래도 하기 싫은 공부를 그나마 꾸역꾸역 하겠다고 앉았는데 문제집이 너무 못생기고 폰트도 (내가 보기에) 너무 별로다? 게다가 편집은 또 얼마나 빽빽하게 되어 있는지 하여튼 보기만 해도 기분이 나쁘다? 이러면 얼마나 공부하기 싫겠는가. 수학이나 과학 같은 과목은 잘 모르겠는데 국어는 문제 퀄리티가 문제집마다 아주 다르거나 하지는 않다. 대동소이한 수준의 문제들이 편집만 다르게 되어 있기 때문에 해설이 자세하다는 전제하에 편집과 폰트, 디자인이 마음에 드는 문제집으로 아이가 스스로 고르게 해 주는 편을 추천한다. 다만 문제가 너무 빽빽하게 들어 있어 오답 정리할 공간이 부족하다거나 하면 다시 공부하기 싫어지는 경향이 있으니 과하게 빽빽하게 편집된 문제집만 피하면 좋겠다.

① 문학

문학 개념어 이론서 한 권을 다 떼는 게 먼저다. 윤혜정 선생님의 '개념의 나비효과' 시리즈를 수강하거나 아니면 아래처럼 문학 개념어를 자세히 풀어 놓은 이론서를 읽고 문제를 풀어야 맞다. 두 권 모두 독학이 가능하게끔 풀어 둔 책이라서 강의 듣기가 귀찮거나 힘들다면 이 책들 중 한 권을 골라서 공부하면 좋겠다. 개인적으로는《떠먹는 국어문학》시리즈가 좀 더 친절하고 중학생이 읽기에는 더 쉽다고 생각해 추천하고 싶다. 인터넷 강의로 한 번 정리한 뒤 스스로 읽는 편이 훨씬 머리에는 더 남는 방법이긴 하다.

- 떠먹는 국어문학 (2025년) | 서울대 국어교육과 페다고지 프로젝트 저 | 쏠티북스 | 2025년 02월
- 문학 개념어 몽땅 | 이투스에듀 국어개발팀 저 | 이투스북 | 2024년 10월

이렇게 한 번 정리가 됐다면, 무작정 문제를 많이 푸는 것보다는 '작품 정리'를 더 꼼꼼히 하는 편을 추천한다. 특히 이바로 뒤에서 모의고사 기출문제집으로 일일 교재 삼아 공부하는 방법을 소개할 텐데, 문학은 푼 문제들을 하나하나 뜯어 오답 정리하면서 그때마다 나오는 문학 지문들만 빠짐없이 정리하는 것만으로도 충분하다고 생각한다. 누누이 말하지만 문학은 문제 풀이를 많이 하는 것보다는 출제된 작품들을 구석구석 뜯어 분석(나는 이걸 작품 정리라고 부른다)하는 게 훨씬 효과적이다. 모의고사 기출문제집을 일일 교재로 삼아 매일매일 공부하는 게 힘들다고 느껴진다면 예비《매3문》문제집을 통해서 매일 지문 3개씩 문학 문제를 풀고 그 지문들을 작품 정리하거나 아니면《마더텅 기출문제집》으로 매일 조금씩 공부해 나가는 방법도 추천한다. 중요한 건 먼저 문학 개념어를 공부하지

않고《매3문》을 바로 들어가면 안 된다는 점이다(아마 풀리지도 않을 것이다). 그래서 막무가내로 급하다고 문제집을 바로 풀기보다는 꼭 위에 골라둔 문학 개념어 이론서나 문학 이론 강의를 듣고 문제집을 나중에 풀며 매일 작품 정리를 꾸준히 하는 방식을 추천한다.

- 예비 매3문 : 매일 지문 3개씩 공부하는 문학 기출 | 안인숙 저 | 키출판사 | 2024년 06월
- 2025 마더텅 전국연합 학력평가 기출문제집 고1 국어 문학 | 마더텅 편집부 저 | 마더텅 | 2024년 10월

② 문법

앞에서 나는 문장이나 품사부터 먼저 가르치는 순서로 문법을 배우길 추천했다. 그 방식이 처음 국어 문법을 배우는 아이들에게 가장 효과적으로 문법의 체계를 잡아 주기 때문이다. 이 순서에 맞춘 문법 이론서가 바로《개념있는 국어문법》이다.

- 개념있는 국어문법 (2025년) | 김홍범 저 | 지학사 | 2024년 11월
- 개념있는 국어문법 드릴북 (2025년) | 김영신 저 | 지학사 | 2024년 11월

그리고 바로 옆에 있는《개념있는 국어문법 드릴북》을 같

이 풀어 나가길 바란다. 풀면서 곧바로 기초 개념을 잡아 주는 문제집으로, 쉽고 양도 적어서 오늘 학습한 이론을 곧바로 드릴 북을 통해 다지고 넘어갈 수 있다. 한편 이렇게 공부한 뒤 2회독을 할 때에는 아래《문제로 국어문법 고등》을 통해 조금 더 어려운 문제를 풀어 주면 문법에 대해서는 기초적인 감각이 어느 정도 완성될 것이다.

- 문제로 국어 문법 고등 | 천승령, 김기훈, 이진용, 허준회 공저 | 디딤돌 | 2021년 10월
- 2025 마더텅 전국연합 학력평가 기출문제집 고1 국어 언어(문법) | 마더텅 편집부 저 | 마더텅 | 2024년 10월

《문제로 국어 문법》까지 풀며 2회독을 마친 뒤에는 고1 모의고사 기출문제를 모아 둔 문법 문제집까지 풀어 주면 매우 이상적이다. 그러나 시간이 너무 부족하다면 고등학교 입학 전에《문제로 국어 문법》까지만 풀어 주어도 무방하다.

③ 비문학
비문학은 매일 조금씩 풀고 지문 분석을 하는 방법이 실력 향상에 정말 정말 중요하다.

- 2026 마더텅 수능기출문제집 국어 독서 (2025년) | 마더텅 편집부 저 | 마더텅 | 2024년 12월
- 예비 매3비 매일 지문 3개씩 공부하는 비문학 독서 기출 | 안인숙 저 | 키출판사 | 2024년 06월

　　뒷부분에서 어떤 방식으로 일일 교재를 활용해서 공부해야 할지 '문제집을 씹어 먹는 오답 정리 방법'을 특별히 지면을 더 할애해 자세히 설명하겠지만, 비문학은 강의를 아무리 많이 들어 봤자 본인이 매일 꾸준히 일정한 양을 직접 풀고 메모하고 정리하지 않으면 전혀 실력이 늘지 않는다. 해서 문학과 문법은 방학 때 집중적으로 특강이든 인강이든 강의를 활용해 공부한다 하더라도 비문학만큼은 매일 아침에 일어나 학교에서든 집에서든 30분~1시간씩 꾸준히 읽고 문제 풀고 오답 정리하는 습관을 들여야만 성적이 오른다. 여기 있는 이 교재들은 매일 공부할 양을 따로 표시해 둔 데다, 해설의 어디에다 밑줄을 그어야 하는지까지 자세하게 표시해 둔 교재들이다. 틀린 문제만 정리하는 게 아니라, 공부를 막 시작하는 단계에서는 맞았어도 헷갈린 문제들은 다시 한번 정리를 해 두고 여러 번 읽길 바란다.

아이에게서 답지를 빼앗지 마세요

여담이지만, 아이에게서 해설지(답지)를 뺏고 공부를 시켜서는 안 된다. 특히 아이가 문제집을 풀 때마다 몇 개 틀렸냐 맞았냐를 꼭 확인하는 부모님들이 있는데, 그래서는 안 된다. 기본적으로 모든 공부의 과정은 '약점을 파악해 나가는 과정'이어야만 한다. 난 어려서부터 문제 몇 개 맞고 틀린 것으로 부모님께 혼나 본 적이 한 번도 없다. 다만 틀린 문제를 제대로 고치지 않았을 때는 정말 따끔하게 혼났다. 그렇게 초등학교 고학년까지 엄마는 단 한 번도 내게서 문제집의 답지를 뺏은 적이 없다. 심지어 수학도 말이다. 대신 내가 그날 하루에 해야 할 숙제의 기준은 문제를 풀고 채점을 한 게 끝이 아니었다. 엄마는 항상 채점한 뒤 틀린 문제를 답지를 보고 제대로 오답 정리를 했는지 여부로 숙제 검사를 했다. 틀린 게 없는 날엔 제일 헷갈렸던 문제들을 정리하는 방식으로 검사를 받았다. 그래서 나는 자연스레 틀리고 맞는 것은 중요치 않고 오답 정리를 통해 내 약점을 파악해 나가는 일이 실력을 기르는 데 제일 중요하다는 교훈을 얻었다. 이후 중고등학교에 진학해서도 내 모든 공부의 초점은 '그래서 점수가 몇 점이냐'보다, '문제집에서 틀렸던 걸 실전에서는 제대로 풀었느냐'였다. 시험 끝나고는 항상 다 푼 시험지를 다시 리뷰하며 틀렸던 부분들을 체크하고 오답 정리를 했다. 이런 내게도 인생에서 딱 한 번 오답 정리를 하지 않았던 시험이 있었는데 바로, 수능이었다. 공부를 잘하려면, 내가 무엇이 약한지를 파악해 그 부분을 집중적으로 훈련하고 연습하는 과정이 필수적이다. 그 여정을 위한 도구로 문제집을 활용할 생각을 해야 한다. 해서 아이의 숙제 검사 기준을 몇 개 틀리고 맞았냐로 잡지 말고, 틀린 부분을 제대로 보완해 나가고 있나 여부로 잡으면 좋겠다. 뺏은 답지가 있다면 다시 돌려주기 바라며.

모의고사 기출문제집을 일일 교재로 활용하는 방법

자꾸 일일 교재, 일일 교재 하는데 그게 뭔지 궁금했을 것이다. 지금부터 그 일일 교재 학습법을 설명해 보겠다. 일일 교재는 매일 아침에 국어 모의고사를 푸는 습관을 빠르게 들이기 위해 쓰는 교보재이다. 아무리 늦더라도 중학교 3학년 여름방학 때부터는 일일 교재를 풀며 하루를 시작하는 습관을 들여 줘야 한다. 일단 교육청이나 사설 모의고사 기출 문제집을 한 권 준비하자. 그리고나서 1회분 45문제를 1-15번(화법, 작문, 문법), 문학 지문 4개, 비문학 지문 3개로 3등분해 나누자.

이것을 월요일에는 1번부터 15번까지 22분을 재며 푼 뒤, 화요일에는 월요일에 푼 문제들을 꼼꼼하게 오답 정리를 한다. 수요일에는 문학 지문 4개를 28분을 재면서 푼다. 한편 목요일에는 수요일에 풀어 둔 문제들을 꼼꼼하게 오답 정리 한 뒤 출제된 지문들도 꼼꼼히 작품 정리를 해 둔다. 금요일에는 비문학 지문 3개를 30분 재며 푼다. 이어서 주말 동안 비문학 지문들을 꼼꼼하게 분석하고 오답 정리를 한다. 다음 월요일에는 이어서 다음 회차 모의고사를 쭉 이런 식으로 매일 꾸준히 푸는 거다. 이렇게 공부하면 국어 모의고사를 매일 조금씩 나눠서 풀고 오답 정리를 할 수 있게 된다.

보통 모의고사 기출 문제집에는 3개년 12회분이 담겨 있

5 국어 문제집과 인터넷 강의는 이렇게 고르자

으므로 이는 12주간 풀 수 있는 양이다. 중간고사, 기말고사 내신 시험 기간은 제외하고 이런 식으로 꾸준히 기출문제를 풀고 분석하게 하면 넉넉잡아도 5개월 안에 한 권을 마칠 수 있다. 먼저 교육청 3개년 기출 모의고사 문제집으로 시작해 그 이후에는 사설 모의고사 기출문제집으로 넘어가든가(나는 이 방향을 더 추천한다. 고1 모의고사가 겨우 12회 푼다고 적응되지는 않을 것이기 때문이다), 그간 풀었던 고1 모의고사가 좀 쉽게 느껴진다면 고2 교육청 모의고사 3개년 12회분 기출문제집을 사서 또 이런 식으로 꾸준히 풀고 고등학교에 입학하면 된다. 여기서 핵심은 꾸준히, 매일, 같은 시간에(아침에 일어나서 학교 가기 전을 추천하지만 어렵다면 저녁에 자기 전 따로 시간을 빼서 집중하기를 바란다) 해야 한다는 점이다. 그리고 문제 풀이보다 더 중요한 건 오답 정리에 목숨을 걸어야 한다는 점이다. 그러기 위해서는 해설이 자세한 문제집을 골라야 하는데 아래 문제집을 추천한다. 현 시점에서 작품별, 문제별 해설이 제일 자세한 문제집이라고 본다.

• 씨뮬 13th 전국연합 3년간 기출 모의고사 고1 국어 (2025년) | 편집부 저 | 골드교육 | 2024년 10월

오답 정리로 문제집 씹어 먹기

오답 정리와 작품 정리가 무엇인지 여전히 잘 모르겠다는 독자들이 있을 것 같아서 내 수업을 들으며 매일 일일 교재를 풀고 오답 정리, 작품 정리를 하고 있는 학생들의 숙제 사진을 모범 샘플로 가져왔다. 다음 페이지의 예시를 보자.

갈래, 성격, 주제, 특징을 전부 포스트잇에 옮긴 것은 물론이고 본문에도 해석을 하나하나 달아 둔 것을 볼 수 있다. 특히 고전문학은 이 정도까지 하나하나 단어를 뜯어서 본문에 필기를 해 두지 않으면 앞으로 만나는 생소한 고전문학 지문들도 전혀 해석할 수 없을 것이다. 이 과정은 문학에 대한 감각을 기르는 데 아주 필수적인 과정이라고 할 수 있다. 요즘 세상이 좋아져서 보통 이 정도 수준으로 답지에 본문 해석 및 배경 해설이 달려 있는데, 답지에 있는 내용들을 그저 휘리릭 읽고 지나쳐 버리지 말고, 반드시 이렇게 포스트잇과 기타 도구를 활용해서 내용을 요약해 옮겨 두길 바란다. 이 과정에서 머릿속에 기억이 상당히 선명하게 남는다. 이렇게 필기하면서 공부를 시킨 사진을 인터넷에 올렸다가 그저 아이들의 자기 만족, 소위 '다꾸(다이어리 꾸미기)' 아니냐는 맹렬한 비난을 받아서 당황했다. 그런데 이렇게 공부를 시키지 않아도 과연 수능 국어가 1등급이 나올 수 있다는 생각이 드는지 되묻고 싶다. 하나하나 해석

5 국어 문제집과 인터넷 강의는 이렇게 고르자

(나) 갈래: 자유시, 서정시

성격: 상징적, 비판적

제재: 모래 밭

주제: 공동체적 화합을 이루지 못하는 현대인의 삶 비판

특징: ① 어조의 변화가 나타난다.

② 모래를 집단 속에 놓인 개인에 비유하여 의미를 강조하고 있다.

③ 영탄적 어조를 활용하여 화자의 정서를 부각

④ 대상에 대한 신의 태도를 대비적으로 표현해 주제를 강조하고 있다.

⑤ 명사형 조절을 통해 사상을 집약하여 여운을 준다.

해제: 이 작품은 모래를 의인화하여 집단 속에 놓인 개인의 모습을 드러냄과 동시에 독립적인 태도로 스스로를 소외시켜 자신의 삶을 황폐하게 만들면서 공동체적 삶으로 나아가지 못하는 현대인의 모습을 형상화 하고 있다.

(다) 갈래: 편지

주제: 공동체적 삶에 대한 지향

특징: ① 열거와 반복을 사용해 공동체적 삶을 강조하고 지향하고 있다.

② 집단 속에서 서로에게 기대어 완성되어 가는 개인의 삶을 보여주고 있다.

③ 담장과 햇빛, 비, 낙락장송과 숲속, 한일의 물방울과 바다 등 대비를 통해 주제를 강화하고 있다. 고 있다. O 고 있다. O 고 있다. X

④ 나무를 의인화해 서로에게 기대어 이룩한 공동체적 삶의 모습을 형상화하고 있다. 화하고 O

해제: 이 작품은 여러 소재를 대비적으로 제시함으로써 개인적으로 단절된 삶보다 정서적 공감을 바탕으로 연대하여 공동체적 삶을 이룩하는 것의 가치와 지향을 보여 주고 있다. 담장을 높이기 보다 함께 햇빛을 나누고 비를 맞는 것 이야말로 인간으로서 살아간다는 것의 의미를 제시하고, 수많은 나무를 합창하는 숲속에서 있고 싶다는 비유적 표현으로 공동체적 삶에 대한 소망을 강조했다. 주제를 O 것은? 화력 발화 들되 형상

Post-it   Post-it

누, 비슷한 목심, 비슷한 얼굴을 가지게 됩니다.//

서로 바라보면 거울 대한 듯 비슷비슷합니다. 자기가 다른 사람과 비슷하다는 사실, 여럿 중의 평범한 하나에 불과하다는 사실은 대부분의 사람들이 못마땅하게 여깁니다.//기성품처럼 개성이 없고 값어치가 훨씬 떨어지는 것으로 받아들입니다. '개인의 세기(世紀)'에 살고 있는 우리들의 당연한 사고입니다.

그러면 다른 사람과 조금도 닮지 않은 개인이나 탁월한 천재가 과연 있는가. 물론 없습니다.//있다면 그것은 외형만 그럴 뿐입니다. 다른 사람과 아무런 내용이 없는 '순수한 개인' 이란 ① 무인도의 로빈슨 크루소처럼 소설 속에나 있는 것이며, 천재란 그것이 어느 개인이나 순간의 독창이 아니라 오랜 중지(衆智)의 집성이며 협동의 결정(結晶)임을 우리는 알고 있습니다.

우리들이 잊고 있는 것은 아무리 담장을 높이 더라도 사람들은 결국 서로가 서로의 일부가 되어 함께 햇빛을 함께)비를 맞으며 '함께' 살아가고 있다는 사실입니다. 화폐가 중간에 들면, 쌀이 남고 소금이 부족한 사람과, 소금이 남고 쌀이 부족한 사람이 서로 만나지 않더라도 교환이 이루어집니다. 천 갈래 만 갈래 분업의 거대한 조직, 그리고 거기서 생겨나는 물신성(物神性)은 사람들의 만남을 멀리 떼어놓기 때문에 '함께' 살아간다는 뜻을 깨닫기 어렵게 합니다.

같은 이해(利害), 같은 운명으로 연대된 '한 배 탄 마음'은 '나무도 보고 숲도 보는' 지혜이며, 한 포기 미나리아재비나 보잘것없는 개동벌레 한 마리도 그냥 지나치지 않는 '열린 사랑'입니다. 한 그루의 나무가 되라고 한다면 나는 산봉우리의 낙락 장송보다 수많은 나무들이 합창하는 숲 속에 서고 싶습니다. 한 알의 물방울이 되라고, 한다면 저는 단연 바다를 선택하고 싶습니다. 그리하여 가장 많은 사람들이 모여 사는 나지막한 동네에서 비슷한 말투, 비슷한 욕심, 비슷한 얼굴을 가지고 싶습니다. 함께 살아가고 싶은 소망

-신영복,『비슷한 얼굴─계수님께』

노을 박(인)알 수 없군. 자탄

③ '너는 날마다 야위어가는'을 통해 나날이 퇴락해 가는 고향의 모습을 짐작할 수 있군.

④ '어디를 가도 사람보다 일 잘하는 기계는 나날이 늘어나고'를 통해 기계화가 가속되는 현실을 확인할 수 있군.

⑤ '나는 힘없는 분노와 절망을 물어버린다'를 통해 화자가 현실에 대해 느끼는 무력감을 짐작할 수 있군.

40. <보기>를 바탕으로 (나)와 (다)를 이해한 것으로 적절하지 않은 것은? [3점]

〈 보 기 〉

문학은 종종 집단 속에 놓인 개인의 모습을 통해 공동체적 삶을 드러낸다. 독선적인 태도를 지닌 개인은 스스로를 소외시켜 자신의 삶을 황폐하게 만들면서 동시에 공동체적 삶으로 나아가지 못한다. 그러나 정서적 공감을 바탕으로 연대하는 개인은 서로에게 기대면서 집단 속에서 완성되며 공동체적 삶을 이룩하게 된다.

① (나)의 '무수하게 모여서' 된 '모래'와 (다)의 '맨살 부대끼며 오래 살아' 가는 '여러 사람'은 모두 집단 속에 놓인 개인의 모습을 보여 준다.

② (나)의 '서로 체 등을 돌리'는 행위와 (다)의 '담장을 높이'는 행위는 연대하지 않으려는 태도를 의미한다.

③ (나)의 '봄비를 뿌려주는 '신'과 (다)의 '거대한 조직'에서 생겨난 '물신성'은 개인이 직면하게 되는 소외의 원인에 해당한다.

④ (나)의 '꽃씨'가 '싹트는 법이 없'는 '모래밭'은 개인들의 황폐한 삶을, (다)의 '오랜 중지의 집성'인 '천재'는 집단 속에서 완성되어 가는 개인의 삶을 보여준다.

⑤ (나)의 '영원한 갈증'은 공동체적 삶으로 나아가지 못한 삶의 모습을, (다)의 '합창하는 숲 속'은 서로에게 기대어 이룩한 공동체적 삶의 모습을 의미한다.

* 강도 - 물체, 특히 광물의 단단한 정도 / 특수가공 - 지금까지 기술한 상용가공법 외의 방법으로 가공하는 것.
* 전극 - 전류가 드나드는 곳 / 양이온 - 전자를 방출하여서 양전하를 띤 이온.
* 원자 - 물질의 기본적 구성단위
* 전압 - 전기장이나 도체안에 있는 두점 사이의 전기적인 위치 에너지 차.
* 팽창하다 - 부풀어나서 커지다.
* 가공물 - 원자재나 반제품을 인공적으로 처리하여 만들어낸 물품.

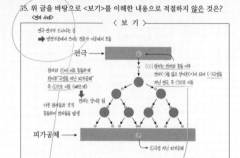

[35-37] 다음 글을 읽고 물음에 답하시오.

최근의 산업 발전에 따라 강도와 경도가 높은 금속 재료에 대한 특수가공 기술의 중요성은 더욱 커지고 있다. 특수가공 중 전기에너지를 이용한 방전 가공은 방전 현상을 이용하여 금속을 가공하는 기술이다.

방전 가공은 전극과 가공하려는 금속, 즉 피가공체 사이에 방전을 발생시켜 금속 재료를 원하는 형상으로 깎아내는 기술이다. 방전이란, (+)극과 (-)극 사이에 높은 전압이 가해지면 에너지 밀도가 높아져 양극 사이에 위치한 액체 또는 기체의 절연성이 파괴되는 현상이다. ⓐ방전 가공이 이루어지는 과정은 다음과 같다.

먼저 전극과 피가공체를 절연액 속에 모두 담그고 전극에 (-)극을, 피가공체에 (+)극을 연결한 후 높은 전압을 가하면, 전극과 피가공체의 사이에 위치한 절연액이 이온화되어 전기가 통하는 성질, 즉 전도성을 띤 액체가 된다. 또한 전극에서 튀어나온 전자(-)들은 전도성을 띤 액체를 통해 (+)극인 피가공체 쪽으로 빠르게 이동하게 된다. 그런데 이 과정에서 전자는 액체 내의 원자들과 충돌하게 되고 이로ⓑ 인해 원자는 전자 하나를 배출하면서 양이온(+)이 된다. 이후 원자와 충돌했던 전자와, 원자로부터 배출된 또 다른 전자는 피가공체쪽으로 이동하면서 다른 원자들과 각각 충돌하여ⓒ 전자들을 발생시키고, 이러한 충돌이 반복적으로 발생하여 전자의 수가 급격히 늘어나게 되는데 이를 '전자 사태'라고 한다.

이때 더욱 높은 전압을 가하게 되면 전자사태로 인해 늘어난 수많은 전자들이 더욱 빠르게 이동하여 원자와 충돌하면서 열과 불꽃을 발생시킨다. 이 과정에서 (+)극으로 이동하는 전자들은 불꽃 기둥을 이루기도 하는데, 이를 '방전주'라고 한다. 이렇게 형성된 방전주를 비롯한 수많은 전자가 피가공체의 표면에 부딪히면 충돌에 의해 열이 발생되어 피가공체 표면의 일부를 용융시키게 된다. 이와 동시에 높은 열에 의해 피가공체의 표면에 인접한 액체가 기체 상태가 되면서 그 부피가 급격히 팽창하게 되고, 이 기체가 피가공체 표면에 높은 압력을 가하여 용융된 부분을 피가공체로부터 분리시킨다. 이때 전류 공급을 중단하면 방전 현상은 사라지고 전극과 피가공체 사이의 전도성을 띤 액체가 절연성을 회복하게 된다. 이 절연액이, 용융되어 피가공체 표면으로부터 분리된 부분을 제거하면서 피가공체 표면에는 패인 곳, 즉 크레이터가 생기게 된다. 이후 일정한 간격으로 위와 같은 과정을 반복하면서 크레이터를 연속적으로 발생시키면 원하는 형태의 가공물을 얻게 되는 것이다.

* 절연성: 전기가 통하지 않는 성질
* 이온화: 전기적으로 중성인 원자 또는 분자가 전자를 잃어 양이온이 되거나 전자가 부가되어 음이온이 되는 현상
* 용융: 고체 상태의 물질이 에너지를 흡수하여 액체로 상태 변화가 일어난 일

35. 위 글을 바탕으로 <보기>를 이해한 내용으로 적절하지 않은 것은?

< 보 기 >

① ㉠과 ㉡은 절연액 속에 담겨 있는 상태이다.
② ㉠에는 (-)극이, ㉡에는 (+)극이 연결된다.
③ ㉢은 원자와 충돌에 의해 또 다른 전자를 발생시킨다.
④ 전압이 높아질수록 ㉢의 이동 속도는 더 빨라지게 된다.
⑤ 충돌 이후 ㉢은 ㉠으로, ⓐ은 ㉡으로 각각 이동하게 된다.

36. <보기>는 ⓐ를 도식화한 것이다. 이에 대한 반응으로 적절하지 않은 것은?

< 보 기 >

① ㉮단계에서는 액체가 기체로 바뀌면서 절연성이 파괴되겠군.
② ㉯단계가 되면 전자가 액체를 통해 피가공체로 이동하겠군.
③ ㉰단계에서는 전자의 수와 함께 양이온의 수도 늘어나겠군.
④ ㉱단계에서는 피가공체 표면에 가해지는 압력이 높아지겠군.
⑤ ㉲단계에서는 절연액이 피가공체로부터 분리된 부분을 제거하겠군.

37. 위 글을 읽은 학생이 <보기>와 같이 정리했다고 할 때, ( )에 들어갈 말로 가장 적절한 것은?

< 보 기 >

"결론적으로 방전 가공의 핵심은 ( )을(를) 이용하여 금속의 표면을 가공하는 기술이라고 할 수 있겠군."

① 높은 열과 압력
② 피가공체의 형태
③ 전극의 강도와 경도
④ 전자와 원자의 결합
⑤ 기체의 절연성과 전도성

- 53 -

하고, 모르는 어휘는 또 사전이나 네이버 검색을 통해 찾아 두고, 그리고도 모르겠는 부분은 학원이나 학교 선생님께 찾아가 물어보며 정리해 둬야 차츰 문학 작품을 보는 눈이 길러진다. (평안북도 사투리가 원문으로 실린 적도 있는데 이런 것은 검색을 해도 나오지 않는 경우가 더러 있는 형편이다.) 글쎄, 더 쉽게 갈 수 있는 방법이 있을지 나는 정말 모르겠다. 나는 비효율적인 것을 극도로 싫어하는 편이라 아이들에게 의미 없이 '깜지' 쓰라고 시키는 그런 류 선생이 아닌데, 이 작업만큼은 꼼꼼히 하지 않으면 해 올 때까지 철저하게 시키고 있다. 제일 귀찮고 힘들지만 이만큼 효과가 있는 언어 공부법이 또 없기 때문이다. 문제를 푸는 데는 28분이 걸릴지 몰라도 저렇게 하나하나 정리하는 데에는 시간이 상당히 걸린다. 대략 국어에 평균 하루 1시간 30분은 쓴다고 봐야 맞겠다.

비문학은 문제에 딸려 있는 선지(①~⑤)가 맞고 틀린 것을 지문 속 어느 부분을 보고 풀 수 있었는지를 하나하나 찾아야 한다. 그리고 선지(①~⑤)들의 틀린 부분들을 모조리 찾아서 지문에 따라 다 맞는 말들로 바꿔 둬야 한다. 감이 안 올 독자를 위해 312쪽에 예시를 또 첨부한다.

사진들을 보면 느낌이 오겠지만, 이렇게 공부했을 때 가장 빛나는 성과를 낼 수 있는 분야가 과학 제재로 쓰인 비문학 분야다. 특히 하나하나 풀어서 설명되어 있는 지문 속 내용을 문제 속 그림 위에 필기하는 과정에서 내용이 더 정확하게 이해되고, 동시에 선지들을 하나하나 고쳐 가는 과정에서 출제자가 주로 이런 내용을 이렇게 틀어서 문제를 내는구나, 하는 감각도 기를 수 있게 된다. 해서 틀린 문제'만' 고치는 게 오답 정리가 아니라, 문제 하나하나를 뜯어서 출제 원리를 음미하는 과정을 오답 정리라고 봐 주면 좋겠다. 역시 이것도 지문당 30분은 잡고 촘촘하게 정리해야 하기에 시간이 상당히 소요된다.

한편, 이렇게 공부를 시키면 여자아이들은 해도 남자아이들은 못 하지 않느냐는 볼멘소리가 있는데 우리 학원에서 공부하고 있는 남자아이들 역시 이정도는 다들 해 온다. 남녀 구분할 필요 없이 성적을 올리고 싶다면 반드시 이 정도 수준까지는 해야 한다.

5 국어 문제집과 인터넷 강의는 이렇게 고르자

품질은 보장된 인터넷 강의,
고를 때 제일 중요한 것

2

이것 하나는 새겨 두기 바란다. 가장 강의력 좋은 강사는 인터넷에 강의를 푼 강사다. 인터넷에 자기 이름 걸고 강의를 걸 수 있으려면 어지간한 실력으로는 안 된다. 즉, 인터넷 강의 플랫폼에 있는 그 누굴 골라서 강의를 듣는다 해도 강의력으로는 비판받을 만한 지점이 없다는 뜻이다. 그래서 날을 하루 잡아서 아이 스스로 OT나 맛보기 강의를 쭉 들어 보게 하길 권한다. 그러면 제일 내 귀에 잘 들어오고 내적으로 친밀감이 드는 선생님이 분명 한 명 정도는 있을 거다. 바로 그 선생님의 강의를 들으며 커리큘럼을 쭉 따라가면 된다. 그렇다. 내가 1타라고 할 만한 선생님들을 굳이 꼽지 않는 이유가 있다. 남에게는 그 선생님이 제일 좋은 선생님이고 유명한 선생님이라 하더라도 내게는 그렇지 않을 수 있기 때문이다.

모두의 1타가 내 인생의 1타는 아닐 수도

학창 시절 나를 제일 힘들게 했던 과목은 수학이었다. 다른 과목은 공부한 만큼 성적이 나왔고 시험 성적도 거의 만점 아니면 한 개 정도 틀릴까 말까 했다. 그런데 고등학교에 진학해서, 수학만큼은 100점이 나오지 않았다. 당시 수리-나형 1등급 컷은 대략 78점 정도였는데 내 점수도 대체로 그 정도 선을 오갔다. 1등급은 안정적으로 나오긴 했지만 등급제 수능이 아니라 점수제 수능으로 바뀌어 버린 이상(이명박 대통령이 집권하며 갑자기 등급제 수능에서 점수제 수능으로 바뀌었던 상황이었다) 1등급 컷보다 좀 더 점수가 나와야 서울대, 고려대, 연세대 라인에 안정적으로 안착할 수 있는 상황이어서 마음이 급했다. 당시 내 성적대 최상위권 학생들 사이에서 가장 인기 있었던 수학 1타 강사는 S모 선생님이었다. 그분 강의는 이제 와 생각해 보니 나한테는 너무 어려웠다. 개념이 완벽하게 이해되지 않고 머릿속 여기저기 흩어져 있는 상태에서 계속 그 선생님의 커리큘럼을 따라 최상위 난도 문제만 연습하다 보니 수학 공부에 시간을 제일 많이 들였는데도 성적이 그닥 좋지 않았다. 그러다가 수능을 한 달 앞두고《EBS 수리 파이널》이라는 연계용 심화 교재가 출간되었고, 그 교재의 강의를 '삽자루'라는 수학 선생님이 맡으셨다. (당시는 사교육 업계 강사도 EBS에서 강의를 할 수 있었다.) 솔직히 나는 그때까지 삽자루 선생님은 중하위권이 듣는 인터넷 강의를 주로 하시는 분이라고 생각해서 한 번도 들어 본 적 없었다. 그랬는데《EBS 수리 파이널》로 강의하는 선생님이 그분 한 분이라서 어쩔 수 없이 강의를 들었던 거다. 그런데 웬걸! 너무너무 개념이 잘 이해되게 가르치시는 데다, 그분의 유머러스한 감각이 딱 내 취향이었다. 수능이 한 달밖에 남지 않았을 때였을지라도 그분을 늦게나마 만난 건 정말이지 천운이었다. 그간 머릿속에 흩어져 있던 여러 개념들이 하나로 모이는 느낌이었고, 그분의 강의는《EBS 수리 파이널》을 그 짧은 시간에 대략 20여 번 정도를 복습해(그렇다, 2번이 아니라 20번이다. 정말 목숨 걸고 했다) 모든 문제 풀이의 알고리즘을 전부 암기하는 데 엄청난 도움이 되었다. 게다가 무료였다. 그때 뼈저리게 후회했다. 내가 최상위권이라는 자의식을 내려놓고, 삽자루 선생님의 강의를 좀 더 일찍 들었더라면 이렇게 개고생을 할 필요가 없었는데. 그해 수능에서 수리-나형은 1등급 컷이 68점이라는 기록적인 난도로 출제됐다. 평소에 수학을 좀 한다는 친구들도 수리 영역에서 죽을 쒔는데 나는 수학에서 3개를 틀려 88

점을 받았다. 그러니 내게 있어 수학 1타 선생님은 그 당시 최상위권 아이들에게 인기를 끌던 유명 강사가 아니라, 중하위권 아이들이 듣는 것으로 평가절하되던 삽자루 선생님이었다. 이 경험 이후에 나는 모두의 1타가 내 인생의 1타는 아니라는 생각을 굳혔다. 남의 말만 신뢰해서 다른 친구들이 다 들으니까 그 선생님을 선택하지 말고, 아이 스스로 OT와 맛보기 강의 등을 전부 수강해 본 뒤에 냉정하게 이 선생님과 잘 맞는지를 파악하며 인강을 고르게끔 지도하면 좋겠다. 일단 OT와 맛보기 강의까지 다 들어 봤는데 강사가 하는 이야기가 잘 와닿지 않고 어렵다고 한다면 무조건 제일 쉽다는, 노베(아무런 베이스가 없는)가 듣는 강의라고 정평이 나 있는 강의를 고르시면 된다.

강의를 골랐다면 이렇게 듣자

이건 상식인 줄 알았는데, 아이들이 의외로 많이 간과하는 부분이다. 학원 강의나 인터넷 강의를 듣는 시간은 공부한 시간이 아니다. 강의를 들은 시간만큼 (혹은 그 배 이상으로 시간을 들여) 강의 내용을 복습하고 문제를 풀어 보며 머리가 소화를 해야 그 내용이 내 것이 된다. 쉽게 말해, 인터넷 강의를 듣고 복습을 하지 않았다? 그건 그냥 비싼 원맨쇼, 토크쇼 감상한 것이나 다름없다. 특히 한 번에 원하는 성적을 내지 못하고 오랜 기간 장수를 하는 수험생들이 이렇게 '공부'를 빙자한 '강의 감상'만 하는 걸 심심찮게 봤다. 그래서 강사에게는 강의력보다도 더 중요한 게 관리력이라고 앞에서도 언급한 거다. 요즘 강의 못하는 강사 거의 없다. 대신 아이들이 숙제를 제대로 해 오게끔 하고 어떻게든 바쁜 스케줄 안에서 짬을 내 아이들 숙제를 꼼꼼하게 검사하는 강사는 여전히 드물고, 앞으로도 드물 것이다. 너무 힘들기 때문이다. 그 힘든 걸 해 주니 교육 서비스가 돈을 지불할 만한 가치가 있는 거라고 보는 게 맞다. 하지만 이렇게 옆에서 다그치며 챙기는 선생님이 없는 상황이라면 나 스스로가 나의 선생님이 되기로 마음먹고 인강은 점수 상승 여정의 보조 도구로만 써야 한다.

강의는 처음에 이론을 이해하기 위해 한 번 듣고, 수험 막바지에 수학이나 과탐에서 아주 어려운 난도 문제들만 집어서 풀어 주는 식 강의를 '필요하다면' 한 번 듣는 수준으로 활용해야 맞다. 수능판에 있으면서 제일 이해가 가지 않았던 강의 형태가 있다. 딱히 어렵지도 않은 그저 평범한 수준의 수능 기출 문제들을 전부 풀어 주고 있는 강의다. 물론 수요가 있으니 그런 강의가 성행하겠지만 시간 아깝게 이런 강의는 왜 듣고 있는지 모르겠다. 기출 분석은 스스로 해야 맞다. 물론 그 실력이 되지 않는다면 듣는 것도 필요할 수 있겠지만, 기본적으로 기출

문제 공부를 먼저 스스로 한 뒤에 이해가 가지 않는 부분만 인터넷 강의의 도움을 받아야지, 처음부터 기출문제 풀이를 하는 강의를 듣고 내가 그 문제들을 다 풀었다고 착각해서는 안 된다는 점이다.

요는, 자기 공부할 시간이 반드시 있어야 하며 그 시간은 인터넷이나 오프라인 학원에서 강의를 듣는 시간보다 훨씬 많아야 한다. 고등학교 3학년 여름방학 때 나는 당시에 수학이 다른 과목들에 비해 너무 부족하다고 생각했기에 수학 인터넷 강의를 신청해서 꽤 많이 들었다. 이때 내가 철칙으로 지켰던 게 있다. 바로 인강 듣는 시간보다 내가 직접 문제를 풀고 강의 내용을 복습하는 데 들이는 시간이 커야 한다는 기준이었다. 해서 인강을 많이 들었다 싶으면 혼자 공부하는 데 들이는 시간을 반드시 그만큼 가져갔다. 그리고 이것도 참 중요한 지점인데, 인터넷 강의를 들을 때는 달랑 1개, 2개씩 듣는 게 아니다. 인터넷 강의는 녹화하는 사람과 판매하는 사람의 편의를 위해 30분~50분 단위로 쪼개서 판매한다. 그러다 보니 강의를 찍는 사람 입장에서는 한꺼번에 듣고 이해하고 넘어갔으면 좋겠다 싶은 내용들이 대략 5-6개 정도 강의로 잘게 쪼개져서 팔린다. 그러니 인터넷 강의는 하루에 1개, 2개씩 찔끔찔끔 듣지 말고 파트별로 한 번에 듣는 게 효과적이다. 이를테면, 국어 문법을 수강하는 친구가 있다고 해보자. 그러면 문법을 처음부터 1개씩

5 국어 문제집과 인터넷 강의는 이렇게 고르자

매일 듣기보다는 기간을 정해 '음운과 음운 변동' 파트를 한꺼번에 듣는 방식이 훨씬 이해하기에 쉽고 빠르다는 말이다. 아마 러닝타임이 5시간 정도 될 텐데, 개수로는 8개에서 10개 정도가 나온다. 그 정도를 하루이틀에 몰아서 듣는 게 이해하기 낫다는 말이다. 아직 엉덩이 힘이 약한 학생이라면 몰아서 강의 듣고 당장 복습까지 하긴 당연히 힘들다. 하지만 시간이 걸리더라도 이어서 다음 인강을 바로 듣기보다 복습과 문제 풀이를 통해 수강한 내용을 반드시 튼튼하게 다져 주는 시간이 필요하다. 이 시간이 없다면 앞에서 생고생하면서 강의를 들은 효용이 하나도 없다. 그러므로 아이가 공부하는 건 기특한데, 매일 인터넷 강의만 듣고 있지 따로 자기 공부를 하고 있지 않은 것 같다면 제대로 점수 상승의 길을 걷고 있긴 한 건지 한 번 정도 의심해 볼 일이다.

궁극적인 목표: 스스로 공부하는 아이로 기르세요

6

자기 주도 학습의
맹점

: 뭘 좀 알아야
  스스로 공부할 수 있다

1

자기 주도 학습을 하려면 제일 중요한 게 뭘까? 모순적이게도 미리 적절한 난도로 진행해 둔 선행학습 지식이다. 듣도 보도 못한 미적분을 스스로 공부할 수는 없는 법이다. 만약 이게 가능한 아이라면 어차피 학원에 올 필요가 없다. 누누이 강조하는 거지만, 학생이 이미 선생을 뛰어넘는 지능이면 그 친구는 학원 자체를 안 다니고 부모의 손을 전혀 타지 않고도 알아서 인강을 검색해서 듣고, 알아서 인터넷에서 스스로 문제집을 찾아 알아서 계획 세워 풀고 있을 거다. (그런 학생의 어머님, 아버님들은 아마 이런 책도 찾아 읽고 있지는 않을 것이다.) 하지만 최근까지 학원을 다니고 있다가 독립을 꾀하려는 상황이라면 최소 중3 겨울방학 즈음부터가 적기다. 요즘 아이들보다 현저히 사교육을 적게 받았고 대부분 자기 주도적으로 학습한 나조차도 오프라인 사교육을 완벽하게 끊은 때가 중3 10월부터다. 나는 초등학교 5학년에서 중학교 1학년 사이에 영어 문법 과외, 중3 5월 ~10월까지 영어 학원과 수학 학원 다닌 게 사교육 경험의 전부다. 이후엔 메가스터디와 EBS 인강으로 공부했다. 궁극적으로는 자기 혼자서 학습할 수 있는 아이를 만들어야 하지만, 그 시기가 매우 중요하다. 핵심은, "수박 겉핥기로라도 대략적인 진도 범위가 다 나갔을 때"를 기준점으로 잡아야 자기 주도 학습이 가능하다는 거다.

　여기서 말하는 '진도 범위'는 고1 수준 이상이다. 수학으로 치면 수학 상, 수학 하, 영어로는 고3(고3이 맞다) 수능 영어 1등급이 안정적으로 나오는 수준. 국어로는 고1 교육청 모의고사 어떤 시험을 쳐도 원점수 90점(어려운 시험이라도 원점수로 88점 이상)이 안정적으로 나오는 수준. 이 정도 선행학습 수준이 아니면 솔직히 메가스터디, 대성마이맥 인강을 제아무리 찾아 듣는대도 소귀에 경 읽기에 불과할 것이다. 아무것도 모르면서 설익은 채로 자기 주도 학습 한다고 학원 수업을 다 내려놓고 중학생 때의 그 황금 시간을 '유튜브 감상하며 멍 때리기' 등으로 보내는 경우를 자주 봤다. (스터디 카페에서 연애를 하는 학생들도 있다.) 재수는 당연히 확정이고, "내가 중딩 때까진 공부 잘 했는데 갑자기 고등학교 때 공부에 취미를 잃었다."와 같은 하고많은 레퍼토리의 주인공이 되고 만다. 말이 좀 심하다 싶을지도 모르겠는데 어쩌겠나, 이게 진실인 것을. 한국에서 대학 잘 간 학생들치고 중학교 3년을 허투루 보낸 사람이 흔한지 한번 전수조사 해 보면 좋겠다. 장담컨대, 무슨 희한한 전형으로 입학한 게 아니라 수시 반(半), 정시 반(半) 준비해 바늘 구멍을 뚫은 사람들이면 거의 중학생 때는 사교육 도움을 제대로 받았든가, 아니면 머리가 좋아서 선생이 개떡같이 말해도 찰떡같이 알아들었던 경우였을 거다. 그리고 최소 2018년도 이후 수능 시험 경험자 아니면 제발 아버님들은 애들 교육에 여태껏 관심도 없었으면서(!) 자기 주도 학습 같은 얘기로 학원비 아끼려고 하지 마셨으면 좋겠다. 아니면 아이가 공부 안 해도 되고 좋은 학교 안 보내도 된다고 실제로도 노선을 확실히 하든가 말이다. 학원비를 써야 할 때는 확실하게 쓰고, 중학교 3학년 겨울방학부터는 학원에 지나치게 의존하기보다 이 챕터에서 제시하는 방법에 맞춰 스스로 학습할 수 있게끔 지도하길 바라 본다.

공부는 재능에 달렸나? 노력에 달렸나?

중요한 이야기를 먼저 마쳤으니 여태껏 아껴 둔 질문을 한번 던져 보련다. 공부 잘하는 건 재능에 달렸을까? 아니면 노력에 달렸을까? 이에 대한 내 대답은 하나다. 공부하기 싫어도 어쨌든 아침에 일어나 책상 앞에 앉는 것. 이것이 재능이라면 재능이다. 이 책을 쓰는 내내, 나 자신은 공부 별로 안 좋아한다는 얘기를 해 왔다. 그다지 안 좋아하는 공부지만 나는 기어이 잘하게 됐다. 기분과 상관없이 해야 할 공부가 있으면 어쨌든 매일 아침 8시 30분까지 일어나 책상 앞에 어김없이 앉아 있었기 때문이다. 컨디션이 안 좋아도, 어제 친구랑 싸웠어도, 이런 모든 악조건과 상관없이 오늘 계획한 공부량을 반드시 채우고 쉬었다. 이를 위해서 필요한 게 바로 계획을 짜는 습관이라고 생각한다. 특히 자기 혼자서 학습할 수 있는 아이를 만들고 싶다면 반드시 계획을 세워 체계적으로 본인 시간 관리를 할 수 있게 지도해야 한다. 나는 중학교 2학년 때부터 스터디 플래너를 썼고 공부 계획을 스스로 짜서 움직였는데, 이 습관은 성인이 되어 내가 이런저런 불가능해 보이는 꿈들을 실제로 하나씩 이루어 낼 때마다 상당한 도움이 되어 주었다. 해서 내가 고3 시절에 썼던 플래너 및 나중에 대학에 입학한 뒤 좀 더 개량해서 썼던 플래너를 가지고 와서 설명을 해 보도록 하겠다.

근본적으론 간절함과 결핍이 삶의 원동력이었음을

사실 계획표를 작성해서 공부하는 이 파트를 그냥 책에서 뺄까도 생각했었다. 나는 요즘 보통 아이들과 좀 달랐던 편이라 이처럼 자기 주도적으로 학습했다고 공유하는 팁이 과연 다른 학생들에게 보편적으로 도움이 될 수 있을까 의문이 들었기 때문이다. 현장에서 느끼기에, 요즘 아이들은 공부를 참 안 한다. 특히 코로나 이후에 이런 경향은 더더욱 심해졌다. 물론 국어는 굉장히 어려워졌으나 전반적인 수능은 그 이전 수능에 비해 공부해야 할 양과 범위가 많이 줄었을뿐더러 학부모들도 대치동이나 목동 권역을 제외하고 아이들에게 공부를 굳이 강요하지 않는 분위기다. (솔직히 대치동이나 목동의 교육열도 예전에 비하면 새발의 피 수준이다.) 해외여행도 정말 자주 다니고, 참 자유롭고 풍요롭다. 내가 봐도 이런 상황에서 아이들이 공부를 잘해야겠다는 투지를 불태우기란 어려워 보인다. 한편으로 서울 외곽으로만 나와도 공부 잘해 봤자 인생역전이 힘들다는 패배주의적 사고가 이미 아이들 사이에서 팽배한 듯하다. 하지만 내가 자랄 때는 좀 달랐다. 난 평범한 서민 가정에서 태어나 하고 싶고 갖고 싶고 누리고 싶은 게 워낙 많았다. 학벌도 그중 하나였다. 지금 없다고 영원히 내 인생에 없는 게 아니라는 생각을 했던 것 같기도 하다. 제아무리 학벌이 의미 없네 어쩌네 해도 걸핏하면 인구에 회자되곤 했으니 학벌이야말로 사람들이 정말 가지고 싶어 하는 자산이라는 걸 어린 나이에도 왠지 알 것만 같았다. 나는 그래서 열심히 노력했고 어릴 적 원했던 것을 대부분 얻어 내고 있다. 솔직히 머리가 엄청나게 좋은 건 아닌 내가 부족하나마 이만한 성취를 할 수 있었던 건, 요즘 아이들에게 부족한 '결핍과 투지'가 있었기 때문이라고 생각한다. 그랬으니 계획을 세우고 쭉 지키는 게 가능했을지도 모르겠고 말이다.

일부러 없는 형편을 자처하라는 말은 아니다. 하지만 나는 인생 전체를 두고 봤을 때, 좀 부족한 듯 결핍을 안고 그것을 원동력 삼아 노력할 수 있도록 유도해 주는 편이 아이의 삶에 훨씬 더 도움이 된다고 본다. 내가 죽을 때까지 자식을 내 그늘 아래 구김 하나 없이 살게 해 주고 싶지 않은 부모가 어딨겠는가? 문제는 자식에게 부모가 끝까지 우산이 되어 주기가 쉽지 않더라는 점이다. 사회에 나와 보니 더더욱 느낀다. 세상은 넓고 잘난 사람은 너무나 많았다. 당연히 내가 더 넓은 세계로 나아갈수록 부모님은 더 이상 나의 우산이 되어 줄 수 없었고 나도 그걸 바랄 수 없었다. 미지의 세계에서 믿을 건 정말 그 누구도 아닌 나 하나뿐이었다. 막막했던 시기마다 어려운 고비를 넘게 해 준 건, 학창 시절 스스로와 했던 약속을 지켜 낸 수많은 밤이었다. 여기까지 생각이 닿아 계획 세우기와 관련한 이 파트를 성의껏 쓰기로 했다. 지금 당장 이렇게까지는 계획을 세우기 어렵다 해도, 가지고 싶은 어떤 것이 생긴다면 아이들 삶에 분명 도움이 되리라는 생각으로 말이다. 활용할 친구들은 자세히 읽고 공부에 활용하길 기대한다.

죽기 살기로 공부하려 해도 계획은 필요하다

간혹 본인이 이번엔 '목숨 걸고' 공부해서 성적을 올려 보겠다고 상담을 오는 학생들이 있다. "그래? 계획 어떻게 짰어?" 하고 물어보면 보통 이것, 이것을 공부하겠다고 아이템만 말하기 일쑤다. 구체적으로 얼마큼을 쪼개서 어떤 식으로 공부할 것인지에 대한 계획이 없다. 그러니 처음 며칠은 치열하게 밤도 새

가면서 달리다가 그 다음 며칠은 고꾸라져서 흐지부지되는 거다. 매일 5시간씩 꾸준히 공부해서 5일이면 25시간인데, 첫날 밤 새서 10시간 공부했다 치고 그 다음 날부터 아파서 며칠 놀면 5일 동안 10시간 공부가 전부인 셈이다. 이렇게 되지 않으려면 '해야 할 공부량'을 기준으로 만든 계획표가 필요하다. 가끔 본인은 MBTI가 ENFP(외향적이고 쾌활하며 친구도 많고 인생을 물 흐르는 대로 사는 캐릭터라고 보면 된다)라서 계획이랑 잘 안 맞는다는 학생도 있다. 그런데 내가 고려대에 진학해서 만난 ENFP가 한 트럭인데, 그들도 전부 학습만큼은 대략적 계획을 짜서 움직이고 있었다. 그렇다. 여행이라면 몰라도 학습만큼은 반드시 체계적인 계획이 필요하니 툴툴대지 말고 일단 계획 짜는 방법을 그대로 따라 실천해 보라. 목숨을 걸 때 걸더라도 계획을 세워서 걸라는 말이다.

특히 방학 기간은 그간 학과 공부를 하며 부족했던 점들을 보완하는 '퀀텀 점프(단기간에 크게 발전하는 것)'의 시간으로 활용해야 하는데, 이 기간을 체계적으로 계획해서 공부하지 못하고 날리는 학생들이 너무 많다. 물론 학원의 특강 계획만으로도 너무 바쁘겠지만, 아까 말했던 것처럼 특강만 듣고 복습하지 않는 공부는 비싼 원맨쇼를 듣는 것이나 다름없으니 꼭 방학 직전에 내가 목표로 하는 양이 얼마나 되는지, 그 양을 달성하기 위해서는 매일 얼마나 구체적으로 공부를 해야 하는지를 가늠

하는 기회를 가져 보길 권한다. 계획표와 관련해 자주 들어오는 질문들에 답하는 형식으로 설명을 꾸려 보았다.

학생들이 가장 궁금해하는
공부 계획
Q & A

2

양으로 세워야 하나요, 시간으로 세워야 하나요?

바로 다음 페이지에 나오는 사진은 내가 고3 때 썼던 플래너 내용이다. 자세히 살펴보면 시간이 적혀 있지 않다는 것을 알 수 있을 것이다. 그리고 상당히 글씨가 많고 계획이 엄청나게 자세하다. 그렇다. 공부 계획은 시간이 아니라 무조건 양을 기준으로 세워야 한다. 특히 중학생들에게 공부 계획을 세워 보라 하면 대중없이 수학 1시간, 영어 2시간 이런 식으로 세워 올 때가 많다. 아직 공부를 많이 해 본 경험이 없어서 벌어지는 일이다.

하지만 우리가 운동을 할 때도, 몸을 바꾸기 위해서는 각종 운동 동작을 '몇 번씩 몇 세트', 유산소 운동도 '6km/h의 속도로 30분' 이렇게 계획을 세우지 않는가? 그런 것처럼 계획을 최대한 구체적으로 적어야 하며 계획이 완료되면 빨간 펜으로 지워가면서 성취감을 줘야 한다. 요즘 아이들이 쓰는 문제집으로 내가 계획을 세워 본다면, '씨뮬 6회 비문학 지문(16~20번) 분석 및 오답 정리하기' 등이 되겠다. 이 정도로 자세하게 계획을 세워야 한다.

6 궁극적인 목표: 스스로 공부하는 아이로 기르세요

내 플래너를 잘 살펴보면 페이지 숫자와 문제 개수, 그리고 무슨 범위에 해당하는 부분인지까지 아주 자세하게 적어 놓았다. 그리고 수능이 70일 남은 시점이라 오답 정리와 복습에 많은 공부량을 할애한 것을 볼 수 있을 것이다. 위에 종이에 써 붙인 시간표는 자투리 시간을 최대한 활용해 보려고 쉬는 시간을 모아둔 표다. 그런데 보다시피 쉬는 시간 활용을 많이 하지는 못했다. 자투리 시간에는 공부하려고 하지 말고 그냥 쉬는 편을 추천한다. 공부에 집중할 수 있는 시간에 제대로 집중해서 계획한 양을 다 마치려고 노력하는 게 훨씬 효율적이었다. 한편 수면 시간도 마찬가지인데, 나는 11시 반에 잠들어 새벽 6시 반에 일어나는 습관을 들이길 추천한다. 잠은 절대, 절대 줄여서는 안 된다. 휴대폰 사용 시간을 조절해서라도 자정 전에 잠들고 차라리 새벽에 일찍 일어나 공부하는 편을 추천한다. 성장기 청소년에게 제일 안전하며 지속 가능한 방식으로 공부량을 늘리게끔 컨디션을 유지하는 방법이다. 제일 미련한 게 잠을 줄이며 공부하는 것이다.

적절한 계획의 양은?

전체적인 양은 내가 할 수 있는 것이 100이라고 하면 105 정도를 목표로 잡는 게 좋다. 아주 살짝 버거운 양 말이다. 나는 욕심이 너무 과해서 학창 시절에는 매번 120 정도를 잡곤 했는데 나이가 들수록 현실적으로 105 정도를 잡는 게 맞다는 생각이 들었다.

그리고 방학 기간 동안 대략적인 공부량을 설정한 뒤 그 양을 일주일 단위로 나누어 진행하는 것이 제일 좋다. 역산(거꾸로 계산)하여 사고하라는 것이다. 이게 보통 아이들은 잘 안 된다. 궁극적으로 이 방학이 끝나고 나서 내가 얻고 싶은 목표를 먼저 정한 뒤, 그 목표까지 도달하는 데 필요한 공부량을 적는 게 먼저다. 그런 뒤에 겨울방학이면 보통 8주니까, 그 공부량을 1/8로 나누면 된다. 이때 일주일 단위로 계획을 내가 플래너에 적었던 것처럼 하루하루 자세하게 적는 게 아니다. 역시 양 위주로 대략적인 틀을 잡은 뒤, 아침에 일어나 밥 먹고 책상에 딱 앉아 약 10분~15분 정도 일주일 계획에 맞춰 그날 공부할 양을 적는 것이다. 이때 유의할 점은 하루에 공부해야 할 계획 세우는 시간은 10~15분을 넘지 않아야 한다는 점이다. 여자아이들 중에서 다소 성품이 편집증적으로 꼼꼼한 아이들은 계획 세우는 데에만 1시간 넘게 쓰곤 하는데, 그렇게까지 계획을 세우느니 차라리 1시간 동안 수학 문제 몇 개라도 더 푸는 편을 추천한다.

이때 수학, 탐구과목 등을 질 좋은 시간에 먼저 배치할 것을 권한다. 여기서 말하는 질 좋은 시간이란 통으로 3시간, 4시간씩 공부에만 집중할 수 있는 시간을 뜻한다. 방학에 여유가 있을 때, 학교 다닐 때는 저녁 자율 학습 시간이 해당한다고 할 수 있겠다. 자투리 시간과 반대되는 개념이다. 나는 국어나 영어 단어 암기는 학교나 학원 강의 들으면서 흘러가는 자투리 시간에 틈틈이 하기를 권해 온 편인데 최상위권은 모르는 단어가 그만큼 적으니 이렇게 공부해도 상관없지만, 중위권은 그렇게 공부해선 안 된다. 오히려 국어나 영어 단어 암기가 부족해 모르는 어휘가 한 지문당 5개 이상 나오는 상황이라면, 모든 독해 문제집 풀기를 멈추고 "한 달 안에 1,000 단어면 1,000개, 2,000 단어면 2,000개" 이렇게 암기를 끝내겠다 생각하고 하루 종일 외우는 편을 추천한다. 이때 영어 단어든 국어 단어든 어휘 암기는 되도록 중학교 3학년 여름방학 안에 끝마쳐야 한다. 고등학교에 진학해서도 어휘를 이렇게 암기하고 있으면 현역으로 대학 가기는 좀 어렵다고 봐야 한다.

전 과목 골고루? 한 과목만 집중해서?

이는 본인의 학업 성취 수준에 따라 다르다. 국어, 영어, 수학과 같은 주요 과목이 지필고사 기준으로 80점대 수준에 불과하다면 주요 과목 중 두 과목을 골라 하루에 파고드는 스타일로 가야 맞다. 한 과목만 공부해도 지루하지 않다면 그 과목만 하루

종일 해도 된다. 만약 국어, 영어, 수학이 지필고사 기준으로 꾸준히 90점대 이상에서 100점이 나오고 있다면 주요 과목 세 과목을 매일매일 조금씩 하면서 탐구과목을 1개 정도 추가하는 방식으로 공부하면 좋다. 이때 국어나 영어는 일일 교재 형식으로 아침에 매일 조금씩 풀고 가볍게 오답 정리 하는 방식으로 꾸준히 가져가야 한다. 수학 공부에 조금 더 비중을 두되 통합과학이나 통합사회 중 한 과목을 더 공부하는 방식으로 가는 방법이다. 그런데 이때 유의할 점은 그렇다고 해도 절대 하루에 네 과목 이상 공부하지 말아야 한다는 점이다. 전 과목을 조금씩 다 공부해도 괜찮은 시점은 고3 9월 모의고사를 본 뒤 수능 직전까지 대략 2개월 남짓한 시기에 불과하다. 그 전에는 각 과목당 깊이 있는 학습을 들어가야 맞다. 중학생이라면 하루에 공부할 과목을 국어 – 수학, 영어 – 수학, 이런 방식으로 수학에 50%, 국어에 30%, 영어에 20% 비중을 두어 꾸준히 학습해 나가기를 권한다.

인터넷 강의 들을 때는 어떻게 해야 하나요?

앞서도 말한 부분이다. 인터넷 강의는 들은 뒤 복습이나 문제 풀이를 스스로 하지 않으면 드라마나 영화 본 것과 다름없다. 학원 강의도 마찬가지다. 학습 효과를 얻고 싶다면 강의를 들은 시간만큼 혹은 그보다 더 많은 시간을 들여 복습을 반드시 해야 한다. 그러므로 만약 방학 특강을 듣는다고 하면 그 시간 동안 무슨 내용의 특강을 듣는지 스터디 플래너에 써 두고 그 다음 날 해당 특강과 관련한 숙제를 한다거나, 문제집을 따로 푼다거나 하는 방식으로 강의 들은 내용을 다지는 자기만의 공부를 반드시 추가해 두길 권한다.

휴식은 어떻게?

주말에는 따로 계획 세우는 게 아니다. 이렇게 내가 할 수 있는 양보다 더 과하다 싶게 계획을 세우다 보면 반드시 그날 다 하지 못한 공부가 나오게 된다. 그것들을 모아서 토요일, 일요일에 쳐내 줘야 한다. 다음 페이지에 이어지는 플래너 내용은 수능을 대략 한 달 앞둔 주말 계획이다. 세워 둔 공부 계획들 중 수학 문제를 푸는 데에 생각보다 시간이 너무 많이 걸리는 바람에 하려고 했던 수리 파이널 복습이나, 근현대사 복습을 제대로 하지 못하고 금요일을 마감했다는 게 기록되어 있다. 그리고 다음 날인 토요일에 다시 금요일에 못 했던 공부들을 이어서 했다는 걸 알 수 있다. 일요일에도 역시 토요일에 못다 한 양을 이어받아 공부했다. 만약 월요일부터 금요일까지 계획을 다 지켰고 남은 공부량이 없다면 그때 휴식을 취하면 되는 것이다.

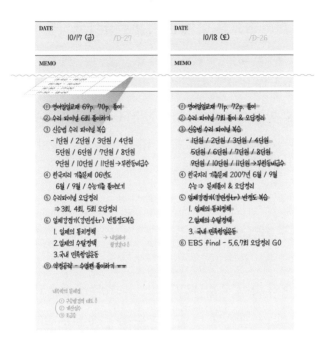

사실 나는 고3 때 온전히 주말 이틀을 다 쉬었던 적은 없었다. 그럼에도 불구하고 번아웃은 딱히 오지 않았다. 성과가 계속 나왔기 때문이다. 가끔 아이들이 물어보는 것들 중에 "선생님, 공부하다 번아웃이나 슬럼프가 오면 어떡해요?"라는 질문도 있는데, 그때마다 일관되게 이렇게 답한다. "성적이 계속 오르고 있는 와중에, 공부한 만큼 성과가 나오면 재미가 있어서라도 번아웃이 올 일이 없어." 목표를 이루는 데 필요한 공부량을 미리 설정하고, 그것을 나누어 매일 배분하고, 그 양들을 꾸준히 쳐내 가면서 적절히 쉴 때는 쉬어 가는 식으로 하다 보면 딱히 지칠 일이 없다. 슬럼프를 극복하는 데 가장 효과적인 것은 바로 '성과'다. 냉정하게 들릴지 몰라도, 지금 지치고 힘든 건 바라고 있는 이상이 내가 노력하고 있는 현실에 비해 너무 과하게 높기에 그 무게에 눌리는 것이라고 봐야 한다.

순수 공부 시간, 어떻게 설계하나요?

중학생들 중 순수 공부 시간의 개념에 대해서 정확히 알고 있는 학생은 거의 손에 꼽는다. 하지만 알아 둬야 한다. 순수 공부 시간이란 '밥 먹고 물 먹고 화장실 가고 학교, 학원 강의 듣는 시간, 인강 듣는 시간도 제외'하고 스스로 공부한 시간이다. 해서 나는 방학 때마다 아이들에게 충격을 좀 주기 위해서 스톱워치로 이 순수 공부 시간을 재 보도록 하고 있다. 요즘은 '열품타(열정을 품은 타이머)'라는 어플이 있어서 재기도 쉬운데, 개인적으론 공부하러 갈 때 되도록 스마트폰은 안 가지고 갈 수 있으면 제일 좋다는 주의라, 스마트폰으로 열품타 어플 쓰려다 주의력을 잃으니 차라리 스톱워치 하나만 가지고 다니며 재는 편을 추천한다. 이렇게 순수 공부 시간을 재 보면 자기 혼자 공부한 시간이 채 4시간도 안 된다는 것을 발견하고 충격을 먹는다. 성적이 오르지 않는 이유는 공부를 그만큼 안 했기 때문이라는 지극히 당연한 사실을 깨달을 때 아이들 표정이란! 내 경험을 공유하자면, 중3 여름방학 때 스톱워치로 진짜 딱 공부하는 시간만 쟀을 때 적어도 하루에 8시간이 넘었다. 어느 순간부터는 그냥 밥 먹고 잠자고 씻는 시간을 제외하고는 공부를 하고 있었기 때문에 그날의 순수 공부 시간을 잴 필요가 없었다. 이렇게까지 온종일 공부를 해야 할 필요까진 없다 해도, 순수 공부 시간이 하루에 채 3시간을 못 넘으면서 좋은 대학 갈 생각을 하는 건 도둑 심보다. 남들이 다들 가고 싶어 하는 대학은 조금씩 꾸준히 해서는 못 간다. 많이, 꾸준히, 매일, 쉬지 않고 공부하는 구간이 반드시 있어야 한다는 점을 명심하라.

스케줄러는 어떻게 써야 하나요?

뒤에 부록으로 첨부한 양식을 활용해서 계획을 세워 보자. 다음 페이지 양식에 따라 전체 방학 기간을 정확하게 센다. 대략 60일 정도 방학을 한다고 치자. 국어 과목만 예를 들어 설명한다면, 나는 겨울방학 동안 문법 및 일일 교재 학습을 하기로 마음을 먹었다. 그래서 우선 계획 짜기 양식의 1번처럼, 일일 교재로 시중에 나와 있는 12회에 달하는 교육청 모의고사 3개년 기출문제집을 풀고, 국어 문법 문제집(200페이지라고 가정하겠다)을 한 권 풀기로 마음먹었다.

실전 계획 짜기

1. 전체 : 이번 _____ 방학 기간 (1월 _____ 일 ~ 2월 _____ 일, 총 60 일)
전체 기간 계획표 : 양을 기준으로 정확한 수치를 적을 것. "문제집 1권 풀기" 같은
추상적 계획X 어떤 문제집을 풀 건지, 어느 파트를 중점적으로 공부할 건지

① 국어 - 교육청 기출문제집 3개년 12회 다풀고 오답정리 // 문제집 2권완성 (한 권씩)
(200P.)

② 수학 -

③ 영어 -

④ 탐구과목 -

2. 1월 한 달 간 목표 : (양을 기준으로 정확한 수치를 적을 것) 30일간
① 국어 - 서울교육청 기출문제집 3개년 6회, 문제집 하루평균 ~ 100 P

② 수학 -

③ 영어 -

④ 탐구과목 -

3. 1월 2일부터 7일까지 목표 : (양을 기준으로) (1월 한 달 목표의 1/4)
① 국어 - 서울교육청 기출문제집 3개년 [회] 6, 2회 중 교병 & 과목 & 실력 까지.
문제집 하루평균 ~ 25P.

□ 1일간

4. 지금 당장에 해당하는 일
: 오늘 해야 할 일 (ex, 문제집 준비/인터넷 강의 신청 등)
• 서울교육청 기출문제집 사기
• 인방인강 신청

일주일 계획 짜기

	월	화	수	목	금	토	일
아침 (7시 ~ 점심 전)	〈아침에 할 일 스스로 정하기〉 독해, 연산·한자 (2교시) 1~2단원 영어듣기	한자·연산·독해 1~2단원 영어듣기	영어 4교시 (1학년) 문제풀이	영어 4교시 집중 청취 & 오답풀이	비문학 3교시 문제풀이 (3학년) & 오답풀이, 재정리	〈나 혼자 해보기〉 숙제 꼼꼼히 챙겨서 내기 차분히 보고 사인하기	
오후 (점심 후 ~ 저녁 전)	〈점심 후, 산책할 개미 등등〉 숙제 1쪽씩 / 과학 읽기 교재 등 하기						
저녁 (저녁 후 ~ 취침 전)	· 책읽어주기 또 가능 가족과의 미팅 수 있게끔 이 시간에는 존경심과 칭찬과 포상, 동기부여 등 재미로서 한 것 아이들 자신감이 생김 · 재미있게 어른이 함께하면 기억에 〈스스로 공부로 〉 연결						

344   6 궁극적인 목표: 스스로 공부하는 아이로 기르세요

그런 뒤 양식의 2번처럼 1월 한 달간 목표를 정한다. 30일간 해야 할 양이니, 이 문제집들의 전체 양을 절반으로 나눈다. 좀 더 가시적으로 목표가 다가올 것이다. 마지막으로 양식의 3번처럼 일주일치 양을 나눈다. 절반으로 나뉘어 있던 양들을 또 1/4로 나눴다. 이제 이 공부량에 맞춰 매일 아침에 일어나 그날의 공부 계획을 세워서 지켜 나가면 되는 것이다.

나는 수능 직전까지는 340쪽의 일일 학습 계획 일지를 썼는데, 대학에 입학해서는 344쪽의 월요일부터 일요일까지 한눈에 보이는 양식으로 계획표를 직접 만들어서 썼다. 어떤 방식이든 본인에게 편한 방식을 택해서 '꾸준히' 하면 된다. 아침은 주로 국어 일일 교재를 공부하는 시간으로 따로 빼 공부하길 권한다. 영어도 아침 시간에 공부를 해 두면 좋다. 수능 전까지 나는 매일 아침 국어와 영어 모의고사를 1/3씩 풀고 오답 정리를 했다. 중학생 때는 이렇게까지 많은 양을 공부할 수 없으니 이틀에 한 번 모의고사 1회분의 1/3을 푸는 것을 추천한다.

그런 뒤에 점심 먹고 저녁을 먹기 전까지는 학원 강의나 인터넷 강의를 수강하게 될 것이다. 이후 저녁을 먹은 뒤 잠자리에 드는 11시 30분까지 되도록 자기 주도적으로 공부할 시간을 갖길 바란다. 저 시간에도 학원을 수강해야 하는 날이 있다면 반드시 다음 날 자기 스스로 공부할 시간을 어떻게든 마련해서 복습해야 한다. 한편, 저녁 시간에 영어 단어나 국어 단어를 암기하면 그 기억이 다른 시간대에 비해 상당히 오래가는 장점이 있으니 참고해서 공부하면 좋겠다. 이렇듯 오늘 하루에 대한 모든 계획은 아침에 일어나 책상에 앉았을 때 15분 안으로 작성하면 된다. 그날 동선에 대한 계획까지 말이다. (특강이 있다면 특강을 언제 어디서 듣고 어디로 이동해서 얼마큼 공부할 시간이 나는지 등도 자세하게 적어 두면 좋다.)

이어 주말에는 아무런 계획을 세우지 말고, 주중에 세웠던 계획들 중 못 했던 공부를 이어받아서 하면 그만이다. 심플해 보이지만, 나는 이렇게 공부하고 일해서 지금까지 많은 성취를 이뤘기에 내 학생들에게는 여름, 겨울방학을 앞두고 꼭 한 번씩은 알려 주곤 하는 계획표 작성법이다.

유형별로
알맞은 시험 공부 방법들

어떤 방식으로 공부해야
'수능'에서 고득점을 할 수 있을까?

한 번 더 정리해 주자면, 매일 조금씩 전 과목을 공부해서는 수능에서 고득점을 할 수 없다. 중학교 시절에는 국어와 수학 선행(수학 상, 하 심화가 끝나는 수준)에 집중해서 탄탄하게 기초공사를 하고 영어 단어를 많이 암기하게 하여 현재 고3 수능 영어(고3이 맞다)를 봐도 1등급 수준이 흔들리지 않게끔 관리해야 한다. 이것만으로도 3년이 상당히 벅찰 것이다. 하지만 이 정도쯤 선행이 되어야 고등학교에 올라가서 매일 아침 국어, 영어 일일 교재를 조금씩 공부하는 것만으로 실력이 유지될 수 있다. 그리고 수학에 많은 시간을 쏟으면서도 통합과학이나 통합사회 과목을 3개월씩 집중해 강의를 듣는다는 시나리오가 가능해진다. 앞서 말했듯 전 과목을 조금씩 공부하는 건 수능 앞두고 3개월 전부터나 겨우 가능해지는 것이라고 봐야 한다. 중학교 시절에는 국어, 수학을 중심으로 영어 단어 암기를 중점적으로 학습해야 하는 시기임을 잊지 말고, 어느 과목 하나에 너무 기울지 않게끔 균형을 잡아야 한다.

이 책은 국어 학습을 주요하게 다루고 있으니 각종 시험 유형에 따라 고득점을 할 수 있는 방법을 최대한 간략하게 팁만 간추려 적어 보도록 하겠다. 적어도 나는 이렇게 공부했을 때 각종 시험을 물샐틈없이 준비할 수 있었다.

객관식 5지 선다형 필승 공부법

객관식이라는 시험 유형이 무엇인가? 그렇다. 5개 중에 1개를 고르면 되는 것이다. 그런데 공부 머리가 부족한 사람들은 객관식 시험을 준비한다면서 문제부터 먼저 풀어 보는 게 아니라 주야장천 교과서만 보고 있다. 일단 한 번 강의로 대강 교과서 범위에 해당하는 내용을 들었다면 그때부터는 기출문제집을 풀어 봐야 한다. 그것도 직전부터 재작년(2년 전까지) 최신 기출은 빼놓고 옛날 기출문제들부터 말이다. 최신 기출은 아껴 뒀다가 일주일 전에 실력 점검용으로 풀어 보는 편이 좋다.

이렇게 다양한 유형의 문제들을 풀고 오답 정리(앞에서 내가 제시한 방법들에 따라서)를 꼼꼼하게(선지의 모든 틀린 부분을 알맞게 빨간 펜으로 촘촘히 다 고쳐 쓰는 것을 뜻한다. 이제 알죠?) 한 뒤에, 시험을 약 10일 정도 남긴 시점(학교 내신 시험 기준이다. 수능 정도 시험이나 각종 전문직 1차 수험 정도라면 대략 15일 전쯤)에서는 거의 모든 문제가 다 풀려 있는 상태여야 한다. 2주 정도 남은 시간에는 교과서를 구석구석 읽되, 적어도 3회독 이상을 꼼꼼하게 해야 한다. 아주 작은 글씨까지 여러 번 읽어야 맞다. 이미 5지 선다로 출제된 객관식 기출문제들을 많이 푼 뒤라서 이때부터는 입체적인 독서가 가능하다. 입체적 독서라 함은 출제자에게 중요한 부분과 그렇지 않은 부분을 가려 읽을 수도 있고, 나아가 '아, 이런 부분은 지엽적으론 이렇게 나올 수도 있겠구나.' 하는 점을 깨치게 된다는 것이다.

자, 여기서 퀴즈. 시험 전날엔 문제를 풀면 될까, 안 될까? 당연히 안 된다. 시험 전날은 모든 자습서, 평가 문제집, 학교 프린트(내신 시험에서는 거의 생명과 같은 존재인데 아이들은 학교에서 주는 프린트를 잘 안 본다. 그러니까 시험 성적이 안 나오는 것이다) 그리고 학교 선생님이 교과서 내용으로 해 주신 필기를 2

회 이상 정독하는 날이다. 내신은 학교 선생님이 칼자루를 쥐고 있으니 반드시 학교 선생님이 주신 프린트와 필기부터 봐야 하는 건데 이 기본적인 사항을 중학생들은 거의 모른다. 반드시 알아 두길 바란다. 객관식 시험공부는 이렇게 하는 것이다.

중학생 내신 시험을 물샐틈없이 준비하는 비법

국어 외에 다른 과목들을 공부할 때도 적용할 수 있는 방법이다. 고등학교에 가서는 각 학교 내신 기출문제들이 선생님 스타일에 따라 천차만별로 변하므로 그 학교 내신 기출문제를 가장 많이 가지고 있는 학원을 찾아가서 한두 차례 내신 수업만 수강해 보길 권한다. 여기서는 중학교 수준 내신 문제를 혼자 공부할 수 있는 방법을 소개한다. 앞서 '엠베스트'라는 중학생용 인터넷 강의 사이트를 소개한 바 있다. 먼저 학교 국어 내신이 너무 어렵게 느껴진다면, 엠베스트 외에도 '수박씨', '아이스크림 홈런' 등의 중학생용 인터넷 강의 사이트가 있는데 한번 쭉 둘러보면서 자신과 스타일이 맞는 선생님을 강사로 정하면 좋겠다. 물론 우리 학교에서 쓰고 있는 교과서로 강의하는 선생님이라야 한다. 교과서의 범위에 맞춰 인터넷 강의를 한 번 들어서 가볍게 내용을 숙지한 후, 학교 교과서를 출판한 출판사에서 판매하고 있는 자습서와 평가 문제집, 심화 문제집을 구매해서 먼저 풀고 오답 정리 하면 된다. 이렇게 공부를 다 마친 이후 '족보닷컴'이라는 사이트를 찾아보라. 그런 다음 '실전 대비'라는 탭에 들어가 최상위 공략 문제, 서술형 공략 문제 등 최대한 어려운 문제들만 따로 찾아 인쇄해 공부하면 좋다. 예전에는 내신 문제가 어렵게 나오기로 소문난 학교들이 포진한 교육 특구인 강남 3구에 있는 학교들에서 기출된 역대 기출문제들을 한꺼번에 함께 볼 수 있어서 참 좋았는데 2025년 들어 사이트가 개편되면서 애석하게도 그 탭이 사라져 버렸다. 하지만 최상위 공략 문제는 여전히 시중에서 구할 수 있는 내신 관련 연습 문제들 중에서는 가장 지엽적이면서도 난도가 높은 편이니 추천할 만하다. 마지막으로 아마 각 학교마다 역대 기출문제를 열람할 수 있게 하거나 아니면 학교 홈페이지에 전년도 기출문제를 공개하고 있을 텐데, 그 문제들을 미리 풀기보다는 시험을 일주일 정도 앞두고 공부를 모두 마친 뒤에 인쇄해서 풀기를 권한다. 그리고 아래 적어 둔 단권화 팁에 따라 자습서 한 권에 수업 필기나 자신이 문제들을 풀면서 새롭게 알게 된 내용들을 하나로 모아 적어 둔 뒤, 시험 전날에는 바로 이 자습서 한 권만 두세 번 정도 읽어 보며 최종적으로 점검하는 시간을 가지면 된다.

단권화의 비결 : 오답 정리, 노트가 아니라 포스트잇이다

오답 정리를 하다가 이론서(보통 교과서일 것이다)에 언급

되지 않았거나, 아니면 새롭게 확장된 개념이 문제로 나왔으면 그걸 그대로 간추려서 이론서의 관련된 부분에 옮겨 두는 것을 단권화라고 한다. 이것만 잘해도 한국식 입시 공부는 쉬워진다. 단권화는 두말하면 입 아픈 객관식 5지 선다형 시험 필승 전략이다. 그래서 나는 아이들에게 오답 노트를 따로 만들지 말고, 문제집을 풀다가 발견한 새로운 사실을 포스트잇에 적어 교과서의 관련된 부분에 붙여 두라고 말한다. 오답 노트를 따로 만들면 결국 만들 때 말고는 볼 일이 없게 된다. 글씨 예쁘게 쓰고 노트 필기에 광적으로 집착하는 아이들 중에 최상위권은 없다는 사실도 기억하기 바란다.

공부할 때 가지고 다니는 책의 개수는 공부가 심화되면 될수록 더 적어져야 맞고, 노트 역시 너무 많아서 좋을 게 하나도 없다. 나는 수학마저도 오답 노트를 따로 만들기보다 포스트잇을 활용해서 한 권의 문제집을 여러 번 봤다. 그런 방식으로 수험을 준비할 때 봐야 할 책의 권수를 계속해서 줄여 나갔다. 그리고 줄인 그 책들을 보고 또 보아서 외웠다. 막판에 수험장에 갈 때 내 손에는 A4 반 페이지 정도의 요약본만 들려 있었다. 언어, 수리, 외국어, 사회탐구 4과목, 제2외국어(일본어) 총 8과목에서 끝까지 잘 안 외워지는 것들을 전부 추렸더니 그 정도가 나온 것이었다. 명심해야 한다. 공부는 하면 할수록 공부해야 할 책들의 부피가 줄어야 정상이다.

주관식 서술형

바뀌는 교육 과정에서는 내신에서도 주관식 서술형을 많이 확대하겠다고 했다. 그래서 논술 학원을 보내 글쓰기를 공부시켜야 하나 문의하는 학부모들이 많았는데, 학교 내신에서 평가하는 주관식 서술형은 평가 기준이 명확해야 하느니만큼 사실은 객관식 5지 선다형의 확장형에 불과하다. 객관식 5지 선다형에서 답으로 고르던 것을 그대로 풀어서 쓰기만 하면 되는 게 주관식 서술형이라는 말이다. 이미 내신에서는 학교 선생님이 준 프린트나 평가 문제집에 주관식 서술형 문제들이 즐비하다. 그러면 처음부터 막무가내로 풀려고 들지 말고 답지를 보고 답을 빨간 펜으로 다 옮겨 두길 추천한다.

주관식 서술형은 아 다르고 어 다르게 쓰면 무조건 감점하게끔 출제되기 마련이다. 그러므로 답지를 보고 답을 빨간 펜으로 다 옮겨 둔 뒤 역시 외워질 때까지 여러 번을 보면 된다. 그리고 학교 수업을 꾸준히 귀 기울여 듣다 보면 선생님이 유난히 강조하는 부분이 분명 있을 텐데, 그 부분과 관련한 주관식 서술형 문제들을 따로 추려서 역시 여러 번을 읽어 보고 암기하면 된다. 만약 문장을 통째로 암기하는 게 힘들다면 부모님이 문제를 읽어 주고 아이가 그것에 대한 주관식 서술형 답을 완벽하게 말할 때까지 구술 테스트를 보면 된다. 아이 공부를 봐주기가 어려운 상황이라면 그럴 때 내신 학원을 보내면 좋다.

고등학교 국어 내신 준비는 이 작업의 연속이다. 고등학교에 진학했을 때 고1 1학기 내신만큼은 학원 도움을 충실히 받으면서 준비할 수 있게 해 주면, 그 다음부터는 아이가 암기 요령이 생겨서 곧잘 점수를 받아오는 영역이기도 하다. 글쓰기 실력과 크게 관련 있어 보이나? 그렇다. 관련이 아예 없다. 오히려 암기력과 연관이 높다고는 할 수 있겠다.

논술형

기자를 뽑는 논술 작문 시험이나, 대학에 들어가서 보게 될 논술형 시험, 공기업에서 주로 보는 논술형 시험은 예시 답안을 여러 개 써 놓고 그걸 암기하는 편이 효과적이다. 논술형 시험이 창의력과 관련 있다고 하는 사람들을 볼 때마다, '한국식 시험을 정말 하나도 모르는구나.' 하는 생각이 든다. 영미권이나 유럽에서 논술은 0점에서 시작해 잘한 부분을 찾아 차근차근 쌓아가는 형태로 점수를 준다면, 한국식 논술 시험은 일단 100점에서 시작해 틀린 부분에서 하나씩 감점하는 시스템으로 설계되어 있다. 즉, 정답이 하나로 정해져 있고 그 정답을 보여 주는 모든 과정 역시 일관되게 정리된 형태여야 한다. 창의성보다는 정해진 답을 얼마나 설득력 있고 유려하게 밸런스를 맞추어 전개했느냐로 점수가 결정된다는 말이다. 그렇기에 논술형 시험을 물샐틈없이 준비하려 한다면, 예상 문제를 먼저 여러 주제로 출제해 두고 그 예상 문제에 맞추어 내 나름의 완벽한 답안을 마련해 둬야 한다. 이 답안을 마련하는 과정이 앞에서 말한 바 있듯, 스터디를 통한 글쓰기 및 첨삭, 퇴고의 과정이었던 셈이다. 그렇게 마련한 여러 답안들은 머릿속에 어느 정도 그 틀과 내용, 활용했던 수치 등이 정확하게 암기되어 있어야 한다. 그래야 예상했던 논제들 중 하나가 나왔을 때 일필휘지로 적어 나갈 수 있기 때문이다. 하지만 대입 논술은 이처럼 잔인하게 달랑 단어 하나, 상황 하나 주고 글을 쓰라고 출제되지 않는다. 보통 제시문을 주고 그것을 요약하라고 한다거나, 누가 봐도 해결책이 빤히 보이는 류의 논제를 주는 형식이기에 각 대학의 기출 논제들을 꼼꼼하게 잘 풀어 보고, 그간 자주 기출되었던 논제들을 따로 모아 예상 답안들을 작성해 두는 것만으로도 충분하다. 혼자 공부하기 힘들면 적어도 고2 여름방학부터는 학원을 꾸준히 다니면서 답안을 여러 개 써서 고치기를 거듭하도록 하자. 2025년 현재까지는 수시에서 논술 규모가 매우 적은 데다, 인문 논술로 상위권 대학(연세대 등)을 붙기가 하늘의 별 따기이므로 논술 시험을 준비하는 방법은 이 이상 자세히 싣지 않으려 한다. 추후 수시 등에서 논술과 관련해 유의미한 변화가 생긴다면 개정판에 따로 자세히 싣도록 하겠다.

누가 뭐라 해도
시험은 '기세'

수능 시험을 준비할 때는 수학 공부량이 전체의 50% 이상을 차지한다. 마땅히 그래야 맞고 말이다. 하지만 수능 날 당일 시험 운영의 8할은 1교시 국어 시험에 달려 있다. 그런데 참 재밌는 지점은, 1교시 국어 시험은 처음과 끝이 전부 '기세'에 달려 있더라는 점이다. 멘탈이라고도 부르는 이 '기세'가 부족한 학생의 경우 첫 시간 극도의 긴장감으로 인해 평소보다 못한 성적을 받고 그 다음 과목들까지 줄줄이 망치는 경우를 꽤 많이 보았다.

여태껏 나는 크고 작은 시험을 정말 많이 치러 왔는데, 특히 큰 시험에서도 떨지 않는 편이었다. 수능 성적이 이전까지 수없이 치른 각종 모의고사들 중에서도 가장 높은 성적이었고, 특히 수학 성적은 정말이지 그간의 고생이 다 씻겨 나갈 만큼 내 수준에서는 감히 꿈꿀 수 없었던 높은 성적을 받았다. 대학에 진학해서도, 900대 1의 경쟁률을 뚫고 조선일보에 입사할 수 있게 해 주었던 논술 시험을 볼 때도 나는 전혀 떨지 않았다.

이렇게 강력한 멘탈을 가지고 기세로 밀어붙이려면 어떻게 해야 할까? 다시 태어나야 할까? 그렇지 않다. 내가 못 푸는 문제가 출제될 리 없다는 자신감을 가지려면, 공부량을 압도적으로 많이 늘려서 내가 아는 나 자신이 그 시험에 완벽히 준비된 상태이면 된다. 고통은, 짧고 굵게 단번에 끝내는 편이 언제나 옳다. 그러므로 나는 내게 주어진 시간에 늘 최선을 다했다. 물론 간간이 조금씩 놀 때도 있었지만, 근본적으로 나는 참 스스로가 생각하기에도 성실하게 공부를 했던 학생이었다. 그래서 두려움이 없었다. 내가 아는 나 자신이 이 이상으로 최선을 다해 시험을 준비할 수 없었다는 걸 언제나 잘 알고 있었기 때문이다.

수능 당일까지는 이와 같은 느낌이 들 때까지 최선을 다해 꾸준하게, 많이, 폭발적으로 공부를 해 두어야 한다. 내가 나를 스스로 인정할 수 있을 때까지 말이다. 그런 뒤 맞이한 수능 날 아침에는 꼭 명심했으면 하는 점이 있다. 내가 아이들을 졸업시키고 고등학교에 보낼 때 꼭 해 주는 말이다. "내가 모르면 남도 모른다." 수능 1교시, 국어를 푸는데 갑자기 눈앞이 하얘지면서 망했다는 느낌이 드는가? 아니다. 수능은 어차피 상대평가다. 내가 원하는 느낌이 왔다(즉, 지문이 술술 읽히고 문제가 다 잘 풀린다) 해서 다 좋은 게 아니며, 내가 원치 않았던 느낌(지문이 갑자기 너무 어렵게 느껴지고 콱 막혀서 진도를 못 나간다)이 온 대서 다 나쁜 게 아니다. 내가 어렵다면 남도 당연히 어려울 수밖에 없다는 자신감을 가지고 기세로 밀어붙이면 반드시 노력한 만큼 엄정한 결과가 나오게 설계된 시험이 바로 수능이다.

해서, 자신 없다 징징대기 전에 일생에 한 번쯤 치열하게 노력의 밀도를 높여 공부하는 학창 시절이 되었으면 한다. 특히 교육에 대한 정보가 부족한 지방 출신 학생들, 공부할 의지는 있지만 형편이 어려운 학생들이 있다면 절대 미리 포기하지 말고, 끝까지 노력해서 바라는 것들을 모두 얻으려는 '기세'와 '기개'를 떨쳐 보기 바란다. 그 멋진 여정에 이 책이 수험생과 학부모의 길라잡이가 된다면 더할 나위 없는 영광일 것 같다.

마지막 핵심 요약

김 선생이 생각하는 고교 입학 전 이상적인 시기별 국어 학습 플랜 요약

1. 초등학교 시절

초등 저학년 (1~3학년) 시기	기초한자 및 매일 일기 쓰기
초등 고학년 (4~6학년) 시기	중고급 한자 및 매일 일기 쓰기, 한국 단편 현대소설 읽기 (중학교 문학 교과서 수록 작품이면 무엇이든 좋음) 한국사 학습(한자, 한국사 학습지 강력 권유)
초6 여름방학 이후부터 중1 입학 전까지	국어 학원 혹은 논술 학원 수강 시작 국어 문법 학습 및 비문학 문제집 하루 한 장 이상 꾸준히 풀기 기초한자 700자 학습은 반드시 완료해야 함

2. 중학교 시절

중학교 1학년 시기	중고등 국어 문법 및 한자 학습, 비문학 지문 해석 위주로 가르쳐야 할 시기. 책만 읽히는 논술 학원은 되도록 1학년 1학기까지만 다니고 1학년 2학기 때부터는 본격적으로 모의고사를 준비하는 국어 학원으로 바꿔주어야 한다. 문학 공부에 집중하기보다는 기본적인 문해력과 어휘력을 잡아야 한다.
중1~중2 넘어가는 겨울방학	2학년 1학기부터 본격적인 내신 시험이 시작되니 문학 공부를 이때부터 시작하면 내신 시험 너끈하게 준비 가능하다.
중2 여름방학	그간 아무것도 국어와 관련해 공부한 게 없었던 친구라면 반드시 수능 국어 공부를 시작해야 하는 마지노선 시기다. 주변에 국어 학원이 없다면 EBS 개념의 나비효과(윤혜정 선생님)부터 들어 문학 개념어에 대한 학습을 시작하자.

중2 2학기	고등학교 과정에 해당하는 문법을 꼭 한 번 정도는 처음부터 끝까지 들어 두어야 내신 국어 문법을 제대로 이해할 수 있는 시기다. EBS 강용철 선생님 강의를 듣거나 전형태 선생님 강의를 들어서 한 바퀴 정도 문법을 정리하도록 하자.
중2~중3 넘어 가는 겨울방학	문학 개념어, 문법 강의를 통해 기본적인 개념들을 학습했다면 고1 3월 모의고사를 80분 재고 한 번 풀자. 대부분 60점대후반~70점대 중반 정도 성적일 텐데 당황하지 말고 교육청 모의고사 3개년 기출 문제집을 사서 매일 조금씩 일일 교재처럼 활용해 오답 정리하며 시험 감각을 익힌다. (1주일에 1회, 총 12주 분량)
중3 1학기	중2 2학기에 1회 들었던 국어 문법을 한 번 더 학습하는 시간을 가져야 한다. 문법은 고교 입학 전 2회 정도 이론 공부를 한 뒤 문법 문제집을 풀어 주면 좋다. 정말 늦더라도 중3 여름방학때는 고1 3월 모의고사를 풀어 스스로 실력을 점검해야 한다.
중3 2학기	고1 모의고사 교육청 기출 문제집을 꾸준히 풀되 다 풀어간다면 "최우선순 고전시가" 등 교재를 활용해 고전 시가를 따로 공부하도록 하자.

효과만점, 김 선생의 국어 공부법 활용 후기

아이가 영어 네이티브 스피커라 항상 국어를 가장 어려워했고 자신 없어 했어요. 사자성어도 속담도 생소한데, 사실 한자어 단어 자체가 암기해야 하는 한국어였으니까요. 그런 아이는 문해력이 높은 편임에도 불구하고 내신 국어도 수능 국어도 모두 너무 어려워했어요. 대형 국어 학원에서의 오랜 수강 경험이 오히려 독이 되어 일주일에 하루 급하게 숙제만 하며 자기 주도 학습은 반 포기 상태였어요.

그런 아이가 김민정 선생님을 만나 많은 변화를 이뤄 냈어요. 첫 수업 평가 테스트로 아이의 현 상태를 문해력이 부족한 게 아니라 어휘 해석이 문제라는 걸 콕 짚어 진단하셨거든요. 한자어와 사자성어를 영어로 바꿔 설명해 주시고 한자어 해석의 오류를 줄이기 위한 기본 개념어를 꾸준히 학습하도록 도와주셨어요. 중등 기본 과정을 포함한 기본 개념을 잡는 데 6개월 가까이 걸렸지만 이전에 수강하던 대형 학원에서 3년이 지나도록 늘지 않던 국어를 차츰 덜 두려워하더니 드디어 비문학 지문들을 완벽하게 해석하고 답을 논리적으로 찾아내는 성과를 얻게 되었어요.

무엇보다 학원에 의존하는 것이 아니라 국어 전 범위를 나누어 체계적으로 혼자 학습할 수 있도록 데일리 루틴을 만들어 주셨고 그 방법들을 성실히 따라 하면서 성적도 차츰 올라가게 되었어요.

아이가 선생님의 학창 시절 공부법을 알고 난 뒤, 꾸준함과 루틴이 학습에 얼마나 중요하고 효과적인지 깨닫게 되면서 요령 피우지 않고 정공법으로 공부하기 시작했어요. 특히 다른 모든 과목을 공부하는 데도 선생님의 국어 공부법을 적용하는 변화를 보였어요. 발목을 잡던 국어를 '김 선생의 공부법'으로 마스터하면서 중학교를 전교 1등으로 졸업할 수 있게 되었고 원하던 민족사관고등학교에 진학했어요. 사교육을 하나도 받지 않는 고등학교 생활에서도 새로운 어학 과목인 스페인어나 암기 과목, 정치나 경제 과목들을 공부할 때 선생님의 공부법을 자신의 스타일로 변형해서 잘 적용하며 지내고 있어요. 국제반이라서 더 이상 수능 공부는 필요하지 않지만 아이는 이 공부법이 'universal version'이라며 모든 과목에 적용 가능하다고 늘 말한답니다.

초등 저학년 수준이던 아이의 어휘 실력에도 아이가 가진 문해력과 성실함을 보시고 '찐사랑'으로 지도해 주신 선생님의 공부법이 많은 학생들에게 도움이 되기를 바랍니다. 국어 최약체였던 아이가 "민정 선생님의 필기는 가장 논리적이고 체계적"이라고 감탄하며 소중히 여기고 공부했던 것처럼, 김민정 선생님의 책이 많은 학생들에게 강력한 돌파구를 만들어 주는 마법 같은 책이 되길 기대하며 응원합니다!

-2024년 민족사관고등학교 입학생 이○○ 학생의 어머니

김민정 선생님의 국어 수업을 통해 글을 깊이 있게 읽는 방법을 배울 수 있었습니다. 문학 작품을 단순히 읽는 것을 넘어 그 안에 담긴 의미와 정서를 파악하며 공부했던 경험은 지금까지도 제 독해력의 든든한 밑바탕이 되고 있습니다. 또한 중학생 때 학습했던 문학 개념어와 한자어, 문제 풀이 방식은 고등학교에 진학한 이후에도 큰 도움이 되었습니다. 특히 고3이 된 지금 각종 시험에서 낯선 한자어가 나와도 당황하지 않고 익힌 한자를 바탕으로 의미를 유추할 수 있는 능력을 갖추게 된 것은 모두 선생님과 함께 공부한 덕분이라 생각합니다. 처음 접하는 글을 이해하고 다소 어려운 글 앞에서도 침착하게 읽어 나갈 수 있는 힘을 기를 수 있다는 점이 민정 선생님 수업의 가장 큰 장점이라고 생각합니다!

-용인외대부속고등학교 2023년 입학생 김○○

모의고사 분석 시트

작성요령

① 영역은 최대한 자세히 적음 : ⑩ 문학 - 갈래 복합 ⑩ 비문학 - 예술/철학/
인문 영역, 과학/기술/의학 영역

② 문항 요구 사항/오답 이유는 다음과 같이 최대한 구체적으로 상세히 적어
볼 것

　　⑩ 단어 뜻 파악 실패, 시간 부족, 지문의 개념 이해 부족 등(이때 향후 공
　　부계획도 같이 써 주면 매우 좋음)

　　※ 1~15번은 문제 구성이 바뀌지 않으나 16~45번은 회차마다 문제 구
　　성이 달라지므로 모의고사를 치를 때마다 따로 채워 넣어야 한다.

③ 각 영역 별로 틀린 개수(-N개) 상세하게 적을 것(아래 예 참조)

　　⑩ 화법/작문/문법 (화법, 작문 0, 문법 -2)

　　문학(현대소설 0개, 현대시 -1, 고전소설 0, 고전시가 0, 복합갈래 0)

　　비문학(예술/철학/인문 0개, 사회/정치/법/경제 0개, 과학/공학 -3개)

　　→ 문법과 현대시, 비문학 과학 지문을 집중 학습해야 한다는 점을 알
　　수 있다.

④ 틀린 문제 유형을 적어 볼 것

• 화법/작문/문법 - 내용 일치 문제인지, 응용 문제인지, 문법에서는 어떤
단원인지?

• 문학 - <보기>가 있는 응용 문제를 틀렸는지, 문학 개념어를 정확히 몰
라서 틀렸는지?

• 비문학 - 유추 능력이 필요한 응용 문제를 많이 틀렸는지 아니면 단순 정
보 확인(내용 일치) 문제를 틀렸는지?

　　→ 이 과정까지 완료해야 오답 분석을 했다고 말할 수 있다.

번호	영역	문항 요구 사항 / 오답 이유	번호	영역	문항 요구 사항 / 오답 이유	번호	영역	문항 요구 사항 / 오답 이유
1	화법, 작문		16			31		
2			17			32		
3			18			33		
4			19			34		
5			20			35		
6			21			36		
7			22			37		
8			23			38		
9			24			39		
10			25			40		
11	문법		26			41		
12			27			42		
13			28			43		
14			29			44		
15			30			45		

스스로 분석한 나의 약점

양식 다운 받기

학습 계획표 양식 1

실전 계획 짜기

1. 전체 : 이번 방학 기간 (____월 ____일 ~ ____월 ____일, 총 ____일)
전체 기간 목표 : 아울 기준으로 정확한 수치를 적을 것, '문제집 1권 풀기'같은 추상
적 계획X 어떤 문제집을 풀 건지, 어느 파트를 중점적으로 공부할 건지

① 국어 -

② 수학 -

③ 영어 -

④ 탐구과목 -

2. ____월 한 달 간 목표 : 계획을 세우고 있는 달에 해야 할 공부량 (아울
기준으로 정확한 수치를 적을 것, 1번에서 2달 간 공부 계획을 세웠다면 여기서는
1/2로 나누어 적기)

① 국어 -

② 수학 -

③ 영어 -

④ 탐구과목 -

3. ____월 ____일부터 ____월 ____일까지 주간 목표 (2번에서 세운 한 달 목
표의 1/4, 역시 아울 기준으로 총총하게 채워보세요.)

① 국어 -

② 수학 -

③ 영어 -

④ 탐구과목 -

4. 지금 당장에 해당하는 ____일
: 오늘 해야 할 일 (ex. 문제집 준비/인터넷 강의 신청 등)

학습 계획표 양식 2

	월	화	수	목	금	토	일
아침 (기상 ~ 점심 전)							
오후 (점심 후 ~ 저녁 전)							
저녁 (저녁 후 ~ 취침 전)							

일주일 계획 짜기

양식 다운 받기

수능을 좌우하는
중학 국어 공부법

초판 1쇄 발행 2025년 5월 15일
초판 2쇄 발행 2025년 6월 2일

지은이 김민정

펴낸이 김정희
편집   박혜정
이미지 우주상자
디자인 강경신디자인

펴낸곳 노르웨이숲
출판신고 2021년 9월 3일 제 2022-000108호
주소 서울시 마포구 신촌로2길 19, 302호
이메일 norway12345@naver.com

블로그 blog.naver.com/norway12345
인스타그램 @norw.egian_book

ISBN 979-11-93865-15-6 (03180)